질문의 기술

"왜?"만 할 줄 알던 사람도
위대한 철학자처럼

질문의
기술

아이작 유 지음

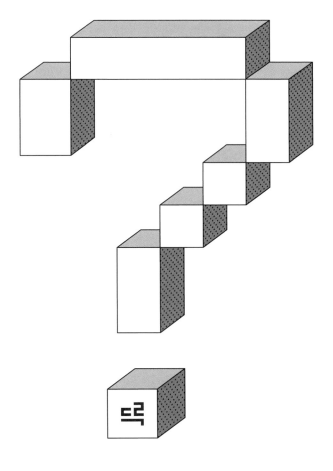

드록

대체로 겸손한 사람을 보면 자신의 부족함을 채우기 위해 '배움'을 갈망한다. 배움은 좋은 '질문'을 품는 데서 출발하게 마련이다. 본디 학문(學問)이라 함도 답이 아니라 '질문(問)을 배우는(學) 것이다. 저자는 2017년《질문지능》을 시작으로《질문의 기술》까지 '질문'에 대한 사유가 깊어지고 실용적으로 바뀌었다. 반도체 연구자답게 책에 담긴 소재는 인문학을 비롯해 다양한 분야를 부담 없이 넘나든다. 이 책에는 수년간의 연구와 사고로 발견한 귀한 보석과 같은 질문들이 가득하다.

인공지능 시대가 본격화할수록 답을 찾는 기술보다 '질문의 기술'이 더 빛을 발할 것이다. 'MZ세대와 실존'부터 읽었다. MZ세대에게 던지는 질문이 실질적이다. 다양한 주제를 골라 읽는 재미 또한 쏠쏠하다. 당신을 유 작가의 인생을 바꾸는 질문의 향연으로 적극 초대하고 싶다.

- 허두영 (데이비드스톤 대표이사, 《이젠 2000년생이다》 저자)

**

저자로부터 "대표님으로부터 한 줄의 추천사를 받을 수 있을까요?"라는 질문을 받았다. 나는 "추천사를 써주지 않을 이유를 찾기 어려웠다!" 원하는 답을 이끌어 내는 질문의 기술, 스스로에게도 끊임없이 묻는 연습이 필요하다. 세상은 생각을 잘 하는 사람이 이끌어 가는 곳, 생각은 좋은 질문을 통해서 만들어 진다. 저자의 책에는 질문도 기술이라는 내용이 가득하다. 이 책은 질문 잘하는 것도 스펙이 될 수 있다는 것을 알려준다.

- 표영호 (한국미래가치 포럼 원장, 표영호tv)

**

효율적인 의사소통을 위해서는 적극적인 질문을 통해 상대방의 언어적·비언어적 피드백을 인지할 필요성이 있다. 하지만, 질문하기는 항상 어렵게만 느껴지며, 특히, 업무적 측면에서의 질문은 더욱 어렵고 부담스럽다.

저자는 질문은 권위에 도전하는 것이 아니며, 어렵거나 부담스러운 대상이 아니라고 말한다. 질문과 생각이 다르지 않고, 질문이 철학이고 철학이 질문이기에 기술적 측면에서의 질문을 이해함으로써 탁월하고 창의적인 생각을 이끌어 낼 수 있다고 설명한다. "질문이 사라진 사회", "질문 없는 학교"에서 자녀를 다양한 사고를 가진 리더로 키우고 싶은 부모와 질문하는 것이 어려워 주저하는 학생들에게 이 책을 추천한다.

– 류지현(원광대학교 교수)

***

과학이든 학문이든 "왜"라는 질문의 반복이 발전시켜 왔던 것이 역사적 경험이다. 일상생활도 마찬가지가 아닐까 한다. 그만큼 이 책은 의미가 있다고 볼 수 있다.

– 최용식(21세기 경제학 연구소 소장, 《경제파국으로 치닫는 금융위기》 저자)

***

Chat GPT의 등장으로 인해 기존 암기 위주의 교육 방식은 더 이상 밝은 미래를 보장하지 못한다. 앞으로 다가올 미래에 대비하기 위한 방법은 무엇일까? 그것은 얼마나 통찰력 있는 질문을 할 수 있는지에 달려 있다. 하지만, 정작 질문을 잘하는 방법은 현 교육 체계 속에서 찾아볼 수가 없다. 저자는 이러한 사회적 문제점을 명확히 짚을 뿐만 아니라, 구체적인 방법론 또한 제안한다. 보다 나은 교육을 위한 끝없는 고민 중, 이 책에서 희망의 빛을 보았다. 저자는 주입식 교육에 의해 마비된 학생들의 사고를 위해, 마치 심폐소생을 시도하고 있는 듯하다.

- 이규의 (경북대학교 교수)

***

지금 우리가 사는 이 시대는 더 이상 사람과 사람 사이의 관계만이 전부가 아닌, 인공지능을 가진 기계와 함께 상호작용을 하는 방향으로 나아가고 있다. 인공지능과 대화하는 것이 일상이 되는 사회, 그 속에서 인간이 인간답게 살아가기 위해 필요한 것은 무엇일까?

이 책의 본문에는 인간의 정의를 '자신의 생각을 실현하는 존재'라고 말한다. 인공지능을 올바른 방향으로 사용하고, 그들에게 결코 뒤쳐지지 않는 상호작용을 하기 위해 우리는 끊임없이 사고하고, 긍정적인 변화를 위한 창의적인 질문을 하기를 반복해야 한다. 자유롭게 질문하고, 당연한 것이라 믿는 것을 한 번 더 왜? 라고 물어볼 수 있는 기술. 그리고 인류철학 속에 숨겨진 질문 패턴을 습득하는 기술. 이 모든 '질문의 기술'을 필요로 하는 미래의 우리 사회를 이끌 모든 학생들, 혹은 자녀를 독창적인 사고를 가진 리더로 교육하고자 하는 부모에게 이 책을 추천한다.

- 신미경 (성균관대학교 글로벌바이오메디컬공학과 교수)

***

탁월한 커뮤니케이션을 위한 전제는 상대방에 대한 존중과 인정이다. 그리고 존중의 시작은 바로 질문이라고 할 수 있다. 저자의 책《질문의 기술》은 그런 의미에서 개인과 조직의 문제해결을 위한 핵심적 도구이자 인간을 존중하고 공감하는 '질문'에 대하여 매우 중요한 성찰과 통찰을 전해줄 것이라 생각된다. 현상이 아닌 본질에 집중하는, 매 순간 정답이 아닌 해답을 찾을 수 있는 '귀한 질문'으로 하루를 시작해 보자. 질문이 곧 생각이며 답이다.

— 커뮤니케이션학 박사 정경호(엔학고레 소통아카데미 대표)

⁎

질문은 이전의 나와 다른 나를 발견할 수 있는 시간입니다. 나 스스로에게 할 수 있는 질문도 있고, 내가 미처 생각하지 못했던 곳으로 인도해 주는 누군가의 질문을 받을 수도 있죠. 그렇게 마주한 좋은 질문은 새로운 나를 통해 성장하는 나로 연결될 수 있도록 만들어 줍니다. 저자가 이야기하는 '질문 리더십'은 나의 성장과 함께 나와 함께하는 모든 사람들의 성장을 돕는 중요한 리더십이 되리라 믿습니다.

— 백종화 코치(Growple CEO,《요즘 팀장은 이렇게 일합니다》저자)

⁎

모든 것을 인공지능이 해결할 것이라는 믿음이 만연한 지금 시대는 사유는 옅어지고 질문은 사라지고 있다. 이런 시대에서 살아남기 위해서는 역설적으로 질문의 중요성이 대두되고 있다.《질문의 기술》에서 저자는 단순히 질문을 잘하기 위한 설명을 나열하지 않는다. 그는 인류의 지적 역사를 거슬러 올라가서 우리를 구성하고 있는 생각의 방식이 어떻게 발전해 왔는지를 다양한 사례를 통해서 독자들에게 알려준다. 더 나아가서 그 안에 내재되어 있는 질문의 패턴을 파악하고 분석하여 한 권에 책에 담아내었다. 타인에 의해서 만들어지는 것이 아닌 자신이 스스로 만들어 내는 삶을 원하는 자에게 이 책을 권한다. 천천히 그의 글을 읽다 보면 저절로 자신에게 질문을 하는 나를 발견할 수 있을 것이다.

– 홍선기(DGIST 대구경북과학기술원 교수)

***

책을 읽으며 다양한 저자의 모습을 발견하게 된다. 글을 쓰는 작가로서, 회사에서는 리더이자 연구자로서, 본질을 묵상하는 철학가로서, 때로는 부모로서. 각각의 모습은 서로 별개일 것 같지만 결국 '질문'이라는 키워드로 귀결된다. 본질주의, 실존주의, 리좀 철학에 기반을 둔 질문법은 간단해 보이지만 그만큼 다양한 삶의 영역에 적용할 수 있는 기술이다. 주어진 질문에 답만 찾는 사람은 애초에 그 질문을 던진 사람의 프레임을 벗어날 수 없다. 이 책이 '질문하는 존재'가 되는 데 도움이 되길 바란다.

– 장영학(이랜드넥스트 대표)

질문의 본질

"모든 철학은 경이감에서 시작한다."

– 소크라테스

내가 '질문'의 매력에 사로잡히기 시작한 때는 2014년이었다. 그 해 여름 나는 카이스트에서 박사 과정을 무사히 마쳤다. 곧 이어 단풍이 물들기 시작할 즈음, 나는 미국 미시간 대학교 연구실에서 일하기 시작했다.* 미국의 연구실 분위기는 많은 부분에 있어 우리나라와는 달랐다. 가장 큰 차이점은 연구실 회의 시간에 자유롭게 질문하고 토론하는 문화였다. 연구실 멤버들은 상대가 교수님이건

---

* 나는 University of Michigan의 Department of Materials Science and Engineering의 Prof. Anish Tuteja 연구실에서 근무했다. 이곳에서 나는 Surface Chemistry and Coating(표면 화학 및 코팅) 연구를 수행하였다.

선후배이건 상관없이 자유롭게 궁금한 것을 질문했다. 그들은 자유로운 질의 응답을 통해 좋은 아이디어를 공유했다. 우리 중에서 질문하는 것을 권위에 대한 도전, 상대방에 대한 공격으로 여긴 멤버는 나를 빼고는 없었다. 처음 연구실에 합류할 때 나는 이 자유로운 분위기에 적응이 안 되었다. 일 년 정도가 지나서야 그 분위기에 물들어 나 또한 적극적으로 질문하고 토론에 참여할 수 있었다. 연구실 사람들은 질문을 통해 우리가 무엇을 모르고 있으며 무엇이 중요한지를 파악했고 이를 통해 연구 과제를 유연하고 창의적으로 추진해 냈다.

연구실 사람들 중에서 케빈이란 친구가 매우 인상적이었다. 케빈은 캐나다에서 온 유대인으로 동료들의 말에 따르면, 연구실에서 하고 있는 분야에 대한 모든 논문들을 꿰뚫고 있으며 박사 2년 차때쯤 이미 지도교수의 지식수준을 넘었다는 평을 받고 있었다. 정말 그랬다. 나는 9개월간 케빈과 연구실 룸메이트가 되었다. 케빈은 시간만 나면 주요 저널에서 발행한 논문들을 읽고 공부했다. 그는 모르는 것이 없어 보이는 교수님 같은 포스를 풍겼다. 다행히 사람은 정말 상냥하고 친절해서, 케빈을 중심으로 많은 연구실 토론이 이루어졌다. 그는 틈틈이 내가 실험하고 있는 연구에 대해 정말 좋은 질문들을 해주곤 했다. "네가 하는 연구는 전에 예일 대학에서 연구한 것과 비슷해 보여서 차별화 포인트를 잘 살려야 하지 않을까?" "네 실험 가설은 기존 논문들에서 합의된 주장과 사뭇 다른데, 물론 실험적으로 증명을 하면 모르겠지만, 이론적으로 가능한가?" 이런 식으로 케빈은 내 연구에 관심을 가지고 질문을 해주었고 그의 질문은 내 연구 방향을 잡는 데 큰 도움이 되었다. 케빈을 비롯한 호기심 많은 친구들로 가득한 연구실 안에서 우리는 정말로 많은 질문들을 주고받았다. 질문이 많았던 만큼 우리의 연구 성과는 좋았다. 매년 좋은 논문들이 연이어 출간 되었다. 이 경험을 통해 나는 '질문의 힘'에 대해 큰 관심을 가지고 깊이 있게 탐구하기 시작했다.

나는 시간이 날 때마다 질문에 대한 책들을 모조리 사서 읽었다. 또한 질문이란 단어가 들어간 논문들을 몽땅 찾아내 공부했다. 그리고 나는 내 인생 처음으로 '질문의 힘'을 주제로 책을 써보기로 다짐했다. 나는 삼 년 동안 거의 매일 저녁 한두 시간 정도 '스윗워터스(Sweetwaters)'라는 단골 카페에서 글을 썼다. 그 결과, 2017년《질문지능》을 출간했다. 나는 인간에게 중요한 창의력, 설득력, 의지력, 생산력, 비판력, 자기성찰력을 높이기 위해서 어떤 질문들을 던져야 하는지 말했다.

감사하게도 질문지능 출간 이후 꾸준하게 독자님들의 메일 또는 전화 연락을 받았다. 연락해준 독자님들 중에는 고3 수험생도 있었고, 스님도 있었고, 광고 마케팅/컨설팅 업계 직장인, 대기업 중간 관리자급 직장인, 석사/박사 과정을 밟고 있는 대학원생, 해군 장교, 정치인, 공무원, 암 투병 중인 환자님 등 다양하게 있었다. 예를 들어 한 스님은 질문의 중요성에 정말 크게 공감하고 있다고 말했다. 그는 치우침 없는 올바른 수행을 위해 질문 리스트를 만들어 수행하고 있다고 말했다. 빅데이터 분석을 전공하고 있던 한 대학원생은 질문은 곧 생각이라는 나의 메시지에 크게 공감했다. 그녀는 사람들이 던지는 질문의 유형을 분석하여 MBTI 및 DISC와 같은 새로운 성격 유형 분석법을 만들겠다는 이야기를 했다. 항암 투병 중이신 환자님은 힘든 투병 생활 중에서 평소 자신에게 중요하다고 생각했던 질문들을 하나하나 꺼내 생각하고 있다고 말했다. 그녀는 그 질문에 대한 일기를 쓰며 하루하루를 알차게 살고 있고 책을 통해 좋은 인사이트를 얻고 있어 감사하다고 말했다(사실 내가 더 감사했다. 결국 그분은 암을 이겨내셨고 자신의 일기를 공유하는 블로그를 시작했다). 내 책이 꾸준히 독자님들에게 도움이 되었고 영감을 주었다는 사실은 내가 작가로서 큰 보람을 느끼게 만들었다.

질문은 독자들의 삶뿐만 아니라 내 삶에도 많은 변화를 가져왔다. 내가 삼성전자 경력직 채용 면접을 보았을 때의 일이다. 내 앞에 네 분의 임원들이 앉아 있었다. 임원들 중 인사팀장이라는 분이 이렇게 질문을 던졌다. "책을 출간했을 정도면 이미 프로 작가인데, 나중에 책이 대박 나면 회사 그만둘 건가요?" 나는 이 질문이 나오리라고는 전혀 상상하지 못했다. 하지만 나는 인사팀장의 어투에 악의가 없다고 느꼈다. 순간 나도 모르게 이렇게 질문을 던졌다. "혹시 아인슈타인이 상대성 이론 논문을 썼을 때, 직업이 무엇이었는지 아시나요?" 순간 면접장의 분위기는 조용해졌다. 그들 또한 피면접자가 질문을 질문으로 되받아칠 것이란 상상을 하지 못했을 것이다. 적막을 깨고 나는 말을 이었다. "네. 특허청 직원이었습니다. 그것도 유능한 우수 직원이었습니다. 아인슈타인이 일도 잘하고 좋은 논문을 썼던 것처럼 저도 마찬가지로 일을 잘하고 좋은 책도 써보겠습니다." 순식간에 예상치 못한 대답을 접한 임원들은 모두 크게 웃었다. 면접장은 웃음바다가 되었다. 임원들 모두 내게 박수를 쳐주었다. 결국 나는 네 분의 임원 중 한 분이 담당하는 조직으로 입사했다. 그분은 나를 수백 명이 모이는 정기 회의에서 나를 '질문 전문가'라고 소개했고 내게 특강을 할 수 있는 기회를 주었다. 그 덕분에 나는 입사하자마자 많은 사람들에게 나 자신을 강렬하게 알렸다.

회사에서 일약 질문 전문가가 된 나는 모르는 것들 그리고 궁금한 것들에 대해 정말 많이 질문했다. 사실 나는 과장 5년 차로 입사했기에 최대한 빨리 업무를 파악해야 하는 압박감을 느끼고 있었다. 나는 엑셀 파일 하나를 만들었다. 그리고 매일 최소 세 가지 이상의 질문을 적고 그 답을 최대한 빨리 조사하여 작성해 내는 방식으로 독하게 업무 적응 훈련을 했다. 육 개월이 지나니 내가 속한 분과의 업무 전체가 연결되어 이해되었다. 일 년이 지나니 부서 업무 전체가 연결되어 이해되었다. 이 년이 지나니 그룹 업무 전체가 연결되어 이해되었고, 삼 년이 지나니 팀의 핵심 업무들이 연결되어 이해되었다. 나는 질문을 통해 내가 속한 팀을 포함한 다양한 조직들이 무엇을 알고 무엇을 모르는지 정확히 파악했다. 그리고 나는 나의 그룹과 나의 팀에 꼭 필요한 신규 사업을 기획하여 조직의 역량 강화와 기여했다. 그 결과 과장 5년 차로 들어가 진급 지연 없이 부장 진급할 수 있었다. 나는 이 모든 것이 질문의 힘으로 가능했다고 믿는다.

왜 아직도 질문이 어려운가?

우리 인간이란 이 세상을 살아가면서 자신의 생각을 실현하는 존재이다. 인간이 있기 전에 존재한 것들을 제외하고 이 세상에 있는 것 중에 인간의 생각이 반영되지 않은 것은 단 하나도 없다.[1] 생각이란 무엇인가? 나는 생각이란 '궁금한 것에 대한 답을 추구하는 과정'이라고 생각한다. 그런데 궁금한 것은 질문을 통해 구현되기 때문에, 생각이란 결국 '질문에 대한 답을 추구하는 과정'이다. 생각은 질문과 떼려야 뗄 수 없는 불가분의 관계이며 본질적으로 생각은 질문이고 질문은 곧 생각이다.[*] 새로운 생각이 세상을 변화시키듯, 새로운 질문은 세상을 변화시키는 힘을 지닌다.

사람들은 질문을 통해 다른 사람들과 잘 소통하고 싶어 한다. 마치 활짝 핀 꽃 주위에 많은 꿀벌들이 모여들 듯, 사람들은 질문을 중심으로 좋은 생각을 가진 사람들이 모여들기를 원한다. 사무실에서건, 회의실에서건, 서재에서건, 거실에서건, 부엌에서건, 카페에서건, 도서관에서건, 길거리에서건, 강연장에서건, 광장에서건 사람들은 좋은 질문을 자유롭게 던지고 그 공간을 긍정적으로 변화시키길 꿈꾼다. 사람들은 그들이 던진 질문을 구심점으로 창의적인 아이디

---

[*] 질문과 생각은 다르지 않고 하나라는 것을 이해하자, 질문이 철학이고 철학이 질문인 것이 내 눈에 보이기 시작했다. 질문이 인문학이었고, 인문학이 질문이었다. 질문이 문학이었고, 문학이 질문이었다. 이것은 나의 모든 사유와 인식 체계에 코페르니쿠스적 전환을 가져왔다.

어가 태동하고 그들의 뜻이 세상에서 실현되기를 간절히 희망한다.

하지만 지난 수년 간의 독자들, 강연 참석자들, 나의 지인, 나의 동료들과의 소통을 통해 많은 사람들이 아직도 질문을 어렵고 부담스러운 것으로 인식하고 있다는 것을 알게 되었다. 사람들은 각자의 상황 속에서 어떤 좋은 질문을 던져야 할지 잘 모르고 있었다. 그동안 내가 가장 많이 받았던 질문 유형은 "이럴 때 어떻게 질문해야 하는가?"였다. "리더십을 위해 어떤 질문을 해야 하나요?" "부모는 어떤 질문을 해야 하나요?" "인생 진로 고민 중 어떤 질문을 해야 하나요?" "성공적인 회의/모임을 위해서는 어떤 질문을 던져야 하나요?" 사람들은 저마다 질문을 해야 하는 수만 가지의 상황들을 가지고 있다. 각 상황에서 할 수 있는 질문의 조합 또한 수만 가지이다. 그렇다면 사람들은 질문을 잘하기 위해서 가능한 많은 종류의 질문을 배워야 하는가? 아니다. 하지만 나를 포함해 그동안 '질문'에 대한 책을 쓴 작가 대부분은 가능한 많은 수의 좋은 질문을 소개하고자 노력했다. 이러한 접근법은 사람들의 다양한 상황들을 모두 대응하는데 귀납적으로 한계가 있었다. 그래서 사람들은 계속해서 '각각의 상황에서 어떤 질문을 해야 하는지'를 몰라 내게 질문했던 것이다.

더욱이 《질문지능》 출간 이후 수년이 지났지만 아직도 사람들은 질문하기가 부담스럽다고 말한다. 나는 삼성 그룹, SK 그룹, LG 그룹, 현대 그룹, 대학교 등 서로 다른 조직에서 일하고 있는 지인들과 이야기했다. 그 결과 대부분의 기업 조직 문화에서 질문을 부담스럽게 여기고 권위에 대한 도전으로 여기는 풍토가 있음을 확인했다. 단적인 예로 개인의 행복을 우선시하고 관심 분야에 대해 적극적으로 참여한다는 MZ세대의 실상은 이전 세대와 마찬가지로 질문하기를 꺼려한다. 경직된 조직 분위기를 극복하지 못한 MZ세대들은 조직 내에서 자유롭게 질문하고 답을 얻지 못하고 블라인드와 같은 익명의 온라인 커뮤니티 공간에서 자신의 감정을 터뜨리고 있다. 적지 않게 비난적인 질문을 통한 문제제기가 많아 그들이 '꼰대'라 칭하는 기존 세대들과 서로 감정 소모를 하고 있다. 이 과정에서 조직 내부의 민감한 이슈가 온라인 공간에 그대로 공개가 되거나, 이슈 당사자들의 신상이 공개되거나하는 부작용도 발생한다. 기존 세대는 "또 시작이군. 요즘 세대는 답이 없어!"라고 여기며, MZ세대는 "한 번 꼰대는 영원한 꼰대야!"라고 여긴다.

하버드 경영대학원의 에이미 에드먼슨 교수는 그녀의 책《두려움 없는 조직》에서 '심리적 안정감'을 정의했다.[2] "심리적 안정감이란* 구성원이 업무와 관련해 그 어떤 의견을 제기해도 벌을 받거나 보복당하지 않을 거라고 믿는 조직 환경이다." 나는 '심리적 안정감'을 '질문'이라는 키워드로 간단히 재정의했다. "심리적 안정감이란 모든 구성원이 어떤 질문이든 자유롭게 말할 수 있다고 확신하는 조직 환경이다." 아직도 우리나라 사회는 심리적 안정감이 부족하다.

---

* 에이미 에드먼슨 교수의 논문 및 정의를 종합적으로 고려해보면, 이 말을 심리적 안정감으로 번역하는 것보다 심리적 안전감이라고 번역하는 게 더 적절하다고 나는 생각한다.

비유하자면 딱딱한 콘크리트 바닥 위에 설치된 놀이터에서 노는 아이들과 같다. 넘어지면 크게 다치니 사람들은 새로운 질문과 생각을 가지고 있어도 무시될까 봐, 질책받을까 봐, 실패할까 봐, 튀어 보일까 봐 그들의 값진 진주를 꺼내지 않는다.

　이런 배경에서 나는 질문의 기술을 쉽게 이해할 수 있는 철학적 토대를 마련해야겠다고 마음먹었다. 군건한 철학적 토대 위에 서서, 사람들이 어떤 상황에서도 쉽게 좋은 질문을 던지고 위대한 생각을 펼칠 수 있기를 바랐다. 나는 질문이 곧 생각이라면, 인류 역사를 지배한 철학들 속에서 '질문의 기술에 대한 철학적 기초'를 발견할 수 있다고 생각했다. 나는 오 년 동안 철학, 인문학, 문학 작품들을 탐독하며 공부했다. 그 과정에서 나는 수천 년의 인류 역사를 지배한 철학과 그 철학을 이끈 위대한 사람들이 사용한 질문의 패턴을 발견했다. 모든 철학과 사상에는 그에 대응하는 질문 또는 질문 패턴이 있었다. 예를 들어(곧 등장하게 될) 본질주의 철학에서 나는 '왜? – 어떻게? – 무엇?'이라는 질문 패턴을 보았고, 실존주의 철학에서 나는 '누가? – 무엇을? – 어떻게?'라는 질문 패턴을 보았다. 그리고 현대 리좀주의 철학에서는 연속된 '왓-이프(what if?)' 질문을 통한 개념과 개념의 접속과 생성을 보았다. 나는 위대한 철학에 상응하는 질문의 패턴들을 정리함으로써 질문의 기술에 대한 철학적 토대를 구축할 수 있었다. 이것은 내가 아는 한 최초의 시도였고 그 결과물이 바로 이 책이다. '질문의 기술'을 통해 누구나 위대한 철학자처럼 질문하고 생각할 수 있다.

많은 사람들은 철학이 어렵다고 느낀다. 마치 클래식 음악처럼 철학은 대중적이지 않고 이해하기 어려운 것으로 느껴진다. 또한 사람들은 철학자들이 시대의 천재였고 우리와 다른 존재이며 우리는 그들처럼 사유할 수 없다고 생각한다. 하지만 철학자들 또한 우리와 비슷한 인간이었을 뿐이다. 다만 그들은 그들의 시대 속에서 선구적으로 위대한 질문을 던졌던 사람들이었다. 그들은 질문의 답을 구하고자 삶을 던졌고 그 결과 위대한 철학과 사상을 탄생시켰다. 우리도 그들과 마찬가지로 '질문의 기술'을 통해 우리의 시대, 우리의 상황에 맞는 위대한 질문을 던지고 위대한 생각을 생성해낼 수 있다.

'도·레·미·파·솔·라·시', 이 일곱 가지의 음에 음악적 패턴을 입히면 무한에 가까운 아름다운 선율을 만들어 낼 수 있다. 마찬가지로 '누가? 언제? 어디서? 무엇을? 어떻게? 왜?'라는 여섯 가지 '열린 질문'과 '닫힌 질문'에 철학적 패턴을 입히면 무한에 가까운 좋은 생각들을 생각해 낼 수 있다. 이 질문의 기술을 당신은 언제 어디서나 사용할 수 있다. 질문의 기술을 통해 질문은 더 이상 우리에게 어렵고 부담스러운 대상이 아니게 될 것이다.

나는 질문한다 고로 존재한다

사람을 뜻하는 영어 단어 'man'은 산스크리트어에서 기인했다고 한다. 그 의미는 '생각하다, 만들다'이다. 즉, 인간은 생각하며 이를 통해 무언가를 창조하는 존재이다. 이윽고 나는 인간을 다음과 같이 정의해 보았다. 이 정의는 근본적으로 인간에게 질문이란 무엇이며, 왜 질문이 인간과 그 삶을 변화시키는지를 직관적으로 표현해 주는 것 같다. '인간은 질문하며 이를 통해 무언가를 창조하는 존재이다.' 좀 더 짧게 표현하자면 '인간은 질문하는 존재이다.' 질문하는 존재인 우리 모두는 삶의 곳곳마다 좋은 질문들을 채우고 그 공간을 멋진 꿈과 변화로 채워나간다.

17세기 프랑스의 철학자 르네 데카르트는 "나는 생각한다 고로 존재한다."라고 말했다. 그는 확실성을 추구했다. 확실성을 위해 그는 기존의 모든 신념과 감각과 지식을 의심하기로 작정했다. 철저한 의심을 통과한 것만을 진리로 받아들이며 단연코 의심할 수 없는 지식의 토대 위에서 그의 철학을 세우고자 했다. 그렇게 모든 것을 의심해보고, 부정해보고, 무너뜨리려 했을 때, 그는 도무지 의심할 수 없는, 부정할 수 없는, 무너뜨릴 수 없는 참된 진리와 존재에 직면하게 되었다. 바로 '나는 생각한다 고로 존재한다'라는 진리 그리고 '생각하는 자기 자신'이란 존재 말이다. 그는 '나는 생각한다 고로 존재한다'라는 진리를 철학의 제 1원리 곧, 그의 모든 철학의 시작점으로 삼았다. 그리고 '생각하는 존재로서의 자기 자신'을 그가 강렬히 추구해 온 확실성의 담보로 삼았다.

르네 데카르트는 질문의 본질이 곧 생각이라는 것을 알게 된 우리에게 이렇게 속삭이는 듯하다. "나는 질문한다, 고로 존재한다." 우리가 가진 지식과 철학은 언제든 의심되고, 부정되고, 무너질 수

있다. 그럼에도 불구하고 질문하고 그 답을 구하고자 노력하는 '나'
란 존재는 의심할 수도, 부정할 수도, 무너뜨릴 수도 없다. 이렇게 질
문하는 존재로서의 확실성을 담보로 사유하고, 글을 쓰고, 타인과
소통하면 어떨까? 나는 이 책을 읽는 모든 사람들이 질문하는 존재
로서 질문을 가까이하고 그 결과 확실한 진리에 한 발짝 더 가까이
다가가는 사람들이 되길 기대한다.

PATTERN I | 본질과 질문

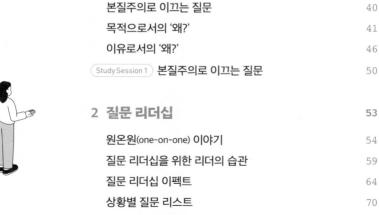

PATTERN II | **실존과 질문**

PATTERN I

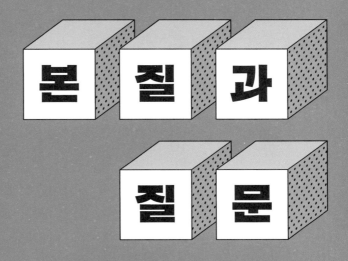

본질과
질문

1 본질

"현상은 복잡하지만 본질은 단순하다."
- 아리스토텔레스

본질…. 우리 호기심 많은 인간은 현상 아래에 숨어 있는 본질을 궁금해한다. 당연한 것을 당연하게 여기지 않고 인간은 왜를 묻는다. "분명 근본 원리가 존재할 거야.""특별한 목적이 존재할 거야."라고 믿으면서 말이다. 예를 들어, 아인슈타인은 "시간은 왜 위치에 따라 다른 속도로 흐르는가?"를 물었다. 그가 찾은 시간의 본질은 다음과 같았다. 무거운 물체일수록 시공간의 굴곡을 크게 만들어 내기 때문에 시간이 천천히 흐른다.* 아인슈타인은 시간은 절대적이지

---

* 태양과 지구가 있다고 하자. 사람들은 이 두 개의 물체 사이에 아무 것도 없는데 왜 끌어당기는지 설명할 수 없었다. 하지만 아인슈타인은 그 사이에는 시간과 공간이 있으니 태양과 지구가 시공간의 구조를 변

않으며 측정하는 위치에 따라 상대적이라고 생각했다.

시간의 상대성은 공상 과학 영화의 단골 소재이기도 하다. 예를 들어, 영화 〈인터스텔라〉에서 주인공 쿠퍼는 인듀어런스호를 타고 웜홀을 통과한 뒤 웜홀에서 가장 가까이에 있는 '밀러' 행성을 탐사하러 떠난다. 그런데 밀러 행성의 시공간은 그 근처에 있는 블랙홀의 엄청난 중력에 의해 심하게 뒤틀려 있었고 그곳에서의 1시간은 지구에서의 7년에 맞먹는 시간이었다. 이에 쿠퍼 일행은 시간 지연을 최소화하기 위해 날렵한 미니 왕복선인 '레인저호'를 타고 재빠르게 밀러 행성을 탐사하고 복귀하려고 했다. 하지만 밀러 행성의 초대형 파도에 휩쓸리는 사고를 당해 3시간을 지체하게 되었고, 인듀어런스에 복귀해보니 23년 4개월 8일이라는 세월이 훌쩍 지나가 버렸다.

아인슈타인이 발견한 시간의 본질은 인간이 우주를 어떻게 바라봐야 하는지를 안내했다. 인간은 우주를 삼차원 공간이 아닌 사차원 시공간으로 바라보기 시작했다. 그 결과 과학자들은 블랙홀*, 중력파**,

---

화시킨다고 생각했다. 마치 어떤 물체가 물속에 잠기면 주변의 물이 출렁거리듯이, 시공간의 구조가 변경되면 모든 물체에 운동에 영향을 끼치고 시간의 속도가 달라진다는 것이다. 카를로 로벨리의 《시간은 흐르지 않는다, 쌤앤파커스(2019)》를 참고했다.

* 1935년 아인슈타인은 네이션 로젠과 함께 시공간 우주의 지름길의 가능성을 설명했다. 그는 이 지름길을 아인슈타인-로젠 다리(Einstein-Rosen bridges)라고 불렀다. 이후 수많은 공상과학 소설은 이를 웜홀(wormholes)이라고 표현했고 블랙홀과 화이트홀로 연결된 우주 내의 고속도로를 말한다.

** 중력이 강한 물체(행성/블랙홀)의 충돌/병합에 의해 발생하는 시공간의 뒤틀림 파동을 말하며(마치 물에 돌멩이를 던졌을 때 물이 출렁거리는 파동이 퍼지는 것과 같음), 이 중력파는 광속으로 퍼져나간다. 2016년 2월 레이저 간섭계 중력파 관측소(LIGO)의 라이너 바이스, 배리 배리시, 킵 손 연구팀은 지구로부터 13억 광년 떨어져 있는 2개의 블랙홀이 결합할 때 발생한 중력파를 최초로 검출했다. 이에 이 세 명은 2017년 10월 노벨물리학상을 받았다.

질문의 기술

우주팽창* 등 기존에 상상도 못 한 현상을 발견했고 현대 우주론을 만들어 냈다.

한편 19세기 말에서 20세기 초까지, 과학계의 최대 관심은 빛의 본질에 있었다. 1865년 맥스웰에 의해, 빛이란 전기와 자기의 성질을 가진 파동이라는 것이 밝혀졌다. 이후 인류는 파동이라는 빛의 본질을 제어하기 시작했고 라디오, 전화, 무선 통신 등 수많은 현대 발명품들을 만들었다. 하지만 이야기는 여기서 멈추지 않았다. 1900년, 독일의 막스 플랑크**는 온도가 있는 모든 물체가 빛을 낸다는 사실을 발견했다. 또한 그는 물체에서 나오는 빛을 통해 물체의 온도를 정확히 맞추는 신기한 이론을 만들었다. 이 과정에서 플랑크는 빛의 에너지가 특정한 값의 정수배로만 존재한다는 매우 특이한 사실을 발표했다. 이는 빛이 파동이 아니라 입자로서 움직이고 있다는 것을 시사했다. 플랑크의 이론에 영향을 받은 아인슈타인은 1905년 발표한 광전효과이론을 발표했다. 아인슈타인은 X선을 금속에 충돌시켜 발생한 전자의 에너지가 언제나 특정한 값의 정수배로만 존재하는 것 즉, 빛이 입자라는 것을 증명했다.*** 이후 "빛이 도

---

* 1929년 미국의 천문학자 에드윈 허블은 우주가 팽창하고 있다는 것을 처음으로 증명했고 우주 공간의 서로 다른 두 지점의 거리가 시간이 지남에 따라 증가한다는 허블의 법칙을 세웠다. 한편, 미국 버클리 캘리포니아대의 솔 펄머터 교수 연구팀은 우주가 점점 더 빠른 속도로 팽창하고 있다는 것과 그 원동력은 암흑에너지라는 것을 발견한 공로로 2011년 노벨 물리학상을 받았다.

** 플랑크의 흑체복사이론에서 그는 빛 에너지의 단위는 양자화되었다는 양자역학의 기초가 되는 개념을 들고나왔으며, 현대 물리학에 기여한 공로로 1918년 노벨물리학상을 수상했다.

*** 아인슈타인은 광전 효과 이론으로 1921년 노벨 물리학상을 수상했다. 광전 효과는 플랑크의 흑체 복

대체 왜 파동의 특성과 입자의 특성을 모두 보이는 것일까?"라는 빛의 본질을 놓고 수많은 물리학자들이 달려들었다. 닐스 보어*, 루이 드 브로이**, 베르너 카를 하이젠베르크***, 에르빈 슈뢰딩거****, 폴 에이드리언 모리스 디랙***** 등 수많은 천재들이 이 문제를 해결하고자 했다. 그 결과 그들은 빛이란 파동성과 입자성을 동시에 가지고 있는 물질이라고 결론지었고 빛의 움직임을 설명할 수 있는 양자역학을 창조해 냈다. 오늘날 우리가 사용하는 메모리, CPU와 같은 반도체나 전자 기기는 바로 이 양자역학의 산물이다.

위 사례와 같이, 본질에 대한 탐구는 새로운 진보와 혁신을 만들어낸다. 나는 먼저 과학의 사례들을 이야기했는데 사실 본질을 추구하는 본질주의는 사실 과학의 범주를 훨씬 뛰어넘은 철학이다. 그리고 그 기원은 고대 그리스까지 거슬러 올라간다. 고대 그리스 철학자들은 자연, 인간, 이성, 신과 같이 존재한다고 여겨지는 대상을 철

사 이론에서 말한 빛 에너지가 양자화 되어 있다는 것을 실험적으로 증명한 것이다.

* 보어는 원자 구조와 양자 역학의 성립에 크게 기여한 공로로 1922년에 노벨 물리학상을 받았다.

** 루이 드 브로이는 '드 브로이 물질파'(파장= 플랑크상수/입자운동량) 즉, 입자가 곧 파동이라는 개념을 만들어냈고 이는 양자 역학에 있어 빛의 이중성(빛은 입자이고 동시에 파동이다) 개념 형성에 결정적인 영향을 주었다. 그 공로로 그는 1929년 노벨물리학상을 수상했다.

*** 하이젠베르크는 1927년 그 유명한 불확정성의 원리를 발표했고 양자 역학의 창안 및 현대 과학 철학에 지대한 영향을 끼친 공로로 1932년 노벨 물리학상을 받았다.

**** 슈뢰딩거는 입자가 파동성을 가진다는 것에 착안해서 1926년 파동방정식을 발표했다. 그 공로로, 1933년 노벨물리학상을 수상했다.

***** 디랙은 입자의 거동 현상 및 존재를 예측하는 디랙 방정식을 만들었고, 양자 역학과 양자 전기 역학의 기초를 닦았다. 그 공로로 슈뢰딩거와 함께 1933년 노벨 물리학상을 공동 수상했다. 특이한 성격을 지닌 디랙은 노벨상 수상자로 선정되었을 때, 주위의 많은 관심 때문에 거절하려고 했다. 하지만 노벨상을 거절할 경우 더 많은 관심을 끌 것이라고 생각했다. 노벨상을 받았다고 한다.

학의 재료로 사용했다. 존재하는 것의 본질을 제대로 이해해야 올바른 개념을 가지고 철학을 할 수 있었기에 고대 그리스 철학자들은 "존재하는 대상이 왜 존재하는가?"를 끊임없이 물었다.*

플라톤은 우리가 사는 세계에는 최초의, 궁극적인, 근본적인, 보편적인, 불변의 본질이 존재하며 이를 이데아(idea)라고 말했다. 플라톤이 바라보기에 모든 것은 본질에서 나오며, 본질에서 나온 모든 것은 본질을 위해서 존재했다.** 이런 점에서 본질이란 즉, 플라톤의 이데아란 모든 것의 처음이자 끝이요, 알파와 오메가였다. 예를 들어 예술이란 미(美)라는 가장 이상적이고 완벽한 이데아에서 탄생하는 것이고 예술 작품은 미(美)를 실현하기 위해서 존재하는 것이다. 플라톤의 눈에는 예술도 종교도 신화도 철학도 국가도 정치도 모두 이데아의 모형이었다. 플라톤의 철학은 바로 이 '이데아' 즉, 본질, 이념, 진리를 탐구하는 것이었다. 그리고 이 본질주의적 철학 전통은 이후 이천오백 년의 서양 철학사를 지배했다. 영국의 철학자 알프레드 화이트헤드는 플라톤에 대해 다음의 말을 남겼다. "서양 철학은 플라톤의 각주에 불과하다!"***

---

* 존재하는 것들의 본질을 탐구했기에 고대 그리스의 본질주의를 존재론이라고도 부른다.
** 본질이란 대상의 존재 이유 또는 목적을 이야기하기 때문에, 철학자들은 본질주의를 존재론적이라고 말하기도 한다.
*** 이는 화이트헤드가 수많은 현대 철학자들을 깎아내리려는 발언이 아니라, 플라톤의 철학이 후대 철학사의 개념 형성에 폭넓게 영향을 끼쳤다는 의도였다. 알프레드 화이트헤드의 《과정과 실재》, 제2부 제1장 '사실과 형상'에서 그는 다음과 같이 말했다. 유럽 철학의 전통을 가장 무난하게 말해본다면, 그것은 플라톤에 대한 일련의 각주들로 이루어졌다는 점이다. 내가 의도하는 바는 철학자들이 플라톤의 저작에

본질주의로 세상에 영향을 끼친 사람들

본질주의 철학을 했던 사람들은 만약 우리가 본질을 깨달으면 이 세상의 이치를 알고 이 세상을 잘 살거나 잘 다스릴 수 있다고 생각을 했다. 예를 들어, 그리스 철학에 정통했던 사도 바울은 우리가 사는 이 세상이 무엇 때문에 존재하였고 무엇을 위하여 움직일 것인가를 물었다. 그는 그 본질이 바로 부활하신 예수 그리스도라고 외쳤다. 예수 그리스도를 전도한 그의 노력을 통해 유대교에서 구분된 초대 기독교가 확립되었다. 그리고 그가 정립한 기독교 교리는 중세 유럽 전역을 다스렸다. 근대에 와서, 교회의 세력은 약해졌고, 과학주의와 계몽주의가 부흥했다. 사람들은 종교의 한계를 깨달았다. 그리고 그들은 종교의 영역 밖에서 지식을 어떻게 경험하고 구할 수 있을지에 대해 고민하기 시작했다.

독일의 철학자 임마누엘 칸트는 누구나 동의하고 객관적으로 경험되는 지식이란 왜 존재할 수 있는가를 물었다. 칸트는 인간 안에는 경험보다 우선하는 인식의 틀, 인식의 체계가 있다고 주장했고 이를 선험적 형식이라 불렀다. 동그랗고 빨간 사과가 당신의 앞에

서 마구 꺼내 유럽 철학을 만들었다는 것이 아니다. 나는 플라톤의 저작 곳곳에 깃들어 있는 철학의 풍부한 개념을 말하는 것이다. The safest general characterization of the European philosophical tradition is that it consists of a series of footnotes to Plato. I do not mean the systematic scheme of thought which scholars have doubtfully extracted from his writings. I allude to the wealth of general ideas scattered through them.

놓여 있다고 하자. 당신은 동그랗고 빨간 사과가 당신의 눈에 정말 동그랗고 빨갛게 보이기 때문에 그것이 동그랗고 빨간 사과라고 생각할 수 있다. 하지만 칸트는 그 대상이 실제로 동그랗고 빨간 사과인지는 누구도 알 수 없으며, 다만 당신 안에 내재된 선험적 형식이 그 대상을 동그랗고 빨간 사과가 되도록 구성했다고 생각했다. 바로 이 선험적 형식을 모두가 보편적으로 가지고 있기 때문에, 사람들은 그 대상을 동그랗고 빨간 사과라고 인식할 수 있는 것이다. 비유하자면 붕어빵을 지식이라고 한다면, 붕어빵 틀은 바로 선험적 형식이며 붕어빵 재료는 인간의 경험이다. 붕어빵 틀에 동일한 재료를 넣으면 동일한 붕어빵이 만들어지는 것이다.

한편, 칸트는 객관적으로 따르게 되는 도덕 법칙이 왜 존재하는지, 도덕 법칙의 본질에 대해 물었다. 칸트에게 도덕 법칙이란 우리를 행복하게 해주기 위해서 또는 우리에게 이익을 가져다주기 때문에 존재하는 것이 아니라, 도덕 법칙이 반드시 따라야 하는 명령이기 때문에 존재하는 것이었다. 그는 이를 '정언 명령'이라 불렀고, 이성적인 인간은 마땅히 정언 명령을 따른다고 말했다.* 반면 영국의 철학자 벤담은 도덕 법칙의 본질은 다수의 이익에 있다고 생각했다. 그에 따르면 최대 다수의 최대 이익을 가져오는 것이 이상적이고 정의로운 도덕 법칙이다. 예를 들어 당신이 열차의 기관사라

---

* 칸트의 정언 명령의 도덕 법칙은 벤담의 공리주의적 도덕 법칙과 반대된다.

고 하자. 당신의 열차는 철로 A 위를 달리고 있으며 철로 A 위를 계속 달려 정해진 목적지에 가야 한다. 열차는 곧 철로 A와 철로 B의 분기점을 지나갈 예정이다. 그런데 비상사태가 발생했다. 분기점 뒤 철로 A에는 열 명의 사람들이 쓰러져 있고, 철로 B에는 3명의 사람들이 쓰러져 있었다. 열차는 멈출 수 없다. 당신은 어떤 선택을 할 것인가? 칸트의 정언 명령을 따른다면 당신은 계속 철로 A위를 달려야 한다. 만약 분기점에서 철로 B를 선택했다면 당신은 살인자가 되고 정언 명령을 어긴 것이 되기 때문이다. 하지만 벤담의 공리주의를 따른다면 당신은 가장 적은 사람이 죽게 되는 철로 B를 선택해야 한다.

철학자 헤겔은 역사의 궁극적인 목적, 역사의 본질이란 무엇인지를 물었다. 헤겔은 역사의 개별적인 현상들에 집중하기보다는 그 현상들 배후에서 역사를 이루어 나가는 본질을 파악하고자 했다. 헤겔이 세계 역사에서 발견한 본질은 '자유'였다. 헤겔은 자연세계의 본질이 중력이라면 인간세계의 본질은 자유라고 말했다. 헤겔에 따르면, 인류 역사란 자유 의식의 진보 과정 곧, 자신이 자유로운 존재라는 사실을 자각해 나가는 과정인 것이다. 헤겔은 역사의 흐름을 인간의 생애로 비유하여 다음과 같이 네 단계로 설명했다: 유아기(개인과 집단이 구별되지 않은 상태. 모든 사람들이 스스로 자유롭지 않다는 것을 모르기 때문에 그것이 부자연스럽다고 느끼지 않음.) – 청년기(개인과 집단이 구별되기 시작하지만 아직 조화로운 상태에 있음.) – 장년기(개인과 집단이 분열되며 대립함) – 노년기(개인과 집단이 대립을 극복하고 의식적으

로 통일을 이룸.).[3]

헤겔 철학에 영향을 받은 카를 마르크스는 국가가 산업 혁명을 기반으로 생산성이 극대화되면 모두가 부유해져야 한다고 생각했다. 하지만 실제는 그렇지 않았다. 그는 도대체 왜 빈곤의 문제가 지속되는지 그 본질을 파고들었다. 그는 자본주의 체제 속에서 구조적으로 자본가와 노동자의 격차가 계속 커지고 이러한 비정상적인 부의 불평등이 빈곤의 본질이라고 확신했다. 그는 노동자 계급이 하나로 뭉치고 저항하는 '프롤레타리아 혁명'을 주장했다. 그것은 자본가가 소유한 생산 수단을 사회 공유재로 만들어 빈곤이 없는 이상적 사회주의제도를 세우는 것이었다. 결국 사회주의제도는 전 세계적으로 실패한 것으로 판명되었다. 하지만 마르크스가 죽고 반세기가 지나기도 전에 전 지구의 6분의 1이 사회주의 국가가 되었을 정도로 그의 영향력은 엄청났다.

본질과 사피엔스

10만 년 전 출현한 우리의 조상, 사피엔스는 7만 년 전 그들의 고향인 아프리카를 떠났다. 지중해에 도달한 사피엔스는 매우 짧은 기간에 그곳의 패권을 장악했던 네안데르탈인들을 완전히 몰아냈다. 그리고 그들은 멈추지 않고 진격했다. 사피엔스는 유럽, 중동, 아시아 등 지구 곳곳에 살고 있었던(충분히 우리의 조상이 될 수 있었던)

인간 종들을 지구상에서 완전히 몰아냈다. 이후 12,000년 전 사피엔스는 농업 혁명을 일으켰다. 이후 젖과 꿀이 흐르는 비옥한 곳을 중심으로 그들은 수십만 명이 거주하는 문명 도시와 수억 명을 다스리는 제국 국가를 건설했다.[4]

사실 200만 년 전부터 지구에는 다양한 인종들이 존재했다고 한다. 그런데 그들은 왜 사피엔스처럼 지구를 정복하고 우리의 조상이 되지 못했을까? 그들과 사피엔스 간의 결정적인 차이는 무엇이었을까?* 《사피엔스》의 저자 유발 하라리는 그 답을 사피엔스만의 고유한 언어 특징에서 찾았다. 바로 눈에 보이지 않는 허구를 창조해낼 수 있는 능력 말이다.

사피엔스의 언어는 단순 인간, 동물, 자연 환경에 대한 정보를 전달하는 것으로 그치지 않았다. 사피엔스는 허구를 통해 눈에 보이지 않는 상상 속의 실체를 창조해낼 수 있었다. 그들은 집단적이고 공통적인 상상의 실체를 공유했다. 그리고 그들은 지구상의 그 어떠한 동물들도 해내지 못한 대규모 협력을 이루어냈다. 대표적인 예가 바로 신화이다. 인간은 공통의 신화를 창조했고 공통의 신화를 믿었던 사람들은 성공적으로 협력했다. 유발 하라리의 말을 빌리자면, 인간의 모든 대규모 협력은 공통의 신화에 뿌리를 두었다. 종교적

---

* 이번 문단에서는 《사피엔스》의 2장, 지식의 나무에서 볼 수 있는 유발하라리의 생각의 흐름을 모방하고자 했다. 나는 그가 정말 천재라고 생각한다. 유발하라리가 허구적 상상을 통해 대규모의 협력을 이루어낸 사피엔스를 말했다면 나는 본질주의를 통해 대규모의 협력을 이루어낸 사피엔스를 묘사하고자 했다.

신화를 통해 서로 모르는 사람들은 같은 신을 믿는다는 것 하나만으로 만나본 적이 없는 형제, 자매들을 위한 모금 행사에 동참하거나 자신의 전재산과 전문성을 헌신하기도 한다. 국가적 신화를 통해 일면식도 없는 젊은 청년들은 전쟁에 참여하고 위험에 빠진 아군을 구하려고 목숨을 바친다. 월드컵이 열리면 우리나라 오천만 인구들은 갑자기 똘똘 뭉쳐 "대!한!민!국!"을 외치고 열성적으로 대표팀을 응원한다. 법적 신화를 통해 정의와 인권, 자유와 행복을 믿는 사람들은 법의 지배 원리에 따라 불가침의 인간 권리를 보장하는 법치주의적 국가 체제를 만들었다. 인권을 수호하는 변호사들은 부조리에 고통받는 사회적 약자들을 위해 협력하고 때때로 이를 사회적 이슈화하여 인권 운동을 하고 지지 세력을 구하기도 한다.

이렇게 대규모의 협력을 끌어낸 허구들에는 한 가지 공통점이 있다. 그 공통점은 그것들이 모두 집단이 왜 존재하는가에 대한 본질을 말해 준다는 점이다. 허구라는 몸을 입은 본질은 집단에게 왜 그렇게 행동해야 하는지, 그래서 어떻게 행동해야 하는지, 무엇을 행동해야 하는지의 행동 규범을 제시했다. 눈에 보이지 않는 본질은 사람들에게 소속감을 제공했고, 사람들을 연결시켰고, 사람들을 다스렸다. 사피엔스는 본질이라는 무기를 통해 대규모의 협력을 만들었고 문명과 국가라는 협력 체제를 구축했다. 이런 점에서 우리 인간은 본질적으로 본질을 추구하는 본질주의자와 같다.

본질주의로 이끄는 질문

어떻게 우리는 본질주의 철학을 잘 해낼 수 있을까? 이에 대한 답은 본질주의 철학자들이 던졌던 질문의 패턴을 알면 매우 간단하다. 그들은 먼저 '왜?' 질문을 통해서 현상 또는 문제의 근원적 본질을 탐구한다. 그리고 이를 통해 본질과 현상/문제 사이에 존재하는 인과적 관계를 규명한다. 이어서 '어떻게?' 질문을 통해 규명된 본질을 응용하여 새로운 개념, 사상, 체계를 개발하거나 문제의 원인을 해결할 수 있는 새로운 방법론을 만든다. 이어서 '무엇을?' 질문을 통해서 새로운 개념, 사상, 체계, 방법론을 현실 세계에 적용하기 위한 일과 행동을 구체화한다. 이 과정에서 '어디?' 또는 '언제?' 또는 '누구?'라는 질문을 통해 어떤 지역(조직, 국가⋯)과 어떤 시기(현재, 미래⋯) 그리고 어떤 대상(시민, 세계인⋯)에 적용할지를 탐구한다. 이러한 질문의 패턴이 어딘가에서 들어본 것처럼 낯이 익지 않은가? 그렇다! 우리는 모두 어릴 때 학교에서 '육하원칙'을 배웠다. 정확한 때를 기억하지 못하지만, 나는 국어 시간에 신문 기사 작성 원리를 배우면서 '육하원칙'을 배웠다. 여태껏 육하원칙을 적용해서 신문 기사를 써본 적은 없지만, 나는 육하원칙의 순서를 정확히 기억한다. "누가? – 언제? – 어디서? – 무엇을? – 어떻게? – 왜?" 마치 육하원칙이 내 DNA에 새겨진 것처럼 말이다.

다시 본질주의 철학자들의 질문 패턴을 보자. 그들의 질문 패턴은 육하원칙을 거꾸로만 하면 된다. "왜? – 어떻게? – 무엇을? – 어디서? – 언제? – 누가?"라는 바로 이 '거꾸로 육하원칙'을 통해서 누구나 본질주의 철학을 해낼 수 있다. 그리고 거꾸로 육하원칙 중에서 처음 세 가지 질문인 '왜? – 어떻게? – 무엇을?'은 본질주의 철학에서 가장 중요한 세 가지 핵심 질문이다. 앞서 플라톤의 이데아 즉, 본질은 모든 것의 처음이자 끝이요, 알파와 오메가라고 말했다. 본질을 의미하는 '왜?' 질문은 '이유'로서 역할을 하기도 하고, '목적'으로서 역할을 하기도 한다. 이 두 가지 경우에서 어떻게 '왜? – 어떻게? – 무엇을?' 질문 패턴을 사용할 수 있는지 알아보자.

목적으로서의 '왜?'

먼저 '목적'으로서의 '왜?'를 이야기할 때는 '왜? – 어떻게? – 무엇을?' 순서로 이어지는 기본 본질주의 질문 패턴을 사용한다. '왜?'는 목적 즉, 방향성을 의미하며, 'A(현재) → B(미래)'라는 공식을 가지고 있다. '어떻게?'는 그 방향으로 가기 위한 전략을 의미하고, '무엇을?'은 그 전략을 실행하기 위한 구체적인 액션 플랜을 의미한다.

먼저 '왜?' 질문을 통해 목적을 분명하게 세운다. 당신이 자동차를 운전해서 여행의 목적지에 간다고 하자. 당신은 여러 고속도로와 수많은 국도를 지나게 될 것이다. 북쪽 길로 가다가 동쪽 길로 그러다 동남쪽 길을 타다가 다시 동쪽 길로, 북동쪽 길로 가다가 북서쪽 길로…. 이렇게 당신은 시시각각 방향이 바뀌는 복잡한 길들을 지나게 되지만 결국 당신이 원하는 목적지에 도착하게 될 것이다. 그 이유는 내비게이션에 여행 목적지를 분명하게 입력했기 때문이다. 몰입 전도사, 서울대 공과대학 황농문 교수는 뚜렷하고 강한 목표를 가지고 있을 때, 성공에 대한 긍정적인 보상이 커지고 목적을 향한 신체의 노력이 극대화된다고 말했다. 구체적으로는 목표를 가지고 일을 수행할 때, 우리의 신체와 뇌는 목표 달성에 성공하기 위해 비상사태에 돌입한다고 한다. 바로 이 상태에서 몰입이 시작되고 최대의 능력과 성과가 만들어지는 것이다.

실제로 올림픽 금메달리스트들과 같이 스포츠 분야에 위대한 업적을 남긴 선수들은 마지막 단 한 번의 승부에서 놀라운 집중력을 가지고 승리했다. 우리나라 역대 올림픽 금메달리스트의 25%를 인터뷰한 김도윤 작가는 올림픽 금메달리스트들의 공통점은 분명한 자기 목표를 가지고 있다는 점이라고 말했다.[5] 2004 아테네 올림픽 탁구 금메달리스트, 대한민국 IOC 위원인 유승민 선수는 목표에 대해 이렇게 말했다. "일단 자기가 목표를 정하면 마음가짐, 체력, 생활 방식, 운동량 등 그 모든 것이 새롭게 설정된다." 예를 들어 올림픽 금메달을 목표로 하는 선수는 금메달을 따기 위한 정신 수련, 체력 훈련, 생활 방식 및 루틴 형성, 매일 운동량 세팅 등 그 모든 것이 금메달에 초점을 두어 설정된다.

목표를 분명하게 세우기 위한 가장 좋은 방법은 목표를 숫자로 나타내는 것이다. 목표를 숫자로 나타내는 삼 단계 과정에 대해서 알아보자. 첫 번째 단계는 측정 가능한 핵심 지표를 선정하는 것이다. 예를 들어 피트니스 운동을 한다고 하자. 당신의 목표는 TV 속 연예인들처럼 멋진 몸매를 가지는 것 즉, 몸짱이 되는 것이다. 이 목표를 위해 많은 사람들이 사용하는 핵심 지표는 체지방률(%, 체중에서 지방이 차지하는 비율)이다. 체지방률은 인바디를 통해서 측정 가능하며, 매 운동을 할 때마다 정기적으로 측정해서 모니터링이 가능하다. 그리고 열심히 운동하면 할수록 체중에서 지방은 타 없어지고 근육량은 증가해 체지방률은 낮아지며, 따라서 체지방률은 몸짱이 되는 목표를 잘 대변해준다. 보통 몸 관리 잘하는 연예인들이나 모델의 체지방률은 10~12%로 알려져 있으며 피트니스 선수들의 체지방률은 8% 이하라고 한다.

두 번째 단계는 핵심 지표 달성 목표를 수립하는 것이다. 영화배우 덴젤 워싱턴은 이런 말을 했다. "목표가 없는 꿈은 그냥 꿈일 뿐이다!" 목표는 A(현재) → B(미래) 공식으로 나타낸다. 몸짱이 되고 싶은 당신의 목표는 "체지방률 20% → 12% 달성"으로 표현할 수 있다.

세 번째 단계는 목표 납기를 정하는 것이다. 측정 가능한 핵심 지표를 선정했고 핵심 지표 달성 목표를 수립했다고 끝이 아니다. 언제까지 목표를 달성하겠다는 납기가 있어야 한다. 납기를 정하는 최고의 기준은 '충분히 도전적인가'의 여부이다. 기존 이력이 있는 납기보다는 좀 더 빠르게, 현시점에서 예상되는 때보다 좀 더 빠르게와 같이 충분히 가능하고 도전적인 납기를 선정하자. 예를 들어, "체지방률 20% → 12% 달성" 목표는 "3개월 뒤 체지방률 20% →

12% 달성"으로 도전적으로 목표를 정할 수 있다.

'어떻게?' 질문을 통해 방법을 수립하라. 라틴어로 '지식'을 뜻하는 말은 '시엔치아(scientia)'로 그 어원은 '시(sci)'이며, '쪼개다'라는 의미를 가진다. 고대 로마 사람들은 지식이란 '쪼개어 아는 것' 즉, 한 가지 대상에 대해 세밀하게 분절화하여 깊이 있게 해석하는 것으로 생각했다. 쪼개어 알 때, 당신은 한 가지에 대해서 정말로 깊이 있는 이해를 얻을 수 있다. 마찬가지로 목표를 달성하기 위한 방법을 구할 때, 가장 중요한 것은 목표를 쪼개는 것, 목표의 분절화이다. 목표를 분절화할 때 목표를 잘 이해할 수 있고 이 과정에서 각 목표를 효과적으로 달성해낼 수 있는 방법이 만들어진다. 목표 분절화를 위해 가장 널리 사용되는 기준이 있는데 바로 'MECE(미씨)'이다.

MECE란 'Mutually Exclusive Collectively Exhaustive'라는 말의 앞 글자에서 따온 것이다. 직역하자면 MECE는 '서로 배타적이면서 동시에 합하면 전체를 차지하도록'이라는 의미를 가진다. 좀 더 직관적으로 의역하자면 '중복되지도 않게, 누락되지도 않게 모든 경우의 수로 쪼개는 것'을 의미한다. 예를 들어, 우리나라 인구를 60세 이상과 60세 미만으로 쪼개는 것, 축구 경기를 전반전과 후반전으로 쪼개는 것, 부동산을 수도권과 비수도권으로 쪼개는 것, 영업부를 국내 영업부와 해외 영업부로 쪼개는 것, 하루를 24시간으로 쪼개는 것 등이 MECE 기준으로 쪼갠 것이다. MECE 방법의 대표적인 사례로 맥도날드의 맥모닝 개발이 있다. 매출 증가를 목표로 방법을 모색한 맥도날드는 매출액을 오전, 점심, 저녁 시간별로 쪼개어 보았다. 그 결과 맥도날드는 그들이 점심부터 영업을 시작해 점심과 저녁 메뉴만을 서비스했다는 것과 그 결과 오전 시간대의 매출이 없다는 것을 인식했다. 이에 맥도날드는 출근 전에 밥을 제대로 챙겨 먹지 못한 직장인들을 대상으로 2006년에 맥모닝을 개발했고 맥모닝은 엄청난 성공을 거두었다.

앞서 언급한 "3개월 뒤 체지방률 20% → 12% 달성" 목표를 MECE 기준으로 분절화해 보자. 당신은 시간을 기준으로 1개월 차 목표(20% → 16%), 2개월 차 목표(16% → 13%), 3개월 차 목표(13% → 12%)로 분절화할 수 있다. 또는 체지방률을 줄이기 위한 인풋(input)을 기준으로 식이요법(줄여야 할 8% 중에서 5%를 차지)과 운동(유산소 운동과 무산소 운동, 나머지 3%를 차지)으로 분절화할 수 있다. 이와 같이 당신의 목표를 MECE 기준으로 분절화하여 목표를 이룰 구체적인 방법을 수립해 보자.

마지막으로 '무엇을?' 질문을 통해 구체적인 액션 플랜을 수립하라. 이를 위한 공식은 "누가 + 언제까지 + 무엇을 한다"이다. 예를 들어, 나는 내가 진행하는 회의에서 목표를 설정하고 이를 달성하기 위한 구체적인 방법과 액션이 수립되면, 두 가지 질문을 던진다. "그것을 누가 해야 하나요?" "그것을 언제까지 해야 하나요?" 이 질문에 대한 답이 도출되면, "A부서가 내일까지 a업무를 완료한다", "B부서가 차주까지 b업무를 완료한다", 'C부서가 이번달 말까지 c업무를 완수한다"는 식으로 액션 플랜을 만들어 회의 참석자들에게 배포한다. 이렇게 해야 원하는 목표를 원하는 시간에 달성할 가능성이 높아진다. 내 경험에 비추어 볼 때 담당자가 없는 일, 납기가 없는 일은 "일을 완수하지 않아도 괜찮다"는 메시지와 다를 바 없다.

이유로서의 '왜?'

도요타 생산방식('Just In Time(JIT)' 시스템, 적기공급체계)의 창시자 오노 다이이치는 이렇게 말했다. "만약 직원들이 '왜?'라는 본질적 질문을 깊이 있게 파고드는 습관을 들인다면, 문제의 발생을 근원적으로 방지하고 회사 전체의 효율성을 올려 생산성을 크게 향상시킬 것이다." 한 일화로 도요타의 자동차 생산 설비가 갑자기 동작을 멈추는 제조 사고가 발생했다. 오노 다이이치는 임직원들과 '왜?'라는 질문으로 소통하기 시작했다.

오노 다이이치: 기계는 왜 멈추었나요?
임직원: 전력 과부하로 인해 전원 퓨즈가 나갔습니다. 전원 퓨즈를 빨리 교체하면 개선될 것입니다.
오노 다이이치: 그런데 전력 과부하는 왜 발생하는 건가요?
임직원: 기계 작동에 중요한 베어링이 정상보다 지나치게 뻑뻑해졌던 것 같습니다. 마찬가지로 설비 구동부 베어링을 교체하면 문제 해결이 될 것이라 판단해 이를 조치했습니다.

오노 다이이치: 말씀하신 베어링은 왜 뻑뻑해졌나요?

임직원: 베어링에 공급되는 윤활유 펌프가 제대로 작동하지 않았기 때문입니다.

오노 다이이치: 그렇다면 왜 윤활유 펌프가 제대로 작동하지 않았나요?

임직원: 윤활유 펌프에 수많은 불순물/오염 및 입자들이 존재하기 때문입니다.

오노 다이이치: 그것이 가장 근원적 이유 같은데, 왜 윤활유 펌프는 이물질로 오염되었나요?

임직원: 윤활유 펌프 근처에 먼지 집진기가 나란히 배치되었기 때문입니다.

이렇게 오노 다이이치는 집진기 위치가 생산 설비 중단 사고의 본질적인 원인임을 파악했고 공장 내부에 존재하는 모든 집진기 위치를 옮겨 윤활유 펌프 이물질 문제, 윤활유 펌프 오작동 문제, 베어링의 물성 변화 문제, 설비 작동 과부하 문제, 그리고 생산 설비 중단 문제를 모두 동시에 해결했다고 한다.

이 이야기에서 볼 수 있듯이, '이유'로서의 '왜?'를 묻기 전에는 보통 생각할 대상(현상, 문제)이 무엇인지가 정의된다. 따라서 '이유'로서의 '왜?'를 활용한 본질주의의 질문 패턴은 다음과 같이 네 가지 질문으로 정리된다

'무엇이? - 왜? - 어떻게? - 무엇을?'.

예를 들어, 나는 반도체 개발/제조 과정에서 필연적으로 발생하는 수율/품질 불량 이슈를 제어하는 일을 한다. 자신 있게 이야기하건데, '무엇이? – 왜? – 어떻게? – 무엇을?' 이 네 가지 질문 패턴으로 그동안 나는 거의 대부분의 업무를 잘 수행 할 수 있었다. 먼저 '무엇이' 문제인지, 어떤 불량이 수율/품질 이슈를 발생시키고 있는지 그 수준과 영향은 무엇인지를 정확하게 정의함으로써 업무를 수행한다. 이후 '왜' 불량이 발생했는지 불량의 참 원인을 파악하고자 분석을 한다. 이 과정에서 나는 계속해서 '왜?', '왜?', '왜?'를 묻는다. 불량의 본질이 파악되면 불량의 참원인과 불량의 현상들이 어떻게 관계하고 있는지가 이해된다. 그다음으로 불량의 참 원인을 '어떻게' 해결할 수 있는지 해결책을 수립하고 마지막으로 그 방법론을 실제 적용하기 위해(누가 언제까지) '무엇을' 해야 하는지 구체적인 액션 플랜을 수립한다. 또한 '무엇이? – 왜? – 어떻게? – 무엇을?' 질문 패턴은 업무 회의를 진행할 때에도 내게 큰 도움이 되었다. "무엇이 문제인가?" "왜 발생했는가?" "어떻게 해결할 것인가?" "(누가 언제까지) 무엇을 해야 하는가?" 이 네 가지 질문에 대해 명확한 답이 도출될 때 나는 성공적인 회의를 경험했다.

이와 같이 우리는 '(무엇이?) 왜? – 어떻게? – 무엇을?'이라는 질문 패턴으로 누구나 본질주의적 철학을 해낼 수 있다. 우리는 '왜?'라는 질문을 통해 현상과 문제의 본질을 발견할 것이다. 그리고 그 본질을 중심으로 어떻게 행동할 것인지, 무엇을 실천할 것인지가 정의된 새로운 세계를 구축할 것이다. 우리가 호기심 많고 탐구적인 사피엔스의 후손이라는 사실이 변하지 않는 한, 우리는 앞으로도 계속 본질을 파헤칠 것이다. 따라서 '왜 – 어떻게 – 무엇을' 질문에 대한 탐구는 우리에게 늘 현재진행형일 것이다.

본질주의로 이끄는 질문

당신은 앞으로 계속해서 '본질'이란 말을 많이 듣게 될 것이다. 본질은 모든 분야에서 매우 중요하기 때문이다. 당신이 본질을 정확하게 파악하고 있다면, 당신은 어떤 일을 하든 간에 탁월한 생각과 놀라운 결과물을 확보할 수 있을 것이다.

본질이란 무엇인가? 플라톤은 본질을 '알파와 오메가'라고 말했다. 즉, 본질은 모든 것의 처음이자 끝이다. 다른 말로 표현하자면 본질은 이유 그리고 목적이다. 따라서 본질주의란 어떤 현상이나 문제가 발생한 이유 또는 어떤 일이나 사건의 궁극적 목적을 고민하는 것이다. 본질주의 철학은 지난 이천오백 년의 철학사를 지배했으며 철학자들은 끊임없이 그들이 살았던 시대의 이유와 목적을 고민했고 세상을 바꿀 생각을 내놓았다.

중요한 것은 당신 또한 바로 지금 본질주의 철학자가 될 수 있다는 점이다. 바로 본질주의 철학자들이 공통으로 사용했던 본질주의 질문 패턴 '왜? – 어떻게? – 무엇을?'을 통해서 말이다. '왜? – 어떻게? – 무엇을?'을 통해 질문을 던지고 스스로 답을 내려보아라. 그 과정에서 당신은 자기도 모르는 사이에 세상을 바꿀 본질주의적 사고를 하게 될 것이다. '왜? – 어떻게? – 무엇을?' 질문 패턴을 기억하라. 그리고 이것을 절대로 잊지 말라. 본질주의 질문 패턴은 언제, 어디서든, 당신이 필요한 순간에 당신의 앞길을 훤히 비추는 등불과 같은 역할을 할 것이다.

자 이제 당신은 본질주의와 본질주의로 이끄는 질문을 알았다. 이제 본질주의 질문을 당신의 삶에 적용하고 실천할 시간이다. 다음 질문과 제안을 스스로에게 또는 스터디 그룹에서 던지고 토의해보길 바란다.

1. 목적은 가장 중요한 것 중 하나지만 아이러니하게도 많은 사람들에게 가벼운 것으로 취급된다. 놀랄 정도로 많은 사람들이 목적에 대해 스스로 고민하지 않는다. '왜?' 질문에 스스로 답을 하지 않고 타인의 답을 따르며 살아간다. 당신은 어떤가? 당신이 하고 있는 일들에 분명한 목적을 가지고 있는가? '왜?' 질문을 쉽사리 던지지 못하는 이유는 무엇인가?

2. 이 세상은 인과율이 적용된다. 모든 현상에는 반드시 그 현상을 만든 이유가 존재한다. 아무리 현상이 복잡해보이고 이해되지 않더라도, 보통 세 가지 이내의 이유만 파악하면 현상의 본질이 정확히 파악된다. 도요타 생산방식의 창시자 오노 다이이치는 현상의 이유를 파악하기 위해 다섯 번의 '왜?' 질문을 던졌고 이를 'Five-why' 질문법이라 불렀다. 하지만 실제로 굳이 다섯 번까지 '왜?' 질문을 던질 필요가 없다. 세 번의 '왜?' 질문이면 거의 모든 현상의 본질을 파악할 수 있고, 나는 이것을 'Three-why' 질문법이라 부른다. 당신에게 'Three-why'가 필요한 대상은 무엇인가? 'Three-why'를 적용한 결과, 그 대상에 대해 잘 이해하게 되었는가?

3. 목표는 숫자를 사용해 'A(현재) → B(미래)' 공식으로 명확히 표현된다. 당신의 목표는 무엇인가?

4. 목표 달성의 성패는 얼마나 목표를 잘 쪼개었는가에 달려있다. 당신의 목표를 두 가지 내지 세 가지의 MECE 기준으로 분절화해보라.

5. 본질주의적 사고를 통해 무엇을 해야 할지가 정해졌는가? 그 일은 누가 언제까지 해야 하는가?

2 질문 리더십

흔히들 경영이란 CEO나 임원들과 같이 지위와 권력을 갖춘 사람들만이 하는 것이라 생각한다. 하지만 그렇지 않다. 경영은 누구나 할 수 있는 활동이다. '경영(經營)'을 파자하면, 경은 실 사(糸)와 물줄기 경(巠)이 합쳐진 말로, 실과 물줄기의 방향성을 의미한다. 영은 집 궁(宮) 위에 불 화(火) 두 개가 합쳐진 말로, 군대의 진영에 불을 환하게 밝히며 방법을 궁리하는 것을 의미한다. 따라서 경영이란 방향을 정하고 방법을 찾아 행하는 것이다. 방향을 정하고 방법을 찾아 행한다면 직급, 직업, 나이, 성별과 무관하게 누구나 경영을 하고 있는 것이다. 이런 점에서 본질주의 질문인 '왜? – 어떻게? – 무엇을?'을 던지고 답을 찾아 행하는 당신은 이미 리더이다.

경영을 하는 사람을 리더라고 부른다. 그리고 리더의 경영 능력과 스타일을 리더십이라고 부른다. 세상에 다양한 사람들이 있듯이, 리더십의 종류 또한 정말 다양하다. 널리 알려진 리더십 세 가지를 나열하자면, 먼저 서번트 리더십은 인간 존중을 바탕으로 하여 봉사하는 자세로 구성원들을 후원하고 지지함으로써 잠재력을 이끌어내는 것이다. 대표적인 인물로 스타벅스의 하워드 슐츠, 방송인 유재석이 있다. 그다음으로 지시형 리더십은 카리스마적 리더의 명령과 구성원의 복종을 기반으로 빠른 조정과 일관성 있는 정책을 통해 이끄는 것이다. 대표적인 인물로 애플의 故스티브 잡스, 현대의 故정주영이 있다. 세 번째로 권한위임형 리더십은 결정권을 구성원들에게 위임하여 간섭 없이 구성원 스스로 규칙과 범위 내에서 재량권을 행사하도록 이끄는 것이다. 대표적인 인물로 KT의 황창규, 삼성의 故이건희가 있다.[67]

나는 이번 장에서 누구나 쉽게 할 수 있는 새로운 스타일의 리더십을 이야기하고자 한다. 바로 답보다는 질문을 통해 구성원 스스로 목표와 방법을 생각해 내도록 이끄는 질문 리더십이다. 질문 리더십이 어떻게 탄생했고, 어떻게 실행하고 응용할 수 있는지 이야기해보자.

원온원(one-on-one) 이야기

나는 부서장이 된 이후 한 달에 한 번꼴로 내가 담당하는 부서원들과 원온원(일대일 면담)을 했다. 시작한 계기는 회사 대표이사님의 말 때문이었다. 소통 전문가로 경영계에서 소문난 그는 사내 방송을 통해 원온원을 적극적으로 권유했고 부서원들의 성장과 역량 강화에 원온원이 큰 도움이 된다고 말했다. 이후, 부서장들은 원온원 코칭 교육 및 면담 교육을 받았다. 나는 부서원들과 조율해서 '한 달에 한 번' 정도 주기의 원온원 시간을 정했다. 원온원 면담은 솔직히 부담스러운 부분이 있었다. "자주 면담을 하는데 서로 부담스럽고 어색하지는 않을까?" "면담 또한 하기 싫은 일처럼 변질되지는 않을까?" "나는 그동안 평가 목적을 제외하고는 제대로 된 면담 또는 코칭을 받아보지 못했는데, 왜 내가 이렇게까지 열심히 해야 하는가?" 이와 같이 원온원을 제대로 시작하기도 전에 걱정과 불만이 내 눈을 가렸지만 해보지 않으면 어떤 결과가 나올지 모르니 최선을 다해보기로 했다. 다음은 원온원을 시작한 뒤 첫 일 년 동안의 이야기이다.

첫 두세 달 동안은 부서원 간의 라포 형성이 목표였다. 부서원 중에는 앞으로 자주 원온원 면담을 하는데 이것 하나하나가 혹시 평가는 아닌지 걱정해하는 사람들이 있었다. 나는 "원온원의 목적은 평가가 아니라 부서원들의 성장이다!"고 말해주었고 그 진심을 인정받고자 여러 가지 노력을 기울였다. 예를 들어, 나는 코칭, 면담과 관련된 다섯 권 정도를 읽었고 그 책에 소개된 좋은 질문들 50개를 가지고 랜덤 질문 뽑기 상자를 만들었다. 부서원과 돌아가면서 질문을 뽑은 뒤 질문을 읽으면 상대방은 그 질문에 답하는 것이다. 랜덤 질문 뽑기를 통해 서로 어떤 사람이고 어떤 생각을 가지고 일을 하는지에 대해 더 잘 이해할 수 있었다. 또한 부서원과 같이 장점과 단점을 파악하여, 무엇에 집중하고 무엇을 보완해야 할지에 대한 계획을 세워보기도 했다. 그리고 글쓰기 재능을 발휘하여 부서원 각자의 성공 계획 시나리오를 작성하여, 솔직하게 공유하기도 했다.

이후에는 자연스럽게 부서원들이 수행하고 있는 업무에 대해서 구체적으로 이야기했다. 때마침 부서가 바빠지면서 원온원 면담은 업무의 연장선 상에서 진행되었다. 현재 어떤 일을 하고 있으며, 잘 되고 있는지, 일을 하면서 구체적인 어려움은 무엇이고 필요 사항은 무엇인지에 대해서 이야기했다. 넉 달쯤이 지나 보니 이런 생각이 들었다. "평소 일을 하면서 수시로 업무에 대해 논의를 하는데, 굳이 원온원에서 또한 잘 알고 있는 일을 다시 언급하고 추가 논의를 할 필요가 있을까?" "가뜩이나 내가 일로 바빠서 시간 내는 것이 부담스러운데, 부서원들도 부서장과 자주 면담하는 것이 부담스러워 하지는 않을까?" 나는 원온원 실행 주기를 늦추거나 또는 안 하려고 생각했다.

그때쯤 갑자기 회사의 대표이사님을 만날 기회가 생겼다. 대표이사님이 우리 팀에 방문을 해서 실무자들 면담을 할 예정이었다. 팀장님은 부장들 중에서 몇 사람을 선정했고 그 중에 한 사람이 되었다. 면담은 50분 예정이었지만 실제로는 1시간 30분 동안 진행되었다. 대표이사님은 실무자들에게 어떤 질문이라도 좋으니 질문이 있냐고 물었다. 나는 원온원에 대해서 질문을 던졌다. "원온원, 정말 열심히 하고 있습니다. 좋은 점도 있지만 현업으로 바쁜 부서장에게 부담감이 되고 있으며, 솔직히 전문 코칭 강사가 아닌 저희가 원온원을 잘 하는 것이 매우 어려운 것 같습니다. 대표이사님은 실제 원온원을 어떻게 하고 계십니까?"

그는 말했다. "제가 볼 때 원온원을 또 하나의 일이라 생각하며, 일이 늘어나서 부담을 느끼는 것 같습니다. 그런데 제가 강조하는 원온원은 조직장에게 일을 줄이기 위함입니다. 제가 경험한 효과적인 원온원은 조직원이 스스로 업무를 생각해서 말을 하게 하는 면담입니다. 보통 면담하면, 조직장은 주로 말하고 지시하고 가르치고자 합니다. 이렇게 되면 조직원들은 생각하지 않습니다. 반면 원온원을 통해 조직원이 스스로 업무를 생각해서 말을 하도록 하세요. 시간이 걸리겠지만 조직원이 업무에 대해 하는 말이 납득이 된다면, 조직장은 그 조직원에게 업무 권한을 위임을 할 수 있으며, 이를 통해 조직장은 여유롭게 다른 중요한 일을 할 수 있습니다. 원온원 부담 갖지 마세요. 원온원 안 해도 될 정도로 원온원을 해보세요."

대표이사님의 답변은 내게 신선한 충격으로 다가왔다. 나는 다시 한 번 원온원을 제대로 해보겠다고, 원온원을 안 해도 될 정도로 원온원을 해보겠다고 마음먹었다. 그런데 문제는 과연 부서원이 스스로 업무 이야기를 잘 할 수 있는가였다. 최소한의 가이드라인이 없다면 부서원들이 스스로 업무를 말할 때 크게 혼란스러워할 것 같았다. 그래서 나는 부서원들에게 본질주의 질문 패턴 '왜? → 어떻게? → 무엇을?' 순서로 자유롭게 이야기하도록 가이드라인을 제시했다. 내 역할은 계속해서 왜? 어떻게? 무엇을? 질문을 던지고 그들의 생각을 경청하는 일이었다.

처음에 부서원들은 본질주의 질문 패턴으로 말하기를 어려워했다. 적응기가 필요했다. 예를 들어, "목표는 무엇이고 현재 상황은 어떤가요?"라고 질문할 때, 나는 "현재 상황은 A이고 목표는 B입니다"와 같이 목표 공식 'A→B'에 해당하는 답을 기대했다. 그런데 "지금 하고 있는 일은 a, b, c이고 현재 상황은 이렇습니다."와 같은 답들이 많이 등장했다. 많은 사람들이 지금 당장 하고 있는 일을 완수하는 것 자체가 목표라고 생각했다. 어쩌면 그동안 부서원들이 스스로 목표를 수립해서 업무를 추진하기보다 리더가 지시한 일을 하는데 익숙했기 때문이 아니었을까 생각했다. 한 달 정도의 시간이 지나자 대부분의 사람들이 본질주의 패턴으로 생각하고 말하는 데 익숙해졌다. 사람마다 실력의 차이가 있었다. 하지만 모두들 '목표 현황 → 방법 → 액션 플랜 및 요청'의 순으로 최선을 다해 말을 해주었다. 나는 그들의 말이 끝나기 전까지 최대한 끼어들지 않았다. 예전의 내가 머릿속에 있는 조언을 즉시 이야기했다면, 이제는 질문을 통해 그들이 스스로 생각하고 말을 할 수 있도록 계속 도왔다. 그렇게 두세 달이 지나자, '목표 현황 → 방법 → 액션 플랜 및 요청'에 대해 완성도 있게 파악하는 친구들이 나타났다. 그들은 더 이상 격주 원온원을 할 필요가 없었다. 나는 그들의 노력을 바탕으로 여유롭게 전체 목표를 바라볼 수 있었고, 그들의 업무를 전체 목표와 잘 얼라인하여 적기에 큰 성과를 거둘 수 있었다.

나는 원온원을 통해 '질문의 힘'을 강력하게 경험했다. 질문은 곧 생각이다. 리더가 질문을 던지고 구성원의 답을 경청할 때, 구성원은 업무에 대해 스스로 생각할 힘을 얻게 된다. 질문의 힘은 생각의 힘이며, 질문을 던지는 리더는 조직 전체의 생각의 힘을 키운다. 이러한 생각 속에서 나는 '질문 리더십'이란 개념을 만들었다. 답을 지시하기보다는 질문을 통해 구성원 스스로 목표와 방법을 생각해 내도록 이끌어내는 것, 이를 통해 조직 전체가 리더가 되어 최고의 성과를 거두는 것, 바로 이것이 '질문 리더십'이다.

질문 리더십을 위한 리더의 습관

리더는 노력하지 않는 한 질문을 하기보다 지시를 하게 된다. 업무 상황이 바빠질 때, 급한 일들이 휘몰아칠 때면, 더욱더 리더는 지시형이 되는 경향이 있다. 리더는 스스로 답을 확고히 정하고 구성원들에게 그 답을 최대한 빨리 따르기를 강요한다. 만약 그것이 제대로 수행되지 않을 경우, 리더는 구성원들에게 빠른 행동을 촉구하거나 부정적인 피드백으로 구성원들을 응징한다. 자연스레 구성원들은 스스로 답을 생각해 내기보다는 주어진 답을 따르게 된다. 그들은 리더가 시킨 것만 해도 바쁘고 정신 없다고 느끼며 리더가 시키지 않으면 새로운 일을 생각하거나 추진해내지 않는다. 리더는 어떻게 질문 리더십을 발휘할 수 있을까? 이를 위해 리더가 노력해야 할 세 가지 습관을 이야기 한다.

첫 번째 습관은 지시를 질문으로 바꾸는 것이다. 이 말은 지시를 하지 말고 질문만을 하라는 뜻이 아니다. 빠르게 지시를 해서 업무를 처리해야 하는 경우에 질문보다 지시가 효과적이다. 그런데 지시를 내리기 전, 리더가 지시를 질문의 형식으로 바꿀 수 있다면 리더는 구성원들에게 질문을 던지고 이를 통해 구성원들 스스로 업무에 대해 생각할 확률이 높아진다. 지시를 질문으로 바꾸는 것은 말 그대로 매우 간단하다. 지시하고자 하는 바를 열린 질문(왜, 어떻게, 무엇, 어디서, 언제, 누가)으로 바꾸면 된다.

(예시 1)
지시: 그 문제가 자꾸 반복되고 있는데, 바로 조치합시다.
질문: 그 문제가 반복되는 원인이 뭐죠? 바로 원인 조치할 수 있나요?

(예시 2)
지시: A 부서에서 긴급 업무 요청했습니다. 인성 님, 확인하시고 오늘까지 처리해주세요.
질문: 인성 님, A 부서 긴급 업무 요청, 언제까지 가능한가요? 마감일을 조율할 필요가 있나요?

(예시 3)
지시: 업무 보고 준비해야합니다. 다음주 수요일 자료 작성 부탁드립니다.
질문: 차주 수요일까지 자료 작성 필요합니다. 어떻게 만드실 건가요?

(예시 4)

지시: 인성 님, A 업무를 유관부서들과 적극 협업하여 잘 진행부탁드립니다.

질문: 인성 님, A 업무는 누구와 협업하고 있나요? 협업을 위해 어떤 일들을 요청해야 할까요? 도움이 필요한 부분은 없나요?

(예시 5)

지시: 그 문제는 과거에 제가 경험했던 것과 같습니다. 저 때는 말이죠. 이렇게 업무를 했습니다. 참고하여 바로 해결 부탁드립니다.

질문: 인성 님, 그 문제와 동일한 과거 사례가 있나요? 전에 어떻게 개선했나요?

두 번째 습관은 질문 리스트를 준비하는 것이다. 나는 질문 리스트를 준비하지 않고 면담 또는 회의에 참여하는 것은 발표 준비를 하지 않고 발표를 하는 것과 같다고 생각한다. 이 경우, 만족스러운 결과를 얻지 못하는 것뿐만 아니라 리더가 질문보다 일방적인 지시를 할 가능성이 매우 높다. "이미 그 사람에 대한 모든 것을 알아! 질문 리스트 따위는 준비할 필요 없어!" 이러한 리더의 생각은 오만이다. 그 사람을 다 안다고 생각했지만 결국 그 사람을 얼마나 모르고 있었는지를 뒤늦게 깨달을 것이다.

사람을 만날 때, 질문 리스트를 준비하는 습관을 들여보자. 최소 다섯 가지 이상의 질문들을 준비하고 질문을 던지기 전에 스스로 답을 해보라. 질문 리스트를 준비하는 습관을 들이면 신기한 일이 벌어진다. 질문 리스트를 작성하는 과정에서 질문 대상자를 관찰하게 되고 이를 통해 질문 대상자에 대한 이해도가 높아진다. 그리고 시간이 지날수록 질문 대상자를 더 이해하고 질문 대상자 또한 더 성장함에 따라, 질문 리스트의 질은 더욱더 향상된다. 마치 좋은 물건을 수집할수록 더 좋은 물건을 보는 안목이 길러지듯, 좋은 질문을 준비할수록 더 좋은 질문을 발굴할 수 있다. 질문 리스트는 만들수록 식상해지지 않는다. 오히려 새롭고 신선한 질문들이 계속해서 탄생한다. 질문 리스트가 준비되었다면, 가능한 사전에 질문 리스트를 공유해라. 사람들은 질문을 생각할 시간이 필요하기 때문이다. 그런데 이것은 생각보다 쉽지만은 않다. 특히 성격이 급한 리더인 경우에 말이다. 대체로 성과가 많은 리더들은 성격이 급하다. 그들은 질문을 던지는 즉시 답변을 받길 요구한다. 그들의 질문은 구성원들에게 또 다른 형태의 위협적인 지시로 다가온다. 심사숙고 없이 빠른 시간에 내는 답변은 완성도가 떨어진다. 이는 마치 바나나가 너무 먹고 싶어 덜 익은 떫은 바나나 껍질을 까는 것과 같다. 딱 하루만 기다리면 달콤하고 부드러운 바나나를 맛볼 수 있는데 그것을 참지 못하는 것이다.

　나는 실무를 하면서 다음과 같은 말들을 많이 들었다. "쓸데없는 회의가 많습니다." "회의 때문에 일을 못 하겠어요." "말하는 사람은 정해져 있고, 아무런 역할 없이 참석만 하는 사람이 대부분입니다." "리더의 일정에 맞춰 수시로 시간이 변경되는 회의에 대응해야 하니 참 스트레스입니다." 나는 이렇게 회의가 형식으로 전락한 이유가 사람들이 질문 또는 아젠다에 충분히 생각할 시간을 가지지 못해서라고 생각한다. 생각을 미리 준비하지 못했기 때문에 할 말이 없고, 여러 사람들 앞에서 자발적으로 참여할 수 있는 사람이 부족한 것이다. 이는 질문 리스트, 아젠다만 최소 하루 전에 공유해서 회의 참여자들이 충분히 생각할 수 있다면 상당한 개선을 경험할 수 있다. 예를 들어, 나는 원온원 면담을 할 때마다 부서원의 상황을 고려한 질문 리스트를 만든다. 그리고 그 질문 리스트를 이틀 전에 부서원에게 공유한다. 부서원에게 기대하는 바는 본인 스스로 질문에 대해서 생각하고 그 생각을 자유롭게 이야기 해주는 것이다. 그리고 나의 역할은 그들의 생각을 경청하고, 그들의 생각이 전체 방향과 얼라인 되도록 조율하는 것뿐이다. 이와 같이 원온원을 하면서 나는 부서원들이 질문에 대해 충분한 시간을 가지고 생각할 때, 놀랍고 창의적인 생각들이 만들어지는 것을 많이 경험했다.

세 번째 습관은 이해될 때까지 묻는 것이다. 30여 년간 정신과 의사로서 대통령, 정치인, 법조인, 기업 CEO 등 1만 2천여 명의 사람들을 상담해온 정혜신 의사는 이렇게 말했다. "인간이란 묻지 않으면 이해할 수 없는 존재이며, 이해할 수 없으면 공감할 수 없는 존재입니다. 네 살만 되어도 자의식이 생깁니다. 묻지 않으면 아이의 속마음을 제대로 이해하고 공감할 수 없습니다. 하물며 집단 속에서 일하는 성인들도 마찬가지입니다." 한 기업 강연에서 그녀는 다섯 살 짜리 사랑스런 아이와 엄마와의 대화를 소개했다.[8] 사랑하는 엄마의 뽀뽀를 받으며 행복한 잠을 자고 아침에 일어난 아이는 엄마를 보자마자 엄마에게 달려가 꼭 안아주었다. 그리고 아이는 이렇게 말했다. "엄마의 가슴을 깨부시고 싶어!" 당황하고 흥분한 엄마는 "그런 나쁜 말은 어디서 배웠니? 그런 말을 하면 안 돼요!"라고 아이를 혼내려고 했지만 이렇게 물었다. "엄마 마음에 뭐가 있을 것 같니?" 그러자 아이는 이렇게 말했다고 한다. "엄마 마음에는 사랑이 가득 차 있을 것 같아요." 이와 같이 인간은 물어야 이해하고 공감할 수 있는 존재이다.

사람들은 정혜신 의사에게 이렇게 자주 묻는다고 한다. "의사 선생님은 상담 경험이 많으셔서 사람들 척 보면 척하고 이해하시겠네요?" 이 질문에 대해 그녀는 이렇게 답을 한다. "저도 똑같습니다. 아직도 잘 모르겠어요. 하지만 제게 있어 한 가지 강점은 이해되고 공감될 때까지 묻는다는 점입니다." 많은 사람들이 잘 들어주면 공감을 잘 할 수 있다고 생각한다. 하지만 상대방을 이해하지 못한 채 듣기만 하는 것은 결코 공감이 아니다. 그것은 가짜 공감이다. 공감은 상대방에 대한 이해를 전제하는 행위이며 공감을 위해 가장 효과적인 방법은 상대방이 이해될 때까지 묻는 것이다.

질문 리더십 이펙트

조직 내 질문 리더십이 제대로 가동되면, 사람들이 질문을 통해 스스로 생각하고 이를 적극적으로 실행할 수 있는 분위기가 형성되면, 조직은 어떤 모습으로 변화될까? 세 가지 질문 리더십 이펙트를 소개한다.

첫째, 동료를 깊이 이해하게 된다. 행동주의 심리학자 벤자민 샤이베헨네 연구팀은 실험 참가자들 38쌍의 젊은 커플(평균 나이 24세, 평균 함께한 시간 2년)과 20쌍의 중년 커플(평균 나이 68세, 평균 함께한 시간 40년)에게 음식, 영화 등 118개의 서로 다른 아이템들에 대한 파트너의 선호도를 예측하도록 했다. 연구팀은 당연히 오래 시간을 보낸 중년 커플의 선호도 예측 점수가 높을 것으로 예측했다. 하지만 결과는 달랐다. 젊은 커플의 선호도 예측 점수는 42.2%였고 중년 커플의 선호도 예측 점수는 36.5%였다.[9] 이 실험 결과를 통해 확인된 사실은 함께 한 시간이 길어진다고 해서 서로를 더 잘 알게 되지는 않는다는 것이다. 함께 지내온 긴 세월만큼 상대를 잘 안다는 믿음 때문에 상대에 대한 관심이 떨어지고 상대의 변화를 객관적으로 관찰해 내지 못한 것이다. 이 현상은 직장 동료 사이에도 동일하게 적용된다. 동료를 잘 안다고 믿는 것이 동료를 이해하는 데 있어서 독이 된다. 사람들은 오랫동안 동료와 함께 일을 했으니 동료를 잘 안다고 생각한다. 그 결과 새로운 정보 교환을 하지 않고, 동료의 성장이나 변화를 알아차리지 못한다.

리더 중에는 동료에 대해 한 번 형성한 인식을 고정관념처럼 들고 있는 경우가 있다. "내가 A님을 잘 아는데, 열정이 많이 부족해." "내가 B님을 잘 아는데, 시키지 않으면 스스로 업무를 생각해내려고 하지 않아." "A님과 B님은 역량에 한계가 있고 C님만 제대로 일을 해." 문제는 이러한 고정관념을 오래 붙들고 있을 때 리더는 사람을 객관적으로 바라보지 못한다. 그리고 이로 인해 리더는 사람들의 변화를 제대로 파악하지 못하고, 성장의 기회를 공평하고 공정하게 제공하지 못하게 된다. 결국 조직 전체적으로 성장을 경험할 수 없는, 성장과 거리가 먼 조직이 되는 것이다. "이곳에서 더 오래 더 열심히 일해도 계속 제자리일 것 같다." "언젠가 다른 사람에 의해 대체될 것 같은 막연한 불안감 같은 것이 있다." "일을 왜 열심히 하는지 모르겠다." 이러한 말들이 동료들의 입에서 오르내릴 것이다.

질문 리더십은 이러한 문제를 해결해준다. 질문 리더십은 동료를 객관적으로 바라보게 만든다. 그리고 바로 이점이 동료들을 깊이 있게 이해할 수 있는 이유가 된다. 예를 들어, 당신이 한 달에 한 번 원온원을 통해 동료들과 소통한다고 하자. 동료들에게 좋은 질문을 하기 위해서는 먼저 좋은 질문 리스트를 만들어야 한다. 그리고 좋은 질문 리스트를 만들기 위해서는 동료들을 제대로 관찰해야 한다. 동료가 어떤 업무를 해내고 있는지, 어떻게 사람들과 협업을 하고 있는지, 목표를 향해 순항하고 있는지, 어려움을 겪고 있지는 않은지, 열정을 가지고 일을 하고 있는지, 과거에 비해 성장을 하고 있는지 등등 동료를 가능한 객관적으로 관찰할 때, 그 과정에서 좋은 질문 리스트를 만들 수 있다. 그리고 원온원을 통해 동료가 질문에 대해 스스로 생각한 답을 듣고 이를 기반으로 서로 소통하는 과정 속에서 당신은 동료를 제대로 이해하고 동료의 성장과 발전을 경험할 수 있다.

둘째, 저절로 동기부여가 된다. 동기부여란 '일을 하고 싶도록 만드는 것'이다. 동기부여를 어떻게 해야 하는가? 사실 그 힌트는 동기부여의 정의 속에 숨어 있다. 바로 하고 싶은 일을 하게 만드는 것이다. 하고 싶은 일을 하게 하면, 굳이 일을 하고 싶도록 만들 필요가 없다. 저절로 동기부여가 되는 셈이다. 그렇다면 하고 싶은 일을 어떻게 하게 하는가? 만약 세상에 하고 싶은 일과 하기 싫은 일이 있다면, 나는 하고 싶은 일을 하게 하는 가장 쉬운 방법은 하기 싫은 일을 시키지 않는 것이라 생각한다. 그동안의 직장 생활을 하면서 다음 세 가지 일은 나뿐만 아니라 많은 사람들에게 하기 싫어하는 일이었다. 위에서 시켜서 해야 하는 일, 왜 하는지 모르고 해야 하는 일, 본인의 업무와 상관없지만 해야 하는 일. 이 세 가지 일의 공통점은 개인의 통제력 밖에 있다는 것이다. 개인의 통제력 밖에 있으니, 일의 목적과 방법을 고민할 필요 없다. 그저 해야 하는 무언가를 하기만 하면 끝나는 재미없는 일이다. 리더는 동기부여를 위해서 바로 이러한 일을 하지 않도록 해야 한다. 여기서 질문 리더십은 강력한 효과를 발휘한다.

대니얼 길버트 하버드대 심리학과 교수는 이렇게 말했다. "사람은 스스로 통제력을 행사하는 데에서 만족감을 느낀다. 무엇인가를 변화시키고, 어떤 일이 일어나도록 영향력을 행사하는 존재가 되는 것은 인간의 가장 기본적인 욕구 중 하나이다."[10] 조직의 구성원들이 본인의 업무에 대해서 스스로 통제력을 행사하도록 만드는 가장 좋은 방법은 바로 업무에 대해서 스스로 생각하도록 돕는 것이다.

바로 질문 리더십을 통해서 구성원들이 업무에 대해 스스로 생각하고, 그 생각의 힘으로 업무를 스스로 해낼 수 있는 역량을 키우는 것이다. 구성원들이 스스로 생각하고, 스스로 일을 수행해낼 때, 일에 대한 자신의 영향력을 확인하게 된다. 그리고 일은 시켜서 어쩔 수 없이 해야 하는 일이 아닌 스스로 하고 싶은 일이 된다.

예를 들어, 당신의 부서원에게 임원 수명 업무를 맡겼다고 하자. 만약 부서원이 그 일을 당장에 처리해야 하는 일로만 생각한다면 임원 수명 업무에 대한 동기부여는 없을 것이다. 딱 시킨 것만 할 것이고 시간이 지나면 그것조차 잊어버릴 것이다. 하지만 "그 일의 목적은 무엇인가?" "어떻게 해야 하는가?" "지금 해야 하는 방식이 최선인가?" 부서원 스스로 질문하고 생각하고 이를 통해 자율적으로 수명 업무를 진행할 수 있다면 수명 업무 또한 높은 동기부여를 가지고 수행할 수 있다.

셋째, 문제 해결력이 높아진다. 나는 질문에 대한 한 가지 비밀을 말하고 싶다. 이것은 매우 간단하며 한 번 들으면 절대 잊히지 않을 것이다. 또한 질문에 대한 관점도 완전히 바뀔 것이다. 그것은 "답이 없는 질문은 없다!"이다. 이 말을 거꾸로 말하면 모든 질문에는 답이 있다는 것이다.

고대 동양 문명의 사람들은 온 우주 만물을 음과 양의 상호작용으로 설명했다. 우주 만물이 음양의 상호 작용에 의해 생성되고 발전한다는 것이다. 이를 반영한 태극기는 대자연 우주와 더불어 끝없이 창조와 번영을 추구하는 우리 한민족의 국가론을 담고 있다.

17세기 영국의 아이작 뉴턴은 작용과 반작용의 법칙을 통해 우주의 균형을 설명하고자 했다. 그는 모든 힘의 작용에는 크기가 같고 방향이 반대인 반작용이 존재하며 이를 통해 우주의 질서가 유지된다고 주장했다. 현대 물리학이 발전하면서 물리학자들은 우주의 질서를 설명하는 한 가지 사실을 발견했다. 그것은 양전하를 띠고 있는 모든 소립자에는 그에 대응하는 음전하를 띤 소립자가 반드시 존재한다는 것이다. 이와 같이 고대나 근대나 현대의 사람들 모두 두 가지 요소의 상호작용을 통해 세상을 설명했다. 이와 비슷하게, 나는 질문과 답의 관계에 대해 다음과 같이 생각한다. "모든 질문에는 그에 대응하는 답이 반드시 존재한다."

"인간이 생각을 해서 문제를 해결 못한 적이 없었다. 문제를 해결하지 못했다면 어쩌면 생각을 하지 않았기 때문이다." 나는 그동안 셀 수 없이 많은 질문을 던졌다. 모든 질문에는 어김 없이 답이 있었다. 구하라 그러면 주실 것이요라는 말이 있듯이 질문하는 자는 반드시 그 답을 찾는다. 바로 이 점으로 인해, 질문하는 조직은 질문하지 않는 조직에 비해 더 많은 아이디어와 해결책을 가지고 있는 법이다. 당신이 질문 리더십을 발휘하여, 조직 구성원들 모두 스스로 질문하고 스스로 답을 구하게 되면 조직의 문제 해결력은 기하급수적으로 향상될 것이다.

상황별 질문 리스트

　　경영학의 아버지라 불리는 피터 드러커는 이렇게 말했다. "과거의 리더는 지시하는 사람이었지만, 미래의 리더는 질문하는 사람이 될 것이다." 나는 피터 드러커가 말한 '미래'가 바로 '지금'이라고 생각한다. 질문 리더십을 갖춘 리더가 질문을 통해 인간의 탁월함을 가장 훌륭하게 드러내는 지금 말이다. 다음은 질문 리더십을 위해 수집한 질문 리스트이다. 일곱 가지 상황별로 정리했다. 이를 참고하고 당신 스스로도 당신만의 질문 리스트를 모으고 활용하길 권유한다.

(아이스 브레이킹)
- 취미는 무엇인가요?
- 초능력이 하나 생긴다면 어떤 능력을 가지고 싶은가요?
- 인생의 전성기는 언제였나요? 지금인가 아니면 앞으로 올 것이라 생각하나요?
- 입사 당일에 돌아가서 자기 자신에게 하고 싶은 한마디가 있다면 무엇인가요?
- 행복을 팔 수 있다면 어떤 상황에서 팔 마음이 있나요?
- 누군가를 속인 적은 언제였나요?
- 경제적 자유를 달성한다면 당신은 어디에 있을 것 같나요?
- 요즘 즐겨보는 유튜버, TV 프로그램은 무엇인가요?

(목표 관리)
- 업무 목표 달성 관련 가장 어려운 문제 도전은 무엇인가요?

- 나는 회사에서 무엇을 이루고 싶은가요?
- 업무 목표를 달성하기 위한 나의 방법은 적절한가요?
- 스스로 세운 목표인데 썩 마음에 들지 않은 것도 있나요?
- 이번 달/분기/금년 목표와 현재 상황은 무엇인가요? 'A(현재) → B(목표)'를 위해 무엇을/어떻게 해야 한다고 생각하나요?
- 목표 달성을 위해 해결해야 하는 문제는 모두 무엇인가요?
- 문제의 참 원인을 파악하고 있나요?
- 목표를 구체적인 숫자로 파악하고 정기적으로 모니터링하고 있나요?

(자기계발)
- 나는 ___이다. 빈 칸에 들어가기에 요즘 가장 적절한 말은 무엇인가요?
- MBTI는 무엇인가요?
- 10년 뒤 나의 모습은 어떨 것 같나요?
- 누가 시키거나 평가하지 않아도 꾸준하게 하고 있는 일은 무엇인가요?
- 현재 업무에서 가장 중요하다고 생각하는 스킬은 무엇인가요?
- 내 삶은 진보하고 있나요? 무엇으로 그것을 알 수 있나요?
- 이것부터 바꾸고 싶다! 나부터 바꾸고 싶은 것이 있나요?
- 현재 업무에서 가장 중요하다고 생각하는 스킬은 무엇인가요?
- 롤 모델은 누구인가요?
- 나의 강점과 약점은 무엇인가요?
- 나는 미래에 어떤 사람이 되고 싶나요?

(조직 생활)
- 나에게 현재의 조직은 무엇인가요?
- 나는 지금 무엇을 하고 있나요?
- 슬기로운 직장생활을 위해 따로 지키는 루틴이 있나요?

- 이상적인 협력은 무엇이라 생각하나요?
- 일을 할 때 외부 요인(개인 생활 등)에 영향을 많이 받는 편이라고 생각하나요?
- 나는 먼저 생각하는 편인가요, 먼저 행동하는 편인가요?
- 부족하거나 보완이 필요한 사항은 무엇인가요? 스스로 해야 할 것과 타인이 도와줘야 할 것은 무엇인가요?
- 일을 할 때 당신과 비슷한 사람이 더 많은 편이 좋은가요, 아니면 비슷한 사람이 적은 것이 좋은가요?
- 저(질문자)에게 하고 싶은 질문이 있나요?
- 경쟁에서 져본 적은 없었나요? 그때 배운 점은 무엇인가요?
- 어떻게 업무를 분담하거나 도움을 요청하나요?
- 업무에서 부담스럽거나 어렵다고 느껴지는 것은 무엇인가요?

(상담)
- 희망을 만들어 내는, 행복해지는 당신만의 특별한 방법이 있나요?
- 지금 내가 가장 궁금해하는 것은 무엇인가요?
- 일주일 기준 업무 관련 가장 큰 시간 낭비라고 생각하는 것은 무엇인가?
- 개인적으로 일과 생활의 균형은 어떻다고 생각하나요?
- 최근 하고 싶은 것 중, 시간이 없어 시작을 못하고 있는 것이 있나요?
- 나만의 스트레스 해소법은 무엇인가요?
- 지금까지 경력 중 가장 의미 있었던 것은 무엇인가요?
- 학교에서 가장 좋아했던 수업과 가장 싫어했던 수업은 무엇이었나요?
- 당신이 가장 감사해하는 세 가지 리스트는 무엇인가요?
- 나는 훌륭한 인재인데 왜 항상 뜻대로 되지 않는지 고민한 적이 있나요?

(동기부여)

- 에너지나 동기를 잃어버렸을 때, 보통 무엇을 하나요?
- 최근 진행 중이거나 완료한 것 중 자랑스러운 일이 있나요?
- 내 삶과 내 일이 이 지구상에서 행복이 더 늘어나는데 기여하고 있다고 생각하나요?
- 나는 성장하고 있다고 느끼나요?
- 사기가 완전히 꺾인 팀의 사기를 다시 진작시키기 위해서 어떻게 할 것인가요?
- 누군가가 당신에게 한 최고의 조언은 무엇인가요?
- 당신이 나중에 반드시 유명해진다면, 무엇으로 유명해졌을 것 같나요?
- 당신이 여기서 일하는 이유는 무엇인가요?
- 당신은 어떤 일을 하고 싶나요?
- 오늘이 당신의 인생의 마지막이라면, 당신은 오늘 하려고 했던 일을 할 것인가요?

(창의성)

- 앞으로 5년 뒤 지금 내가 하고 있는 일은 어떻게 진행되고 있을 것 같니요?
- 1년 뒤에 무엇을 성취했을 것 같나요?
- 만약 당신이 회사의 대표이고 무엇이든 할 수 있다면, 무엇을 하고 싶나요?
- 최근에 경험한 실패가 있나요? 실패를 통해 배운 새로운 사실은 무엇인가요?
- 만약 ○○부서와 우리 부서가 통합된다면 어떻게 일하게 될 것 같나요?
- 가장 일에 몰입하는 시간대는 언제인가요?
- 우리는 무엇을 더 할 수 있을까요?
- 그래서 그것을 어떻게 활용할 수 있을까요?

질문 리더십으로 이끄는
질문

경영하는 사람을 리더라고 부른다. 그런데 경영이란 무엇일까? 흔히들 경영이란 CEO나 임원들과 같은 사람들의 소유라고 생각한다. 그렇지 않다. 누구나 경영을 할 수 있다. '경영(經營)'이란 말을 파자하면, 경은 실 사(糸)와 물줄기 경(巠)이 합쳐진 말로, 실과 물줄기의 방향성을 의미한다. 영은 집 궁(宮) 위에 불 화(火) 두 개가 합쳐진 말로, 군대의 진영에 불을 환하게 밝히며 방법을 궁리하는 것을 의미한다. 따라서 경영이란 방향을 정하고 방법을 찾아 행하는 것이다. 이런 점에서 본질주의 질문인 '왜? – 어떻게? – 무엇을?'을 던지고 답을 찾아 행하는 당신은 이미 리더이다.

세상에는 서번트 리더십, 지시형 리더십, 권한위임형 리더십 등 다양한 리더십이 있다. 이번 장에서는 새로운 스타일의 리더십, 질문 리더십을 다루었다. 질문 리더십이란 답을 지시하기보다는 질문을 통해 구성원 스스로 목표와 방법을 생각해내도록 이끌어내는 것이다. 경영학의 아버지라 피터 드러커는 이렇게 말했다. "과거의 리더는 지시하는 사람이었지만, 미래의 리더는 질문하는 사람이 될 것이다." 피터 드러커가 말한 '미래'는 바로 '지금'이다.

질문 리더십을 당신의 삶에 적용하고 실천해보자. 다음 질문과 제안을 스스로에게 또는 스터디 그룹에서 던지고 토의해보길 바란다.

1. 모든 사람은 경영을 하는 리더이며 각자의 리더십을 가지고 있다. 당신의 리더십은 어떤 유형인가? 당신은 어떤 리더가 좋은 리더라고 생각하는가?

2. 당신의 조직은 질문을 스스로 던지고 그 답을 스스로 생각하는 문화를 가지고 있는가? 아니면 리더들만 생각하고 구성원들은 리더의 생각을 따르고 있기만 하는가?

3. 최근 당신이 리더십을 발휘할 때, 업무 지시한 일곱 가지를 적어보라. 그것을 열린 질문으로 바꾸어보자.

4. 상대방에게 질문에 대해 생각할 충분한 시간을 주지 않으면,

그 질문은 긴급 지시와 다를 바 없다. 당신이 작성한 열린 질문에 납기를 정해보자.(당신이 제시한 납기까지 절대로 상대방을 간섭하거나 독촉하지 말라.)

5. 당신의 일상 속에서 사람들과 반복적으로 마주치게 되는 상황 세 가지는 무엇인가? 각 상황 별 좋은 질문 리스트 열 가지를 작성해 보자.

질문의 기술

3 집단지성

우리가 직면하는 대부분의 문제는 '왜? – 어떻게? – 무엇을?'이라는 본질주의 패턴 질문을 통해 해결된다. 하지만 점점 문제의 규모, 난이도, 복잡도가 커지면서 단순 개인의 능력이나 특정 전문성을 바탕으로 해결할 수 없는 문제들이 많아졌다. 문제의 현상과 원인 그리고 실효성 있는 방법을 도출하기 위해 정말로 다양한 배경의 사람들이 서로 융합하고 협력해야만 한다. 인류를 달에 올려보낸다든지, 화성에 탐사선을 보낸다든지, 남북한 갈등 문제를 해결한다든지, 빈부격차를 해결한다든지, 글로벌 인플레이션 문제를 해결한다든지, 인류를 대체할 인공지능을 만든다든지, 자율주행 차량을 보급한다든지와 같은 일들은 소수의 똑똑한 사람들이 해낼 수 있는 것들이 아니다. 이러한 문제들은 수학자, 생물학자, 물리학자, 화학자, 의학자, 심리학자, 공학자, 사회학자, 정치학자, 교육학자, 경영학자, 경제학자, 법학자 등 전 분야의 전문가들이 모여 협력할 때 해결할 수 있는 것들이다. 집단에서 수많은 사람들의 협력을 통해 문제가 해결되는 과정을 지켜보면, 마치 집단에도 뇌가 있는 것 같은 느낌이 든다. 소위 '집단지성'의 실존을 생생하게 체험하는 것이다.

예를 들어, 하나의 반도체 칩을 만들기 위해서는 서로 다른 전문성을 가진 팀들이 모여 협력해야 한다. 설계팀은 설계를 하고, 레이아웃 팀과 마스크 개발팀은 설계에 맞춰 칩 레이어별 회로 패턴을 그리고 마스크 레티클을 만든다. 포토 기술팀은 마스크 레티클을 가지고 웨이퍼에 회로 패턴을 그리고, 에치 기술팀은 회로 패턴을 가지고 원하는 영역을 남기고 원하지 않은 영역을 제거하며, 클린 기술팀은 공정 진행 후 발생하는 부산물들을 제거한다. 박막 기술팀은 레이어별 회로 패턴 간의 연결, 분리, 보호 막질을 만들고 연마 기술팀은 이러한 물질들을 갈아서 평탄하게 만든다. 확산 기술팀은 주요 회로 소자를 구성하는 물질을 만들고, 이온 주입 기술팀은 회로 소자 물질에 이온을 주입시켜 전기적 특성을 부여한다. 메탈 기술팀은 금속 배선을 만들어 전기가 통하는 길을 만든다. 그리고 계측기술팀과 분석팀은 이러한 기술 공정 이후 제대로 공정이 진행되었는지를 확인하기 위해 계측하고 분석한다. 수율팀과 품질팀은 완성된 칩이 제대로 작동하는지 수명이 보증이 되는지를 검증한다. 이렇게 반도체 분야는 다양한 전문성을 갖춘 수많은 팀들이 있고 이들의 집단지성을 통해 반도체 문제가 해결된다.

구체적으로 반도체 모듈에서 회로 패턴이 끊기는 불량 이슈가 발생했다고 하자. 원인을 찾고자 위에서 말한 팀들의 각 전문가들이 모두 모인다. 최대한의 현상, 단서를 확인한 다음, 각 전문가들은 다양한 관점의 의견을 내놓는다. "불량 혐의 공정 구간은 다음과 같은데, 혐의 구간 내 특이점은 없었나요?" "공정적으로는 앞 단 박막 공정에서 특이점이 두 개 보이는데 이것이 패턴 끊김과 연관성이 있는지에 대한 검증이 필요합니다. 유발 평가 진행하면 이틀 뒤 결과 나올 예정입니다." "불량 발생 위치가 특정 구조에서만 발생하는데, 해당 구조 변경점은 없었는지와 구조 변경 레티클 수정 평가 가능한지 검토 해주세요." "불량 단면 분석 결과, 회로 소재 불량 또한 확인됩니다. 제품 세대별 소재 특성 비교 후 평가 계획 수립해 보겠습니다." 이와 같이 하나의 문제를 해결하기 위해 다양한 전문가들의 집단지성이 발휘된다.

집단지성이란 무엇인가?

집단지성이란 단어를 거의 모두 한 번쯤은 들어봤을 것이다.[*] 인

---

[*] 집단지성(collective intelligence)의 동의어/유의어로는 집단지혜(collective wisdom), 군집지성(swarm intelligence), 공동지성(co-intelligence) 등으로 다양했지만 집단지성이 대세이며, 가장 대표적 용어로 전세계에서 활용되고 있다.

터넷의 발전을 기반으로 분야 간 경계가 희미해지고, 사람 간 상호 작용이 기하급수적으로 높아지고, 집단의 유형과 규모가 대규모로 진화하면서, 집단지성이란 단어는 오늘날 여기저기 광범위하게 언급되고 있다. 여기서 집단지성의 의미를 좀 더 정확하게 정의해보고 집단지성을 활용할 수 있는 기초를 닦아보자.

사실, 집단지성이란 단어는 최근 20~30년 사이에 만들어진 말이 아니다. 드물기는 하지만 몇몇 학자들은 오래전부터 집단지성이란 말을 사용했다. 1846년 정치학자 J. 펌로이는 "집단지성이란 국민들의 주권이 확장되어 있는 현상"이라 말했다. 1906년 사회학자 레스트 와드는 집단지성이란 말을 사용하여 이렇게 말했다. "사회의 진화는 집단지성에 달려있다. 집단지성이 사회에 대해 갖는 관계는 두뇌가 개인에 대해 갖는 관계와 같다." 1971 심리학자 데이비드 웩슬러는 집단지성을 "개인들이 그들의 자원을 한곳에 모음으로써 문제를 해결하는 활동이며, 생각들이 서로 얽힘으로써 새로운 것을 만들어 내는 공명현상"이라 말했다.

이후 1990년 이후부터 정보화 혁명 및 컴퓨터를 통한 연결이 중요해지면서 집단지성이 화두가 되기 시작했다. 1997년 피에르 레비는 "집단지성은 창조, 혁신, 발명 과정에 지적으로 협력할 수 있는 인간 공동체의 능력이다"고 정의했다. 그에 따르면 모든 것을 다 아는 인간은 없지만 각자 무언가를 알고 있기 때문에 완전한 지식은 인류 전체에 퍼져있다. 따라서 인류는 공동의 지적 능력을 서로 교류함으로써 문제를 해결해왔으며 그 속도는 컴퓨터 기술의 발달로 비약적으로 빨라졌다. 2003년 톰 애틀리는 "집단지성이란 오케스트라와 같다. 오케스트라가 다양한 악기들의 단순 총합의 이상이듯이, 개인들이 개별적으로 만들어낼 수 없는 다양성의 통합이 바로 집단지성이다"고 말했다. 2009년 찰스 리드비터는 위키피디아의 성공을 분석하며 "집단지성은 집단적 사고방식, 집단적 놀이방식, 집단적 작업방식이며 서로 다른 아이디어를 자유롭게 공유하고 결합하기 쉬운 환경에서 왕성해진다"고 말했다. 위의 수많은 정의들을 종합해보면 집단지성이란 '집합적으로 문제를 해결하는 능력'이라고 단순하게 정의할 수 있다.[11]

한편 집합적으로 문제를 해결하는 방식에 따라 집단지성의 유형은 크게 두 가지 수동적 집단지성과 능동적 집단지성으로 나뉜다. 먼저, 수동적 집단지성은 집단지성의 참여자가 목적에 대한 자각 없이(집단화 기술을 통해) 집단 지성을 발휘하는 경우이다. 예를 들어 시장에는 다양한 생산자들이 돈을 벌기 위해 재화를 만들고 다양한 소비자들이 좋은 재화를 착한 가격에 구매하려고 한다. 생산자와 소비자 모두 개인의 이득만을 염두에 두고 행동하지만, 이들의 집단적인 행동은 보이지 않는 손을 통해 자유 시장 질서라는 의도치 않았던 목표를 달성한다.* 또 다른 예로 구글 검색 엔진이 있다. 수많은 인

---

* 애덤 스미스의 《국부론》 4권 2장에는 다음의 내용이 있다. "일반적으로 말하면, 분명히 개인은 공공의 이익을 의도적으로 증진시키려고 하지는 않으며, 얼마나 증진시키고 있는지 알지도 못한다. 외국 산업보다 국내 산업에 대한 지원을 선호하는 것은 그들 자신의 안위만을 염두에 두고 있기 때문이며, 그 산업을 운영하는 것도 자기 자신만의 이득을 염두에 두기 때문이다. 그리고 다른 많은 경우와 같이, 개인은 바로

터넷 유저들은 글을 올릴 때, 인용했거나 내용과 관련된 웹 페이지를 링크하곤 한다. 구글의 검색 엔진은 어떤 페이지가 다른 페이지에 얼마나 많이 링크되어 있는가를 집계한 뒤, 웹 페이지의 인기도 순으로 검색 결과를 보여준다. 웹 페이지를 직접 만들고 링크한 건 수많은 유저들이었지만 의도치 않게 그들은 세계 최강의 검색 엔진을 만들었다.

그다음으로 능동적 집단지성은 집단지성의 참여자가 목적을 확실히 인식하고 있으며, 목적을 이루기 위해 서로 의식하고 협업하거나 선의의 경쟁을 하는 경우이다. 이번 장에서 중점적으로 다루고자 하는 집단지성이 바로 능동적 집단지성이다. 대표적인 예로 위키피디아가 있다. 위키피디아는 누구나 개념을 설명할 수 있고 잘못된 정보를 수정할 수 있는 편집 권한을 부여했다. 여기에 500만 명이 되는 사람들이 자발적으로 협업하여 단시간에 방대하고 정확한 백과사전을 만들 수 있었다. 브리태니커 백과사전의 경우 오류율이 항목당 평균 세 개이다. 그런데 위키피디아는 오류율이 항목당 평균 네 개로 브리태니커 백과사전과 거의 동일한 수준이다. 또한 앞으로 더 많은 이용자의 참여와 경쟁을 통해 위키피디아의 오류율은 더욱

그때 보이지 않는 손에 이끌려 자신이 의도치 않았던 목표를 달성하게 된다. 의도치 않았다고 해서 사회에 나쁜 영향을 끼치는 것만은 아니다. 사회의 이익을 의도적으로 증진시키려 할 때 보다, 자신의 이익만을 추구함으로써 개인은 더 자주, 더 효율적으로 사회의 이익을 증진시킬 수 있다. 나는 공공 이익을 위해 거래한다고 말하는 사람들이 진짜로 크게 이익이 되는 경우를 들어보지 못했다. 그런 이야기는 상인들 사이에선 흔치 않다."

질문의 기술

개선될 것으로 예측된다. 위키피디아의 창업자 지미 웨일스는 이렇게 말한다. "자유롭고 자발적으로 지식을 생산, 수정, 보완, 삭제하는 과정을 통해 위키피디아는 세계 최대의 백과사전이 되었습니다."

집단지성이 필요한 이유

정말 우리는 나보다 똑똑한가? 집단적으로 정의롭지 않고 어리석은 행동을 선택한 역사적 사례들을 어떻게 설명할 수 있는가? 집단지성이 정말 인류의 이익과 행복을 증진시킬까? 여러 사람들이 말들을 모은다고 해서 세상을 변화시킬 지혜가 만들어질 수 있을까? 이렇게 집단지성에 회의주의적 시선을 가진 사람들이 적지 않다. 그럼에도 불구하고 집단지성을 연구하는 사람들은 다음 세 가지 근거를 토대로 집단지성이 긍정적으로 작동할 것이라 주장한다.

첫째, 집단지성에는 다수결의 원리가 작동한다. 친구들끼리 중국집에 가면 늘 직면해야 하는 문제가 있다. 부먹이냐 찍먹이냐의 문제이다. 이 난해한 문제를 해결하기 위해 등장하는 원칙이 있으니 그것은 바로 다수결의 원칙이다. '셋 중에 둘 이상', '다섯 중에 셋 이상'과 같이 다수에 의해 선택된 대로 결정하면 된다. 다수결의 원리가 강력한 이유는 거의 모든 집단에서 다수결의 결과를 공정하다고 믿고 이를 거부감 없이 잘 수용하기 때문이다. 대표적인 사례가 민주주의의 꽃 투표이다. 민주주의에서 사회 구성원들은 투표를 통해 민주 시민의 권리를 행사하며, 다수결의 원리대로 정당의 후보자를 뽑고, 국가의 최고 통수권자를 뽑는다.

그런데 다수결의 원리가 단순히 구성원들이 잘 믿고 잘 수용한다는 것을 넘어, 집단이 더 올바르고 더 정의로운 결정을 내리는 데까지 도움이 될까? 이에 대한 수학적 기초를 마련한 사람은 바로 18세기 프랑스의 근대철학자 니콜라 콩도르세였다.* 미국 헌법 수립에 기여한 벤자민 프랭클린과 토마스 제퍼슨이 와서 자문을 구했을 정도로 뛰어난 철학자였지만 안타깝게도 급진 반대파당에 체포되어 감옥에서 음독자살했다고 한다. 그는 옥중에서 민주주의의 기초가 되는 다수결의 원리를 연구했다. 그리고 1785년《다수결의 확률에 대한 해석학의 적용》이란 제목의 에세이를 썼다. 이 글은 무려 150년이 지난 뒤 학자들에 의해 발견되어 전 세계에 알려졌다고 한다.

콩도르세는 다수결의 원리로 결정한 민주주의의 선택이 정말

---

* 《특이점이 온다:기술이 인간을 초월하는 순간, 레이 커즈와일》에서 세계적인 공학자이자 미래학자인 레이 커즈와일은 특이점이란 인간이 설명/정의할 수 없는 현상이나 사건이라 정의했다. 특이점을 인간이 현재 알 수 없는 블랙홀 내부의 상황에 비유하며, 특이점이란 무언가 특정 경계를 넘어서 인간이 기존에 가지고 있는 지식과 법칙으로 통하지 않는 상황이라고 말했다. 예를 들어 인공지능 기술이 발전하는 과정을 볼 때 2029년에는 인공지능이 인류의 지능을 앞서게 될 것이며 이로 인해 인류 사회는 엄청난 기술적 도약을 경험하게 될 것이다. 나는 '특이점'이라는 말을 레이 커즈와일이 최초로 언급한 줄 알았다. 하지만 그가 최초가 아니라 바로 니콜라 콩도르세가 최초였다. 콩도르세는 《인간정신의 진보에 관한 역사적 개관(Sketch of a Historical Picture of the Progress of the Human Mind), 1795년》에서 무려 200년 전에 인간의 지적, 기술적, 윤리적 지식이 기하급수적으로 성장할 것이고 그 결과, 인류 사회의 경제적, 정치적, 사회적, 생물학적 구조가 질적으로 변하는 특이점을 경험하게 될 것이라 주장했다. 콩도르세의 시대를 앞선 지성에 나는 크게 놀랐다.

옳을 것인가 궁금했다. 그리고 집단의 규모가 커지게 될 때, 다수결
의 원리에 의한 선택이 옳은 확률이 어떻게 변할지 궁금했다. 그는
이렇게 생각했다. (갑자기 수학 공식을 등장시켜 미안하다. 복잡하다면 다음
쪽의 그래프만 보면 된다.)

세 사람이 있다고 하자. 각 사람은 A와 B 중에 하나를 선택해야 한다. A
가 옳은 선택이고 각 사람이 A를 선택할 확률은 p이다(반대로 B는 틀린
선택이고, B를 선택할 확률은 1-p이다). 3명 중 과반수가 옳은 선택을 하는
경우는 다음 세 가지 경우이다: AAB, ABA, BAA. 따라서 과반수가 옳은
선택을 하는 총 확률은 $p^2(1-p)+p(1-p)p + (1-p)p^2 = 3p^2(1-p)$이다.

만약 5명이라면 과반수가 옳은 선택을 하는 경우 즉, 3명, 4명, 5명이
A를 선택할 경우는 총 16가지이다. 3명이 A를 선택하는 10가지 경우
는 AAABB, AABAB, AABBA, ABAAB, ABABA, ABBAA, BAAAB,
BAABA, BABAA, BBAAA로 이고, 4명이 A를 선택하는 5가지 경우는
AAAAB, AAABA, AABAA, ABAAA, BAAAA이고, 그 외 5명이 A를 선
택하는 1가지 경우는 AAAAA이다. 따라서 5명 중 과반수가 옳은 선택을
하는 확률은 $10p^3(1-p)^2+5p^4(1-p)+1p^5$이다.

이런 식으로, 콩도르세는 만약 n명이 있을 때 과반수가 옳은 선택을 하
는 확률을 일반화했다: $\sum_{k>\frac{N}{2}}^{n} nCkp^k(1-p)^{n-k}.$ 여기서 k는 과반수 인원이

고, nCk는 n명 중 k명이 A를 선택하는 경우의 수이다.

그래프에서 볼 수 있듯이, 만약 A를 선택할 확률 p가 랜덤 확률
인 50%보다 크다면, 집단의 규모가 커질수록 과반수가 옳은 선택
을 하는 확률은 100%에 수렴한다. 그리고 확률 p가 더 커질수록 더

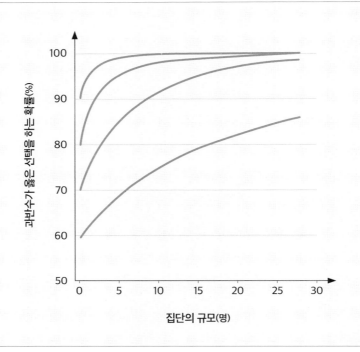

빨리 100%에 수렴한다. 즉, 더 적은 규모의 집단으로도 더 옳은 선택을 할 수 있는 집단지성을 발휘할 수 있다. 반대로, 확률 p가 랜덤 확률인 50%보다 작다면, 집단의 규모가 커질수록 과반수가 옳은 선택을 하는 확률은 0%에 수렴한다.

이 결과를 본 콩도르세는 생각했다. "사람들이 전통, 편견, 감정, 잘못된 정보로 인해 랜덤 이하의 선택 확률을 가지게 되면 민주주의는 집단광기와 같은 잘못된 방향으로도 나아갈 수 있다. 하지만 전

질문의 기술

반적으로 교육 수준을 높이고 계몽을 확산시켜 이성의 능력을 살릴 수 있다면, 민주주의는 무한히 발전할 것이고 인류는 경제적, 정치적, 사회적 풍요로움을 경험할 것이다." 이와 같이 다수결의 원리는 단순 선호취합성을 넘어 집단지성의 가치를 나타낸다.

둘째, 집단지성에는 평균의 원리가 작동한다. 결론부터 이야기하자면, 다양한 개인들로 구성된 집단이 각 개인보다 더 나은 결과를 만들어낸다. 일상 속에서 우리가 결정을 할 때 항상 몇몇의 선택지가 주어지는 것은 아니다. 선택지가 주어지면 앞서 언급한 다수결의 원리에 기초한 선택을 할 수 있다. 하지만 선택지가 주어지지 않으면 우리는 뭔가 다른 방법이 필요하다. 선택지가 주어지지 않을 때 사람들이 추측 또는 추정을 해야 하는 문제를 '상태 추정의 문제'라고 부른다. 앞서 투표의 문제에 있어 다수결의 원리가 작용하듯이, 상태 추정의 문제에서는 '평균의 원리'가 작용한다.

1906년 영국 플리머스에서 열린 가축 박람회에서 황소 무게 맞추기 이벤트가 열렸다. 이벤트 주최 측에서는 황소 한 마리를 즉석에서 도축해 고기를 올려놓았다. 사람들은 6페니(지금 돈으로 환산하면 200원 정도)를 지불하고 얻은 답안지에 고기의 무게를 추정해서 제출했다. 가장 정확한 답을 맞힌 사람이 상품을 얻었다. 찰스 다윈의 사촌이자 생물통계학자였던 프랜시스 갤턴은 이벤트에 참가한 800명의 참가자들의 답안지를 건네받았고 사람들의 추정치의 평균값을 구했다. 놀랍게도 실제 도축된 황소 고기의 무게는 1,198파운드(=543kg)였고 추정치의 평균값은 1,197파운드였다.

미시간 대학교의 스콧 페이지 교수는 평균의 원리가 작용하는 이유를 "다양성이 능력을 이기기 때문이다"고 말했다. 페이지 교수의 증명에 따르면, 집단 판단의 오차는 개인들의 평균 오차보다 작다. (또다시 수학 공식을 등장시켜 미안하다. 중요한 것은 다양성 덕분에 집단지성이 개인들보다 더 똑똑하다는 것이다.)

　　상태 추정의 문제에서 n명의 참가자 집단의 '집단 오차'는 참가자들의 추정값의 평균(c)과 실제값(θ)과의 차이의 제곱으로 표현할 수 있다: (집단 오차)$=(c-\theta)^2$

　　개인들의 오차의 정도 즉, 개인들의 평균 오차는 다음과 같이 분산이라는 대표값으로 나타낸다: (개인들의 평균 오차)=(분산)$=\frac{1}{n}\sum_{i=1}^{n}(s_i-\theta)^2$. 여기서 는 개인 i의 추정값이다.

　　그렇다면 페이지 교수가 말한 대로, 집단 오차가 개인들의 평균 오차보다 진짜 작다면, (집단 오차)-(개인들의 평균 오차)는 언제나 음의 값을 가지게 될 것이다. (집단 오차)-(개인들의 평균 오차)의 값을 실제로 구해보면 $-\frac{1}{n}\sum_{i=1}^{n}(s_i-c)^2$이 도출되며 이 식의 값은 언제나 음의 값을 가지기 때문에 정말로 집단 오차는 개인들의 평균 오차보다 작다는 것이 증명이 된다. 그런데 집단 오차에서 개인들의 평균 오차를 빼는 과정에서 $\frac{1}{n}\sum_{i=1}^{n}(s_i-c)^2$이 도출되는데 그 의미는 개인의 추정값과 추정값들의 평균 간의 차이 즉, '다양성'이다. 따라서 (집단 오차) - (개인들의 평균 오차) = -(다양성)이며, 이를 정리하면 (집단 오차) = (개인들의 평균 오차) - (다양성)이다.

　　이에 대해 페이지 교수는 이렇게 말했다. "집단의 오차는 언제나 개인들의 오차보다 작습니다. 그 이유는 개인 판단들의 오류가

다양성의 효과에 의해 상쇄되기 때문입니다. 따라서 다양성은 능력을 이깁니다." 집단 오차가 작다는 것은 즉, 집단지성의 능력이 크다는 것을 의미한다. 따라서 집단의 다양성이 커질수록 즉, 집단을 구성하는 참여자들의 배경, 능력, 전문성 등이 다양할수록 집단지성의 힘은 더욱더 커진다.[12] 하버드 경제학과 리처드 프리먼 교수는 2011년 과학자들의 연구성과와 연구참여자 간의 상관성을 분석한 결과 흥미로운 패턴을 도출했다. 대부분의 과학자들은 비슷한 문화적 배경을 가진 사람끼리 어울리고 연구하길 선호했다. 하지만 연구성과 측면에서는 다양한 문화적 배경의 과학자가 참여한 연구 논문일수록 더 창의적이고 더 혁신적인 평가를 받았다고 한다.[13]

셋째, 집단지성에는 보이지 않는 손의 원리가 작동한다. 보이지 않는 손의 원리가 작동하는 대표적인 공간은 앞서 언급한 시장이다. 시장에는 셀 수 없이 많은 판매자, 소비자, 경쟁자, 협업자 간의 상호작용이 존재한다. 이들은 모두 개인의 이익을 최대화 하고 개인의 손해를 최소화하기 위해 행동한다. 하지만 보이지 않는 손에 의해 이들의 행동은 수요와 공급 사이의 균형을 만들어 내고 이 균형으로 형성되는 시장 가격에 의해 사회의 자원이 효율적으로 배분된다.

시장의 보이지 않는 손은 보이지 않는 미래를 정확하게 예측하기도 했다. 마치 미래를 결정하는 것처럼 눈에 보이기도 하다. 1988년 미국 아이오와대학 경영대학원에서 운영하기 시작한 '아이오와 전자시장(IEM, Iowa Electronic Markets)'은 집단지성을 통해 주요 시장 이벤트를 예측하기 위해 만들어진 예측시장이다. 그동안 아이오와 전자시장은 대통령/상하원의원 선거 투표 결과 예측, 주가 예측, 정책 예측, 질병의 확산 속도 예측 등 다양한 이벤트를 예측해 왔다. 만약 참여자가 돈을 건 예측이 실제 결과가 되면, 참여자는 투자한 돈에 해당하는 배당금을 얻게 된다. 따라서 예측 시장의 모든 참여자들은 돈을 벌기 위해 (돈을 잃지 않기 위해) 저마다 가장 가능성이 높다고 생각하는 쪽으로 베팅을 한다. 가장 널리 회자되는 사례는 2008년 버락 오바마와 힐러리 클린턴의 민주당 경선 결과를 여론 조사 대비 두 달 선행하여 정확히 예측했던 것이다. 아이오와 전자시장은 선거 결과 내내 여론 조사보다 더 낫게 예측했고, 선거 일주일 전 예측 오차가 1.5% 수준에 불과했다고 한다.[14]

　'오마하의 현인'이라 불리는 버크셔 해서웨이 회장, 워렌 버핏은 일찍이 집단지성에 의해 움직이는 시장의 힘을 깨달았다. 워렌 버핏은 사람들에게 "시장을 이기려 하지 말라"는 메시지를 자주 던졌다. 그에 따르면 미국의 시가 총액 상위 500개 기업들의 주가 평균 지수인 'S&P 500 지수'는 장기적으로 볼 때 연평균 7% 정도 상승해 왔지만 날고 긴다는 수많은 펀드 전문가들은 그에 못 미치는 수익률을 거두었다. 유명한 일화로, 2008년 1월 워렌 버핏은 뉴욕의 헤지 펀드 회사인 프로테제파트너스와 100만 달러를 건 내기를 했다(그들은 누가 이기던 판돈을 자선단체에 기부하기로 했다). 워렌 버핏은 그 어떠한 투자 전문가도 장기적으로는 보이지 않는 손이 작동하는 시장 수익률을 이길 수 없다고 믿었다. 그는 향후 10년 동안 S&P 500의 수익률이 프로테제파트너스의 수익률을 이긴다는 것에 걸었다.

2018년 1월 결과는 다음과 같았다. 워렌 버핏 연평균 7.1% 수익률, 프로테제파트너스 연평균 2.2% 수익률. 워렌 버핏의 압도적인 승리였다.[15]

집단지성을 위한 질문

우리는 집단지성은 집단을 구성하는 참여자들의 규모, 능력, 다양성에 비례한다는 것을 알게 되었다. 그렇다면 집단지성을 극대화하기 위해 규모, 능력, 다양성을 키워야 할 것이다. 그런데 보통 집단의 규모는 정해져 있다. 정해진 집단 내에서 집단지성을 발휘해야 하는 경우가 대부분이다. 따라서 집단지성을 극대화하기 위한 현실적인 방법은 참여자들의 능력과 다양성을 확보하는 것이다. 이를 돕기 위한 'iPOD' 질문법을 알아보자. iPOD는 상호작용(Interactive), 목적(Purposeful), 정보 공유(Open-source), 다양성(Diverse)을 점검하는 질문으로 각 영어 단어의 앞 글자를 따서 이름 붙였다.

1. 자유로운 상호작용이 이루어지는가(Interactive)?

아무리 다양하고 능력 있는 사람들이 모였다고 해도 집단의 유형이 수직적이고 위계적이면 자유로운 상호작용은 어렵게 된다. 그 결과, 집단지성이 아닌 소수의 리더에 의존하여 문제를 해결하게 된다. 물론 리더가 출중한 실력자라면 리더의 풍부한 경험을 기반으로 한 빠른 의사 결정을 통해 신속하게 문제를 해결할 수 있는 장점이 있다. 하지만 동시에 다음 세 가지 단점 또한 존재한다. 첫째, 다양한 의견이 수렴되지 못해 다양성에 의한 오차 상쇄 효과가 만들어지지 못한다. 둘째, 그리고 실력 있는 참여자의 의견이 공유되지 않아 집단 전체의 능력이 향상되지 않는다. 셋째, 리더의 경영능력이 부족할 경우 즉, 리더의 방향성과 전략이 올바르지 않은 경우에 집단 전체에 큰 피해가 발생한다.

자유로운 상호작용이란 무엇인가? 뉴턴의 물리 법칙에 따르면 모든 작용에는 그와 크기가 같고 방향이 반대인 반작용이 존재한다. 당신이 벽을 손으로 미는 작용을 하면, 벽은 동시에 당신의 손을 반대 방향으로 미는 작용을 한다. 이와 같이 '자유로운 상호작용'이란 리더만이 액션을 하고 나머지는 따르기만 하는 것이 아니라, 집단의 모든 참여자들이 자발적으로 액션을 주고받을 수 있는 상태를 말한다. 집단의 액션 방향을 도식도로 나타낸다면, 자유로운 상호작용이 일어나는 집단은 조직은 수직적이지 않고 수평적이다.

그렇다면 어떻게 자유롭게 상호작용할 수 있는가? 나는 집단지성의 참여자가 모두 리더가 되면 가능하다고 본다. 각자 맡은 업무에 대해서 방향과 방법을 스스로 생각, 판단, 결정하여 액션을 취할 수 있는 리더 말이다. 이러한 리더들이 집단 속에 가득 차 있다면 어떻게 될지 상상해 보라. 참여자 스스로 의사 결정을 내림으로써 신속한 문제 해결이 이루어질 것이다. 참여자들 간 상호작용이 수시로 이루어져 정보 공유가 민첩하게 될 것이다. 참여자들의 다양한 아이

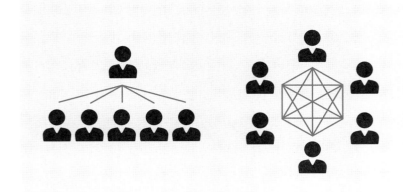

디어가 실행되는 과정에서 수많은 도전과 혁신이 경험될 것이다. 혹자는 내가 지나친 이상론을 펼치고 있다고 생각할 수 있다. 하지만 이것은 정말 현실적으로 일어날 수 있다. 나는 이것을 실제로 경험했다. 바로 앞 장에서 이야기한 '질문 리더십'을 통해서 말이다.

　질문 리더십은 질문을 통해 구성원 스스로 목표와 방법을 생각해내도록 이끌어내는 리더십이다. 질문 리더십에서 리더는 모든 것을 생각하고 지시하고 해결하지 않는다. 오히려 질문을 던지고 구성원들의 생각을 경청한다. 이 과정은 특히 원온원을 통해 정기적으로 실행되며 구성원들은 업무에 대한 방향과 방법을 스스로 생각하고 실행할 역량을 갖추게 된다. 그 결과, 조직 문화는 위계적이고 수직적이지 않고 자유로운 상호작용이 일어난다. 또한 획일적이고 무비판적으로 복종하는 문화를 넘어, 각 구성원의 의견과 능력이 존중되는 유연하고 동기부여적인 조직 문화가 형성된다. 질문 리더십에 의

한 자유로운 상호작용이 일어나기까지 시간이 걸린다. 내 경험상 구성원이 스스로 업무의 방향과 방법에 대해 말할 수 있으며 이를 실행하기까지 3~5개월이 걸렸다. 그 이후부터는 누가 시키지 않아도 구성원들은 스스로 액션을 만들어냈고 이를 통해 부서 내 자유로운 상호작용이 이루어졌다. "우리에게 어떤 문제가 다가와도 우리는 누구보다도 빨리 문제를 해결할 수 있다!"며 우리는 집단 지성에 대한 자신감을 느꼈다. 예를 들어 그동안 본 적이 없는 신규 유형의 반도체 불량이 발생하면, 구성원들은 다음과 같이 즉각적인 집단지성을 발휘했다.

A: 신규 불량이 현재 전체 물량의 40% 수준으로 발생하여 긴급 제어 필요합니다.

B: 제가 담당하는 후속 모듈에서도 해당 신규 불량 기인성으로 영향을 받고 있네요.

C: 변경점 이력을 살펴보니 2주 전에 변경점 A가 일어난 시점과 매칭 되네요.

A: 우와! 진짜 그렇네요. 변경점 전후 기준으로 데이터 분석하니 매칭이 됩니다. 신기하네요!

D: 예전에 뭔가 비슷한 것을 본 것 같아서 타라인 타제품 담당자에게 혹시나 물어봤는데 작년도에 불량 유형은 좀 다르지만 해당 변경점으로 인해 불량이 발생한 이력이 있다고 합니다. 메일로 공유드렸으니 참고하세요!

A: 감사합니다!

A: 변경점 담당자에게 물어보니, 변경점 시점에 A라는 원인이 확인되었

질문의 기술

습니다. A 원인 관점으로 유발 테스트한 결과 재현성 확인되어 바로 조치했고 불량 Risk 없음 확인되었습니다.
B: 제 담당 모듈에서도 불량 Risk 없음 2차 확인했습니다. 감사합니다!

우리는 자발적인 상호작용을 기본으로 수많은 문제들을 해결했다. 나는 집단지성을 믿었고 집단지성의 축을 담당하는 내 부서원들에게 자신 있게 업무를 위임했다. 그리고 이로 인해 확보한 여유 시간으로 나는 그들의 성과가 조직 전체의 목표 달성에 잘 얼라인되도록 큰 그림을 그리고 기획하는 일에 집중할 수 있었다.

2. 목적이 분명한가(Purposeful)?

집단지성이란 집단적으로 문제를 해결하는 능력이다. 앞서 언급한 다수결의 원리, 평균의 원리를 모두 고려해 볼 때, 집단지성에 참여한 개인의 능력이 클수록 집단지성으로 문제를 해결할 확률은 높아진다. 여기서 개인의 능력이란 어떤 특별한 능력을 말하는 것이 아니다. 개인의 능력은 정답을 잘 선택하는 능력, 답을 잘 추정하는 능력, 원하는 결과를 확보하는 능력과 같은 문제 해결력 곧, 원하는 목표를 이루는 능력이다.

개인의 능력을 극대화하기 위해서 집단은 "목적이 분명한가?"를 끊임없이 물어야 한다. 현재 'A'라는 상황이고 'B'라는 목표를 향해 집단지성을 발휘해야 하는데, 집단의 구성원들이 'A → B'라는 목적을 분명히 인식하지 못하고 일을 한다면 집단지성이 작동할 리가 없다. 우리는 종종 여러 사람들이 모여 일을 하는 것 같지만 실제는 한두 사람만 목적의식을 가지고 일을 하고 나머지는 목적의식 없이 협조만 하는 것을 볼 수 있다. "일하는 사람 따로 있고 노는 사람 따로 있다"는 말이 이럴 때 나온다. 안타깝게도 이 경우 집단지성은 발휘되지 못하고 목표가 적기에 이루어지지 못할 가능성이 매우 높다. "목적이 분명한가?"라는 질문을 두고 끊임없이 당신의 집단을 점검하라. 그리고 이 때 목적을 불분명하게 만드는 다음 세 가지 장애 요소를 고려하면 큰 도움이 될 것이다.

첫째, 목표가 현실성이 없을 때 목적은 분명하지 않다. 미국 버클리대학 연구 결과에 따르면 적당한 스트레스를 받은 쥐의 경우 스트레스를 받지 않은 쥐와 비교할 때 기억을 담당하는 해마 세포가 더 발달했다고 한다. 하지만 지나치게 스트레스를 받은 쥐의 경우, 역효과가 발생하여 기억을 담당하는 해마세포 발달이 퇴보했다고 한다.[16] 충분히 감당할 수 있는 목표는 적당한 긴장을 유발하고 집단 구성원들이 목표를 분명하게 인식할 수 있도록 만든다.

하지만 감당하기 힘든 목표는 지나친 스트레스를 유발하며 집단 구성원들이 목표를 기피하고 그 결과 분명하게 인식하지 못하게 만든다. 리더들 중에는 웃음이 나올 정도로 '빡센' 목표를 제시하는 사람이 있다. 그 사람의 속마음은 어쩌면 이럴지도 모른다. "빡센 목표를 가져야 빡세게 일을 시킬 수 있지 않은가? 빡센 목표를 가져야 더 많은 성과를 더 빨리 얻을 수 있지 않은가? 지금까지 빡센 목표를 제시해도 사람들이 잘만 따라왔는데 이번에도 마찬가지가 아니겠는가?" 하지만 집단 구성원 입장에서는 이렇게 생각한다. "또 사람 갈아서 목표를 달성하려는군? 또 누가 갈려 나갈까? 만약 목표를 달성해내지 못하면 누가 희생양이 될 것인가? 이번 일만 끝내면 휴직하든가, 다른 부서로 이동 신청하든가, 더 좋은 회사로 이직해야지." 현실성 없는 목표는 말 그대로 현실성이 없기에 구성원들은 현실성 없는 목표를 분명하게 인식할 수가 없다. 목표를 분명히 보지 못하기 때문에 목표를 이룰 현실적인 대안은 구체적이지 않고 구호성을 띨 가능성이 농후하다. 말도 안되는 목표를 달성해야 한다는 압박감 속에서 구성원들 간 창의적인 의사 소통은 거의 불가능하다. 최악의 경우에, 목표를 달성해야 하는 압박감을 극복하지 못하고 결과를 조작하는 부정을 저지를 수도 있다.

아무리 그동안 빡센 목표를 통해 성과를 냈다고 해도 그것이 계속해서 통한다고 믿으면 안 된다. 집단지성을 통해 창의적이고 혁신적인 성과를 내기 위해서는 집단이 현실적으로 충분히 감당할 수 있는 목표를 수립해야 하고 이 목표를 모든 구성원들이 자신의 목표로 인식할 수 있도록 전파해야 한다.

둘째, 목표를 제대로 말하지 못할 때 목적은 분명하지 않다. 목적을 분명하게 인식하고 있는지를 확인할 수 있는 가장 좋은 방법은 목표를 직접 말해보는 것이다. 하지만 목표를 말하는 것은 결코 쉽지 않다. "이번 달의 목표는 무엇인가요?" "이번 분기에 달성하고자 하는 목표는 무엇인가요?" "이를 위해 어떻게 하고 있나요?" 목표 말하기를 충분히 연습하지 않으면, 누구나 지금 당장 하고 있는 업무 리스트를 목표라고 말하기 쉽다. 본질주의 질문 패턴으로 보자면, 제대로 된 목표 말하기는 '왜? → 어떻게? → 무엇을?'이라는 순서로 이야기된다. 그런데 많은 경우에 사람들은 다음과 같이 '무엇을? → 어떻게?' 순서로 이야기한다. "지금 업무 A, B, C를 하고 있는데 A는 어떻게 하고 있고, B는 어떻게 하고 있고, C는 어떻게 하고 있습니다." 하지만 목표는 '무엇을'에 해당하는 개념이 아니다. 목표는 그 무엇을 해야 하는 '왜'에 해당하는 개념이다. 따라서 목표를 분명하게 말하기 위해서는 일의 방향성을 분명히 정의하는 연습이 필요하다. 이를 위해 목표 공식 'A → B'를 사용하라(A는 현재의 상황을 나타내는 수치이고, B는 원하는 상황을 나타내는 수치이다): "연간 품질 수준 50 ppm → 5 ppm 확보" "제품 고객 만족도 60% → 80% 개선" "원가 절감률 10% → 20% 개선". 이와 같이 'A → B' 공식을 통해 구성원 모두가 집단의 목표를 분명하게 인식할 수 있다.

셋째, 목표가 수정되지 않을 때 목적은 분명하지 않다. 일단 한 번 목표를 정하면 절대로 바뀌면 안 된다고 생각하는 사람들이 있다. 그건 아니다! 목표 수립하는 일은 상황에 따라 적절히 수정 또는 추가해야 한다. "대내외 상황을 고려할 필요 없이 우리가 처음 정한 목표만 100% 완료하면 돼!" 이런 생각으로 목표 수정/추가 없이 자신의 처음 목표만을 달성하고자 한다면, 본인은 문제 없이 일을 잘하고 있다고 생각하나, 다른 사람들은 현 상황에서 중요하지 않은, 얼라인이 되지 않은 목표를 이루고 있다고 생각할 것이다. 이런 사람들이 집단의 대다수를 이룬다면, 결국 집단의 목적, 집단의 비전은 불분명해진다. 상황에 따라 가치와 우선순위는 그때그때 변화한다. 따라서 지속적으로 'A → B' 목표를 점검하고 목표를 수정하라.

3. 정보가 자유롭게 공유되는가(Open-source)?

콩도르세의 다수결의 원리에 대한 연구의 시사점은 사람들이 편견과 잘못된 정보로 인해 랜덤 이하의 선택 확률을 가지게 되면 집단지성은 인간을 잘못된 방향으로 인도한다는 것이다. 반대로 말하면, 사람들이 교육을 통해 계몽되고 올바른 정보를 통해 랜덤 이상의 선택 확률을 가지면 집단지성은 인간을 무한히 진보시킬 것이다. 콩도르세는 인간이 계몽되는가 계몽되지 않은가, 무지성으로 사는가 이성으로 사는가를 결정짓는 요소로 정보의 공유성을 꼽았다. 올바른 정보가 교육이라는 수단을 통해 사람들에게 효과적으로 공유될 수만 있다면 인간 사회에는 언제나 희망이 있다고 그는 믿었다.

콩도르세의 믿음은 오늘날 가장 빠른 속도로 발전하고 있는 IT 분야의 집단지성 사례에서 실제로 검증되었다. IT 분야의 집단지성을 관통하는 키워드는 '오픈소스(open-source)'이다. 오픈소스는 IT 분야의 대표 철학으로, 공개적으로 소스코드를 오픈하여 누구나 자유롭게 확인, 수정, 배포할 수 있도록 모두에게 권한을 부여하는 것이다. 따라서 오픈소스로 일을 할 때, 참여자 간에 자유로운 심의와 피드백이 이루어지고 이 과정에서 발휘되는 집단지성을 통해 합리적이고 창의적으로 문제가 해결된다.

오픈소스의 대표적인 사례는 리눅스이다. 리눅스는 개방, 공유, 참여, 협동을 상징하는 대표적인 컴퓨터 오픈소스 운영 체제이다. 리눅스는 모든 소스코드를 사람들이 쉽게 열람할 수 있도록 공개했다. 리눅스 오픈소스 커뮤니티의 수많은 사람은 기존 소스코드의 오류를 찾아내거나 더 좋은 소스코드를 개발했고 새롭고 흥미로운 기능, 소프트웨어들을 만들어냈다. 더 나은 운영체제를 위하여 서로 좋은 아이디어와 의견들을 교환하고 운영 체제의 버그들을 함께 고치고 개선함으로써 리눅스는 지속적으로 혁신적 성장을 경험했다. 리눅스는 1991년 당시 헬싱키 공과대학교 학생이었던 컴퓨터 괴짜 리누스 토르발스가 취미로 만들었고 무료 공개 직후부터 폭발적 인기를 얻었다. 당시 다른 오픈소스 운영 체제였던 유닉스, 미닉스, BSD, 그누 허드(GNU hurd)의 단점을 보완하고 장점을 결합하여 단 18개월 만에 완전한 모양의 리눅스커널 1.0버전 운영 체제를 완성했고 계속된 혁신을 거듭한 끝에 오늘날 전 세계 서버와 스마트폰의 50퍼센트 이상이 리눅스 운영 체제를 사용하고 있다.

수많은 사람은 당시 여러 오픈소스 운영 체제들 중에서 왜 리눅스만이 큰 성공을 거두었는지 궁금해한다. 전문가들은 그 핵심 이유로 리눅스가 진짜로 오픈소스 개발 철학을 실행했기 때문이라 거론한다. 리눅스 이전의 다른 오픈소스 운영 체제들에서는 보통 중앙집권화된 핵심 개발자 집단이 개발 과정을 독점했다. 따라서 개발 과정은 그들의 판단에 크게 의존했으며 핵심 정보는 모두에게 공개되지 않았다. 하지만 리눅스는 프로그램 소스를 모두 공개했다. 사용자 누구나 소스를 열람하고 업그레이드 패치를 만들 수 있었다. 만약 당신이 만든 패치가 받아들여지면 프로그램 공개 시, 당신의 이름이 기여자로서 자랑스럽게 공개되었다. 이렇게 철저하게 오픈소스화된 개발방식 속에서 수많은 사람은 전혀 임금을 받지 않았음에도 소스를 수정하고 개선하는 데 열정적으로 달려들었다.

집단지성을 위해서는 '정보가 자유롭게 오픈되어 있는가?'를 철저하게 점검해야 한다. 흔히 사람들은 노력하지 않아도 조직 내에서 정보가 자유롭게 교류된다고 생각한다. 하지만 절대로 그렇지 않다. 나는 그동안 서로 다른 조직들에서 일하는 사람들과 많이 대화를 나누었다. 그들은 사람들에게 정보를 나누는 것이 부담스럽다고 공통적으로 이야기한다. 그들은 말한다. "나만 또는 우리만 알고 있는 정보를 괜히 불필요하게 다른 사람들에게 왜 공유하는가? 모두 알려주게 되면 그로 인해 공격을 당할 수도 있고, 피곤하게 감시 및 관리를 당할 수도 있다. 위에서 지시를 하지 않는 이상 정보를 공유하지 않고 일을 만들지 않는 게 더 현명한 것 같다." 정말로 이러한 생각을 가지고 있는 사람들이 적지 않다. 그로 인해 조직 내에서 자연스럽게 나타나는 현상은 정보를 독점하고 공유하지 않으려는 '정보 이기주의'이다.

정보 이기주의는 사람들 사이에 보이지 않는 벽을 만든다. 이 벽으로 인해 부서 간, 사람들 간에 정보는 차단되고 필연적으로 서로 무관심하게 된다. 그리고 무관심은 서로 질문을 하지 않고 정보를 공유하지 않는 조직 문화를 형성시킨다. 이와 같은 정보 이기주의 체제를 붕괴시키고, 정보 민주주의를 이룩해야만 집단지성이 제대로 작동하기 시작한다. 정보가 자유롭게 오픈될 때 집단의 참여자들의 지식수준이 올라가고, 참여자 간의 자유로운 심의 과정을 통해 다양한 의견이 취합 수렴된다. 이는 참여자들의 능력과 다양성을 높이며 그 결과 집단지성은 문제가 반드시 해결되는 방향으로 작동한다.

4. 의견이 다양한가(Diverse)?

집단 내 다양한 의견이 수렴될수록 집단지성의 오차는 더 상쇄되고, 의견들 간의 자유로운 심의와 경합을 통해 올바른 선택을 할 확률이 높아진다. 따라서 집단지성의 성공을 위해서는 집단 내 의견이 다양한지를 점검하고, 의견의 다양성 확보를 위해 노력해야 한다.

가장 쉽게 다양한 의견을 취합할 수 있는 방법은 다양한 관점과 전문성을 가진 참여자들로 구성된 다기능팀을 확보하는 것이다. 최근 조직 경영에서 큰 화제가 된 '애자일 문화'(Agile, 기민함을 뜻하며, 급변하는 환경에 빠르게 대처하고 팀 내 자유로운 상호작용을 통해 신속한 성과를 만드는 업무 방식)'의 핵심에는 바로 다기능팀의 구축과 자율적 권한 위임에 있다. 2008년 스웨덴에서 시작해 세계 최대의 음원 스트리밍 서비스가 된 스포티파이(Spotify)는 유저들에게 더 많은 가치를 제공하자는 회사 비전 아래 바텀업(Bottom-Up) 방식의 애자일 문화를 성공적으로 뿌리내린 것으로 적용한 것으로 유명하다.

'Spot(점)'과 '-ify(-화하다)'로 구성된 기업 이름답게 스포티파이는 '스쿼드(squad)'라 불리는 수많은 소규모 다기능 팀들로 구성되어 있다. 각 스쿼드는 스스로 고객과의 접점에서 최상의 솔루션을 개발하고 고객 서비스를 배포할 수 있는 자율적인 권한과 책임을 가지고 있다. 스쿼드는 일반적으로 10명 내외로 구성된 팀으로 제품 책임자(Product Owner, PO), 개발자, 기술자, 디자이너, 품질 관리자(Quality Assurance), 마케터 등 하나의 제품을 개발하기까지 필요한 기능과 역량을 갖춘 팀이다. 스쿼드는 마치 회사 안에 존재하는 미니 스타트업 회사처럼 움직인다.[17] 다양한 관점을 가진 사람들로 구성된 만큼 스쿼드 내에서는 다양한 의견들이 활발하게 교류되고 이를 통해 신속하게 문제를 해결하는 집단지성이 이루어진다. 마치 어벤져스를 보는 것 같다. 억만장자이자 천재 군수업자인 아이언맨, 초강력 망치 무기를 지닌 아스가르드의 왕자 토르, 타임 스톤을 지키는 시간의 마법사 닥터 스트레인지, 극강의 신체 스펙으로 모든 것을 다 때려 부수는 헐크, 강인한 정신력과 인간 최강의 무술 실력을 지닌 캡틴 아메리카 등 어벤져스 멤버들은 어디로 튈지 모르는 개성 강한 캐릭터들이다. 하지만 이들은 지구를 구하기 위해 서로 다른 능력과 방식을 합력하여 악당들을 무찌른다.

예를 들어, 가상으로 직접 스쿼드를 한 번 만들어보자. 당신은 자전거 회사의 자전거 개발팀에 근무하고 있다. 최근 원가 절감 목적 자전거 페달의 소재가 바뀌자 안전 품질 이슈가 발생했다. 고객들은 빠른 속도로 자전거를 타는 중 갑자기 페달이 '뚝'하고 부러져 균형을 잡지 못하고 넘어져 크게 다쳤다. 그 결과 회사는 기존 페달 소재로 원복하는 조치를 취했다. 그런데 당신은 소재 영향성도 있지만 자전거 페달의 구조 취약점도 품질 이슈에 한몫했을 것이라 생각한다. 그래서 당신은 더 안전한 자전거 페달을 개발하기 위한 스쿼드를 구축하고자 한다. 당신의 목표는 현재 페달이 견딜 수 있는 최대 응력 45메가파스칼에서 90메가파스칼로 2배 개선시키는 것, 이를 통해 품질 보증 수명이 300만 사이클에서 3000만 사이클로 10배 개선된 MVP(Minimum Viable Product, 최소 요건 제품)제품을 두 달 내로 만드는 것이다.[18]

이 목표를 이루기 위해 당신은 다양한 전문성과 역량을 갖춘 일곱 멤버들로 구성된 스쿼드를 구축했다: 당신('PO' 역할 수행), 설계팀 1명(페달 설계 및 디자인 수행), 부품 양산팀 1명(페달 제작 수행), 품질 관리팀 1명(품질 보증 평가 수행), 소재 개발팀 1명(소재별 페달 제작 수행), 분석팀 1명(페달 최대 응력 및 수명 테스트 수행), 고객서비스팀 1명(고객 피드백 분석 및 필요 스펙 정의) 이상 총 7명. 이렇게 7명의 스쿼드는 매일 스크럼(Scrum, 30분 이내의 짧은 회의로 진행 현황을 공유하고 의견을 공유한다)을 진행하기로 했다.

첫 주
고객서비스팀 담당자가 최근 고객들의 피드백 분석 결과를 인폼했고, 가장 많은 피드백이 발생한 상황과 동일한 조건에서 페달에 걸리는 응력 분포를 분석하기로 결정했다. 또한 동일 조건에서 경쟁사 페달의 응력 분포를 비교군으로 같이 분석하기로 했다.

둘째 주

모든 분석 결과가 확보되었다. 분석 결과, 페달 소재와 상관없이, 페달 끝 쪽에 응력이 집중적으로 걸리는 특이점이 발견되었고, 해당 부위부터 100만 사이클부터 결함이 진행되기 시작했다. 경쟁사 제품 비교해볼 때, 페달 무게는 큰 차이가 없었다. 신발 착지감을 높이기 위해 3년 전부터 적용된 가로:세로의 비율 변경점이 그 원인이었다.

셋째 주~넷째 주

신발 착지감을 유지할 수 있는 마진 내에서 가로 대 세로의 비율을 세 가지로 스플릿(Split)하여 설계 디자인했고, 품질 안전성이 확보되어 사용 가능한 세 가지 소재로 MVP 제품을 만들기로 했다. MVP가 나오면 다섯째 주에 데모 데이(Demo Day)를 가지려 했다. 하지만 양산팀 담당자가 한 가지 이슈를 제기했다. 최근 발생한 품질 이슈 때문에 고객 출하 물량 확보가 최우선인 상황으로 양산팀에서 MVP 제작이 어렵다는 입장이었다. 양산팀 일정에 맞추면 3주가 지연되는 상황으로 MVP 제작 일정에 차질이 생겼다. 이에 당신은 양산팀 팀장과 그룹장에 공식 협력을 요청했고, MVP 제작 배경과 목적에 대한 상세 설명과 함께 이번 MVP가 본 품질 이슈 대응의 일환이라는 점을 강조했다. 그 결과 3주 지연을 1주일 지연으로 풀인(Pull-in, 일정을 앞당김)했다. 대신 모든 세 가지 소재별 페달 제작은 현 양산 상황에서 불가능했고 기존 페달 소재와 품질 이슈 소재 두 종류로 그리고 세 가지 설계 Split 조건으로 총 여섯 가지 MVP만을 제작하기로 했다.

다섯째 주

드디어 여섯 가지 버전의 MVP가 만들어졌다: ver1.1(품질 이슈 소재 + New 설계_split 1), ver1.2(품질 이슈 소재 + New 설계_split 2), ver1.3(품질 이슈 소재 + New 설계_split 3), ver2.1(기존 소재 + New 설계_split 1), ver2.2(기존 소재 + New 설계_split 2), ver2.3(기존 소재 + New 설계_split

3). 분석 결과 ver 1.3 제품에서 최대 응력이 85 메가파스칼이 나왔고 ver2.3에서 95 메가파스칼이 나왔다. 이번 품질 이슈 페달에 설계만 바꾸었는데 45 메가파스칼에서 85 메가파스칼로 향상되었다는 것이 매우 고무적이었다. 품질 이슈 소재가 기존 소재 대비 원가가 40% 저렴하기 때문에 이는 원가와 품질을 모두 잡는 것을 의미했다. 비록 당신의 목표인 90 메가파스칼보다 5 메가파스칼이 부족하지만 품질 담당자는 이정도는 유의미한 차이가 아니라는 의견을 주었다. 그 결과 당신의 스쿼드는 최종 MVP로 ver1.3을 선정했다.

여섯째 주

품질 담당자의 주관하에 즉시 ver 1.3의 품질 가혹 테스트를 수행했고 그 결과 2,700만 사이클의 품질 보증 수명 결과가 나왔다. 이는 기존 300만 사이클에서 800% 향상된 수치였다. 설계 디자인 담당자는 코팅 디자인 시안 A, B, C를 제작해서 ver 1.3에 입혔고, 고객 서비스 담당자는 A, B, C 페달을 가지고 실제 자사 매장의 고객들을 대상으로 선호도 테스트를 진행했다.

일곱째 주

고객 평가 결과, A 페달이 가장 선호도가 높았다. 그리고 착지감 점수도 기존과 동등 수준으로 나타나 설계 변경에 따른 착지감 영향성은 없었다. 이에 당신의 스쿼드는 A 페달을 최종 페달 신제품으로 확정하여 경영진에게 보고했다. 단 7주 만에 신규 제품을 개발한 놀라운 성과였다.

집단지성을 극대화하는 질문

우리가 직면하는 문제의 규모와 난이도는 점점 더 커지고 있다. 단순 개인의 능력이나 특정 전문성을 바탕으로 해결할 수 없는 문제들이 많아졌다. 그 결과 '집합적으로 문제를 해결하는 능력'으로 정의되는 '집단지성'의 필요성이 어느 때보다 더 광범위하게 언급되고 있다.

그런데 집단지성이 개인의 지성보다 더 강력한 근거는 무엇인가? 집단지성을 연구하는 사람들은 다음 세 가지 원리를 토대로 집단지성이 긍정적으로 작동할 것이라 주장한다. 첫째는 다수결의 원리이다. 사람들은 다수결의 원리에 의한 결과를 공정하다고 믿고 잘 수용한다. 동시에 집단지성의 참여자들 간의 활발한 교육과 공유를 통해 랜덤 이상의 선택 확률을 가지게 되면 다수결의 원리는 집단을 옳은 길로 인도한다. 둘째는 평균의 원리이다. 집단 판단의 오차는 언제나 개인의 평균 오차보다 작게 나타난다. 개인 판단들의 오류가 집단 다양성의 평균 효과에 의해 상쇄되기 때문이다. 집단의 다양성이 커질수록 즉, 집단을 구성하는 참여자들의 배경, 능력, 전문성 등이 다양할수록 집단지성의 힘은 더욱더 커진다. 셋째는 보이지 않는 손의 원리이다. 대표적으로 시장에는 보이지 않는 손에 의해 수요와 공급 사이의 균형을 만들어 내고 이 균형에 의해 사회의 자원이 효율적으로 배분된다. 이 세 가지 집단지성의 원리는 집단 내 상호작용이 클수록(interactive), 목적이 분명할수록(Purposeful), 정보가 잘 공유될수록(Open-source), 구성원이 다양할수록(Diverse) 강력한 효과를 발휘한다.

이제 집단지성을 당신의 삶에 적용하고 실천할 시간이다. 다음 질문과 제안을 스스로에게 또는 스터디 그룹에서 던지고 토의해보길 바란다.

1. 개인의 힘만으로는 해결되지 않는 일들이 많아지고 있다. 당신에게 집단지성의 힘이 필요한 일은 무엇인가?

2. 당신의 조직 내 자유로운 상호작용이 이루어지는가? 모든 구성원이 어떤 질문이든 자유롭게 말할 수 있는 심리적 안정감이 선행되어야 한다. 심리적 안정감 구축을 위해 당신은 무엇을

할 수 있는가?

3. 당신의 조직은 목표가 분명한가? 조직 전체와 각 구성원들은 'A→B' 공식으로 분명한 목표를 가지고 있는가?

4. 당신의 조직은 정보가 자유롭게 공유되는가? 혹시나 정보 이기주의 현상이 존재한다면 이를 극복하기 위해서 무엇을 해야 하는가?

5. 당신의 조직은 의견이 다양한가? 다양한 의견을 확보하기 위한 가장 좋은 방법은 다른 의견을 낼 수 있는 사람들과 협업하는 것이다. 당신은 당신의 목표를 달성하기 위해 누구와 협업하고 있는가? 더 협업해야 할 대상은 누구인가?

4 액션

"지금 이 순간에 최선을 다하는 것은
당신을 다음 순간에 최고의 위치에 올려놓는다."

- 오프라 윈프리

아무리 목표와 전략이 분명해도, 아무리 지적 수준이 뛰어나더라도, 실행력(이하 '액션'이라고 부르겠다)이 부족하면 성공할 수 없다. 수많은 사람들이 실패를 경험하는 이유, 머리가 좋고 아는 것도 풍부한데 별다른 성과를 이루지 못하는 가장 큰 이유 중의 하나는 생각만 하고 '액션' 하지 않기 때문이다.

"나는 언제 리더로 사람들을 이끌 수 있을까?"
"나는 언제쯤 누구처럼 좋은 리더를 만날 수 있을까?"
"나는 언제쯤 실력 있는 부하직원을 만날 수 있을까?"

"나는 언제쯤 승진할 수 있을까?"
"나는 언제쯤 누구처럼 좋은 성과를 거두고 상을 탈 수 있을까?"

사람들은 끊임없이 생각하고 말한다. 하지만 생각과 말만으로는 이루어지지 않는다. 당신이 원하는 것을 얻기 위해서는 바로 지금 '액션'이 필요하다.

거의 대부분의 사람들은 개인에게 관대하고 남에게 엄격하다. 그들은 그들이 뚜렷한 성과를 거두지 못한 이유를 자기 자신에게 찾지 않는다. "올해는 직장 상사를 잘못 만났어!" "운이 좋지 않았어!" "다른 사람들이 제대로 일하지 않았어!" 그들은 이렇게 말한다. 하지만 정작 성과를 거두지 못한 본질적인 이유는 본인이 생각만 하고 적극적으로 액션하지 않았기 때문일 가능성이 매우 높다. 액션을 잘하는 사람이 모두 성공하지는 않는다. 하지만 경험적으로 볼 때, 성공하는 사람은 모두 액션을 잘하는 사람이었다.

스티브 잡스는 세상에 어떠한 영향력을 끼치기 위해서는 자신이 원하는 것을 항상 갈망하고, 우직하게 행동하라고 말했다.[*] 수많은 사람들의 쉬운 말에 혹하지 말고 그저 흔들림 없이 때로는 바보

---

[*] Stay Hungry, Stay Foolish!

처럼 보일지라도 자기의 길을 걸어가는 것이다. "여러분의 시간은 한정되어 있습니다. 다른 사람들의 삶을 사느라 시간 낭비하지 마십시오. 다른 사람들의 생각을 따라 살거나 타인의 신조에 빠져들지 마십시오. 다른 사람들의 의견에서 비롯된 소음이 여러분 내면의 목소리를 방해하지 못하게 하십시오. 가장 중요한 것은 여러분의 마음과 직관을 따르는 용기를 갖는 것입니다. 마음과 직관은 이미 여러분이 진정으로 되고자 하는 것을 알고 있습니다. 나머지는 부차적인 것입니다." 스티브 잡스는 자신의 마음이 진정으로 원하는 방향으로, 자신이 정말로 되고자 하는 방향으로 움직였고 누구보다도 열정적으로 액션했다. 심지어 암에 걸려 죽음과 대면하고 있는 상황에서도, 스티브 잡스는 자만심, 수치심, 실패에 대한 두려움을 죽음 앞에 굴복 시키고 자신이 진정으로 원하고 하고 싶은 일에 열정적으로 액션했다.

액션은 전염된다

한 선배의 이야기이다. 그는 다른 팀 부서의 에이스였다. 정말로 열심히 일했다. 특히 다른 부서와 연관된 일을 할 때면 더욱 솔선수범했다. 본인 부서의 역할과 책임을 벗어나지 않는 선에서 그는 프로다움이란 이런 것이라고 보여줬다. 그는 이렇게 말하지 않았다. "지금까지 저희 부서는 그렇게 일을 한 적이 없습니다. 내부적으로 검토해 보겠습니다."(안 하고 싶다는 말이다.) "100% 이해되지 않는 부분이 있습니다. 확실한 데이터 나올 때까지는 어떠한 조치도 못하겠습니다."(시간을 벌거나 일을 하지 않기 위해 이렇게 말하곤 한다.) "그 일이 아니어도 이미 바쁩니다. 굳이 요청 받지 않은 일을 먼저 하지 마세요!"(실제로 그 일을 못할 만큼 바쁘지 않다. 하기 싫고 책임지기도 싫은 경우가 많다.)

어느 날 잠시 선배와 커피를 마시다 질문 하나를 던졌다. "무엇 때문에 그렇게 열심히 일하나요? 다른 선배 같았으면 그렇게까지 하지는 않았을 것 같아요. 좋게 보면 많이 일하고 큰 성과를 거두는 거지만 나쁘게 본다면 더 피곤해지고 부담스럽잖아요!" 선배가 질문에 답했다. "사실 이유는 매우 간단해! 선배가 하는 대로 후배가 그대로 따라 하기 때문이야. 이왕이면 나는 내 후배들이 나한테서 좋은 것들을 배웠으면 해!" 실제로 그 선배를 통해 성장한 후배들도 선배처럼 프로답게 일했다. 그들은 협업할 줄 알았고, 책임질 줄 알았고, 리스크를 감당할 줄 알았다. 그 선배를 통해 내가 배운 사실은 액션은 전염된다는 것이다.

액션은 전염된다. 조직에서 한 사람의 액션은 그 사람에서 끝나지 않는다. 물결이 퍼지듯 다른 사람들에게 영향력을 끼친다. 한 사람의 진취적인 액션을 통해 좋은 성공 스토리가 만들어지면, 이는 금세 다른 사람들의 사기와 의욕을 불러일으킨다. 그리고 진취적인 액션을 취하는 사람들이 한 사람에서 두 사람으로, 두 사람에서 네 사람으로, 네 사람에서 여덟 사람으로 많아진다. 그 반대도 성립한다. 만약 한 사람의 부정적인 액션을 통해 멋지지 않은 스토리가 만들어지면, 이는 금세 다른 사람들의 사기와 의욕을 꺾는다.

'빌런(villain, 악당) 총량의 법칙'이 있다. 세상 어디에나 빌런은 어떠한 형태로든 존재한다는 법칙이다. 거의 대부분의 직장인들은 일하면서 이런 말을 자주 들었을 것이다. "어떤 부서의 누구랑 일하기 정말 싫다!" "누구와는 말이 안 통해! 협업을 도저히 할 수가 없어!" "그 사람은 일단 무조건 아니라고 해! 그동안 계속 그래 온 걸로 유명하니 너무 스트레스 받지 마! 그냥 다른 사람과 일해!" 그런데 재미있는 점은 빌런들은 처음부터 빌런이 되고 싶어 빌런이 되지 않았다는 것이다. 빌런은 태어나지 않고 길러진다. 조직 생활에서 처음부터 빌런인 사람은 없다. 많은 경우에 빌런의 상사가 빌런이었고, 그 빌런의 상사의 상사가 빌런이었다. 액션은 전염성이 있기 때문에 최악의 경우에는 빌런의 액션이 걷잡을 수 없이 확산되어 그 부서를 대표하는 조직 문화가 되어 버린다.

액션을 위한 다섯 가지 질문

그렇다면 어떻게 액션해야 하는가? 'action'이란 말이 들어가는 단어들을 조사해보면 크게 다섯 가지 종류의 액션이 있다. 첫 번째, 디액션(Deaction)은 무엇인가를 비활성시키거나 제거를 시키는 액션이다. 두 번째, 리액션(Reaction)은 어떤 외부의 작용, 이슈, 문제에 대해 반응하는 액션이다. 세 번째, 아웃액션(Outaction)은 평범한 기준을 거부하는 열정적인 액션이다. 네 번째, 프로액션(Proaction)은 리액션과 달리 긍정적인 변화를 위해 능동적으로 리액션을 요구하는 액션이다. 마지막 다섯 번째, 인액션(Enaction)은 사전적으로 '법제정'을 의미하듯이 긍정적인 변화를 지속가능하게 만들기 위한 프로세스를 구축하는 액션이다. 나는 이 다섯 가지 액션을 앞 글자를 따서 '드롭(DROPE)'이라고 부르며, 각각의 액션을 유도하는 질문을 '드롭(DROPE) 질문법'이라 부른다.

1. 무엇을 비활성화하는가?(What to Deactivate?)

1998년, 스티브 잡스는 자신을 쫓아낸 애플에 복귀했다. 그가 제일 먼저 한 일은 불필요해보이는 모든 것들을 제거하는 것이다. 그는 최고의 제품에 집중하기 위해서는 가치 없는 것들을 포기해야 한다고 생각했다. 그가 복귀했을 때 애플은 15개의 다양한 제품군을 가지고 있었다. 그는 말했다. "고객들은 어떤 제품을 원하는 걸까요? 제품은 크게 두 가지 일반용 제품과 전문가용 제품이 있습니다. 그리고 각 제품군에 데스크톱과 휴대용 제품이 있습니다. 우리는 이렇게 네 가지 제품군에만 집중하겠습니다. 그렇게 된다면 우리는 18개월이 아니라 9개월마다 업그레이드된 제품을 출시할 수 있을 겁니다."

스티브 잡스는 또한 당시 진행하고 있던 50여 개의 신제품 개발 프로젝트에도 칼을 댔다. 그는 각 담당자를 만나서 이 일을 왜 하는지 물었다. 그리고 그가 생각할 때 회사 전체의 집중력을 방해하는 프로젝트를 모두 폐기했다. 그 결과 50여 개에 달하던 개발 프로젝트는 단 10개만이 남았다. 스티브 잡스가 불필요한 것들을 제거하자 애플은 가치 있는 것에만 집중할 수 있었다. 그렇게 애플은 아이맥, 아이팟, 아이폰, 아이패드, 맥북과 같이 소수의 제품만을 출시했고 꾸준히 업그레이드 버전을 시장에 선보였다. 그는 자신있게 말했다. "혁신은 잘못된 방향으로 진행하거나 무언가를 너무 많이 하지 않도록 수많은 아이디어를 향해 'NO!'라고 말하는 용기에서 시작된다! 완벽이란 더 이상 무언가를 보탤 것이 없는 상태가 아니라 더 이상 무언가를 뺄 것이 없는 상태이다!"[19]

당신에게 불필요한 것은 무엇인가? 그것을 비활성화하라. 이는 마치 일정한 성능을 지닌 컴퓨터를 빠르게 사용하기 위해 사용하지 않는 프로그램들을 비활성화하거나 불필요한 파일들을 삭제하는 것과 같다. 또한 이는 어지러운 집을 오랜만에 청소하는 것과 같다. 집 청소할 때 당신은 가장 먼저 무엇을 하는가? 대부분의 사람들은 가장 먼저 버릴 것을 버린다. 그다음 남은 중요한 물건들을 깔끔하게 정리정돈한다. 마찬가지로 성공하기 위해 가장 먼저 해야 할 액션은 바로 디액션 즉, 비활성화이다.

디액션을 할 때 도움이 되는 간단한 세 단계 프로세스가 있다. 첫째, 하고 있는 일 리스트를 모두 작성한다. 둘째, 각 일을 어떻게 디액션할지 결정한다. 디액션을 위해 제거(안하거나), 축소(줄이거나), 통합(합치거나)이라는 세 가지 기준으로 일을 분류한다. 셋째, 위 세 가지 분류대로 즉시 액션한다. 예를 들어보자. 당신의 부서는 제품 개발팀 차세대 모듈 개발에 있으며, 셀 수 없을 정도로 많은 개발단 업무로 실무자들이 지쳐있다. 이에 업무를 디액션하여 실무자들이 온전히 실무에만 집중할 수 있도록 하고자 한다. 부서원들은 다같이 모였고 다음과 같이 업무 디액션 시트를 작성했다.

업무명	현재 상황	디액션	
오전 회의	전원, 매일 오전 9시	**통합**	오전 회의/ 마감 회의 → 제거 주간 과제 회의로 통합
마감 회의	전원, 매일 저녁 4		
주간 과제 회의	전원, 매주 화/목 10시		
주간 보고 작성	리더, 매주 1회 작성	**축소**	매주 1회 → 격주 1회로 축소
근태 보고	전원, 매일 오전/근태 변동 발생 시	**제거**	근태 보고 → 제거 ※ 단, 10시 이후 출근 시, 건강 이상 시에는 인폼
부서원 면담	전원, 평가 전/후 또는 신청시 면담	**통합**	원온원으로 통합
원온원	전원, 격주 1회		
경쟁사 벤치마킹 모듈 개발	총 4명 경쟁사 제품 분석 및 벤치마킹 모듈 개발	**제거**	경쟁사 제품 분석 업무를 분석팀으로 이관
제품 고객 평가	MVP 제품 리비전별 고객 평가	**제거**	고객 서비스팀으로 업무 이관

2. 무엇에 반응하는가?(What to React?)

모니카 강은 《새로운 생각은 어떻게 나를 바꾸는가》에서 1975년 1월 24일에 쾰른 오페라하우스의 재즈 콘서트에서 일어난 이야기를 소개했다. 이날 연주자였던 재즈 피아니스트 키스 재럿은 오페라하우스에 도착하자마자 크게 놀랐다. 공연을 해야 하는 피아노가 조율도 제대로 되지 않아 음정이 맞지 않았다. 또한 피아노 서스테인 페달도 제대로 작동하지 않았다. 약속된 공연 시간까지 시간이 얼마 남지 않아 다른 피아노로 대체하는 것이 불가능했다. 설상가상으로 허리 통증이 재발했고 장시간 투어 공연 및 불면증으로 인한 만성 피로로 인해 공연을 할 수 있는 컨디션이 아니었다. 키스 재럿은 공연 취소를 하고 싶었다.. 하지만 공연을 그대로 감행해야 했다. 이 공연의 결과는 어땠을까? 키스 재럿의 쾰른 재즈 콘서트는 재즈 역사상 가장 많이 팔린 앨범이 되었다. 무려 400만 장 이상의 앨범이 판매되었다.[20]

최악의 상황에서 키스 재럿은 할 수 있는 최선의 조치들을 내렸다. 도저히 맞지 않는 고음부 음정에 대해 고음을 피하기로 했고 가능한 중간 톤의 음들을 사용하기로 했다. 그 결과 의도치 않게 전체적인 사운드의 톤이 부드러워지는 현상이 나타났다. 서스테인 페달도 작동이 되지 않아 공명 효과가 나오지 않은 상황에 대해 반복적인 베이스 리프 기법을 활용했다. 이를 위해 키스 재럿은 자리에서 벌떡 일어나 온몸으로 건반의 이쪽저쪽을 찍어 힘 있게 누르듯 연주했다. 아무것도 모르는 관객들은 신들린 듯 역동적으로 연주하는 그의 모습에 완전히 빠져들었다. 고장 난 피아노가 역사상 가장 훌륭한 연주를 선보이는 순간이었다. 키스 재럿의 이야기에서 볼 수 있듯이, 최악의 문제를 만나도 잘 리액션하면 최고의 결과를 만들어낼 수 있다.

여러 사람들과 같이 협업해야 하는 환경에서는 예측할 수 없는 다양한 이슈, 문제, 요청 사항이 발생한다. 이러한 문제에 효과적으로 리액션할 줄 안다면 당신은 크게 인정 받을 수 있는 성과를 거둘 수 있다. 그렇다면 우리는 어떻게 효과적으로 리액션해야 하는가? 우리는 이미 답을 알고 있다. 바로 본질주의 질문 패턴을 활용하는 것이다. 본질주의 질문 패턴을 활용하면, 어떤 상황에서도 효과적으로 리액션할 수 있다.

먼저 무엇이 문제인가를 정확하게 파악하라. 고등학교 3학년 때 담임 선생님은 학생들에게 이렇게 말했다. 이 말은 나에게 너무나도 인상적이었다. "내가 볼 때 너희들이 잘 아는 문제, 틀리지 말아야 할 문제를 자꾸 틀리는 것 같은데, 이것 너희들이 조급한 마음에 문제 지문을 잘 안 읽어서 그래! 봐봐! 문제 지문에 이렇게 단서들이 많은데 이걸 왜 틀리냐? 문제 속에 답이 있으니 명심해!" 문내답존 (問內答存)! 문제 속에 답이 있다. 따라서 어떤 문제에 직면할 때, 문제의 현상을 정확히 파악하면 문제를 제대로 해결할 수 있다. 정말이다! 앞서 말했듯 나는 수백 개의 반도체 공정 과정에서 일어나는 수율/품질 불량을 개선하는 일을 한다. 불량 하나가 발생하면 나와 내 부서가 가장 먼저 파악하는 것은 그 불량에 대해 존재하는 모든 현상들이다. 불량의 발생 시기, 불량의 수준, 불량 발생률, 수율/품질 영향성, 불량의 모양, 불량의 위치, 불량의 성분, 불량의 반복성, 불량 발생 혐의 공정 및 변경 등등 우리는 불량에 대해 구할 수 있는 모든 데이터를 분석한다. 왜냐하면 불량에 대한 정확한 현상 파악이 확실한 불량 개선을 이끌어낸다고 믿기 때문이다.

　문제의 현상 파악이 명확해지면, 이를 기반으로 문제의 원인을 정확하게 파악하고 효과적인 해결 방법을 수립할 수 있다. 여기서 내가 딱 한 가지 강조하고 싶은 것은 '왜?' 질문을 통해 문제의 본질을 파악하는 것이다. 문제 해결은 크게 두 가지 종류가 있다. 하나는 퀵 픽스(Quick Fix)이고 다른 하나는 원류 개선이다. 집단 내 문제가 파악된 이상, 문제를 신속하게 해결해야 한다. 그런데 문제 해결 납기가 촉박한 경우 또는 해결해야 할 문제의 수가 많아 바쁜 경우, 집단은 급한 마음에 '왜?'를 먼저 묻기보다 '어떻게?'를 묻는다. 정확히 문제가 발생한 원인은 잘 모르지만 퀵 픽스를 통해 문제가 추가 발생하지 않도록 임시적으로 막는 것이다. 퀵 픽스는 임시방편일 뿐이다. 근본적인 원인을 모르기 때문에 추후에 언제든 알 수 없는 이유로 동일한 문제의 현상이 나타날 수 있다. 따라서 '왜?'를 통해 문제의 참 원인을 반드시 파악하라. 그리고 '어떻게?'를 통해 참 원인에 대한 근원 대책을 세워라. 모두 답을 하고 나면, '무엇을?' 해야 할지 명확해진다. 이제 남은 것은 그 무엇을 행동으로 옮기는 액션이며, 이를 위해서 누가, 언제까지 그 무엇을 해야 할 것인지를 항상 명확하게 정의하라.

　두 농부가 강가에 살고 있었다. 둘은 각각 강의 왼쪽과 오른쪽 둔덕을 일구어 똑같이 콩밭을 만들었다. 두 농부는 모두 여름 내내 땀과 정성을 기울여 콩을 키웠다. 그런데 가을 수확할 때가 되자 갑자기 태풍으로 인해 강물이 범람했다. 그런데 하필 왼쪽 둔덕 쪽 콩밭만 강물에 완전히 잠겼고 오른쪽은 전혀 피해를 입지 않았다. 이 수해로 인해 왼쪽 콩밭을 일군 농부는 한 해 농사를 완전히 망쳤고 눈물을 펑펑 흘리며 하늘을 원망했다. 반면 오른쪽 콩밭을 일군 농부는 원하는 만큼의 콩을 수확했고 여름 내내 힘들게 일한 노력의 대가라며 크게 기뻐했다. 그렇게 한 농부는 운명을 탓했고, 다른 농부는 자신의 노력에 공을 돌렸다.

오래지 않아 왼쪽 콩밭의 농부는 더 이상 운명을 탓하지 않기로 마음먹었다. "하늘을 원망한다고 내년 농사가 잘 된다는 법은 없다. 강물의 범람에 대비하지 않은 내가 잘못했다!" 그는 외쳤다. 그는 문제의 현상을 냉정하게 바라보기 시작했다. 왼쪽 콩밭과 오른쪽 콩밭의 환경은 거의 동일했다. 일조량, 강수량도 똑같았다. 실제로 수확 직전 콩의 예상 재배량도 거의 같았다. 한 가지 차이가 나는 것은 왼쪽 콩밭 지대가 오른쪽 콩밭 지대보다 얕았다는 것이었다. 농부는 지대가 얕아 강물이 범람할 때 쉽게 침수되었던 것이 원인이라고 파악했다. 그래서 농부는 강물이 범람할 때의 최고 수위를 조사했고, 최고 수위보다 1미터 더 높은 안전 지대에 콩밭을 다시 일구었다. 그 다음해 봄, 농부는 다시 콩을 파종했고, 여름에 정성을 다해 콩밭을 관리했다. 가을이 되자 매우 더 강한 태풍이 왔고 강물이 더 크게 범람했다. 하지만 왼쪽 콩밭의 농부는 안전한 고지대에 콩밭을 만들었기 때문에 전혀 피해를 입지 않았고 기대하던 콩을 많이 수확했다. 반면 전혀 대비를 하지 않은 오른쪽 콩밭의 농부는 큰 피해를 입었다.

3. 어떻게 아웃액션하는가?(How to Outact?)

아웃액션은 평범한 기준을 거부하는 열정적인 액션이다. 세계적인 디자인 회사 IDEO의 대표 팀 브라운은 이렇게 말했다. "기존과 똑같은 방법으로 혁신적인 결과와 성과를 낸다는 것은 미친 짓이다!" 기존과 차별화되지 않은 기준, 예측가능한 기준, 누구나 해낼 수 있는 평범한 기준으로 일을 한다면, 기존과 차별화되지 않은 결과, 예측가능한 결과, 우리가 아니어도 누구나 해낼 수 있는 결과만을 얻을 뿐이다. 당신과 당신의 조직이 탁월함과 혁신을 경험하고자 한다면 반드시 거쳐야 하는 관문은 아웃액션이다.

아웃액션은 선택이다. 그런데 그 선택은 결코 쉽지 않다. 그 이유는 세 가지가 있다. 첫째, 평범한 기준을 거부하고 더 높은 기준을 가질 때, 불가피한 노력과 희생이 따르기 때문이다. 둘째, 조직이 잘되고 있으며 만족스럽게 느껴지는 상황에서 '자기부인'하고 더 높은 기준을 세우는 것이 불필요하다고 인식되기 때문이다. 셋째, 많은 사람들이 스스로 리더라고 생각하지 않으며 주어진 일, 시켜진 일에 리액션하는 것으로 충분하다고 생각하기 때문이다. 이러한 이유를 극복하고 아웃액션을 선택하는 것은 큰 용기가 필요하다. 그런데 분명한 것은 용기를 가지고 아웃액션을 선택한 자만이 비범한 결과를 경험할 수 있다는 것이다.

아웃액션을 비유하자면 마치 높이뛰기와 같다. 2014년 대한민국 육상계에 혜성처럼 등장한 우상혁은 세계 주니어 육상 선수권 대회 높이뛰기에서 2m 24cm로 동메달을 땄다. 2016년 리우올림픽에서는 2m 26cm를 뛰었고 2017년 김천 전국 육상경기 선수 권 대회에서 2m 30cm를 뛰었다. 모두들 우상혁 선수가 한국 신기 록을 깰 것으로 기대했다. 하지만 2018년부터 우상혁 선수는 슬럼 프에 빠졌다. 그럼에도 우상혁 선수는 특유의 자신감과 긍정적 에 너지로 항상 외쳤다. "할 수 있다, 상혁아! 가즈아!" 우상혁 선수는 슬럼프를 극복하기 위해 자신의 최대 강점인 스피드를 극대화하고 자 했다. 스피드를 더 끌어올려 이를 수직 에너지로 전환시키겠다 는 전략이었다. 열심히 노력한 결과 우상혁 선수는 도쿄 올림픽에서 2m 35cm를 기록해 27년 만에 한국 신기록을 경신했고 4위를 했 다. 이는 대한민국 육상 종목 역사상 최고 기록이었다. 우상혁 선수 는 여기에 안주하지 않았다. 더 높은 목표를 위해 더 많이 노력했고, 2022년 세계 육상 선수권 대회에서 2m 36cm로 대한민국 최초 우 승을 차지했다.

사실 우상혁 선수는 어린 시절 겪은 교통 사고 후유증으로 오른 발 크기가 왼발보다 10cm가 작은 짝발이라는 약점을 가지고 있었 다. 그래서 다른 선수들보다도 더 열심히 균형 훈련을 해야 했다. 또 한 키가 188cm로 높이 뛰기 선수치고는 매우 작은 키라는 약점을 가지고 있었지만, 그는 스피드를 높여 얻은 에너지를 지면을 박차는 데 효과적으로 활용했다. 이와 같이 우상혁 선수는 끊임없이 더 높 은 목표를 정했다. 그리고 그는 약점을 보완했고 장점을 살리고자 노력했다. 바로 이것이 아웃액션이다.

4. 무엇을 선도하는가?(What to Proact?)

리액션이 이슈, 문제, 요청 사항들에 대한 적극적인 반응이라면, 프로액션은 긍정적인 변화를 위해 능동적으로 리액션을 요구하는 액션이다. 액션을 요구받는가 요구하는가가 리액션과 프로액션의 차이이다. 성공적인 리더십을 갖추기 위해서는 효과적인 리액션뿐만 아니라 능동적인 프로액션이 필요하다. 두 부서 Ace와 Best가 있다. 두 부서 모두 같은 일을 한다. 그리고 두 부서의 업무 강도 또한 거의 동일하다. 다만 차이점이 있다면 Ace부서의 사람들은 주어진 문제, 요청 사항에 대해 100% 리액션만을 취하고 있으며, Best부서 사람들은 80% 리액션과 함께 20% 프로액션을 취한다는 점이다. Best부서는 업무 시간 중 80%를 리액션 하는 데 쓰며 Ace부서 못지않게 바쁘게 일한다. 하지만 Best부서는 여기서 멈추지 않고 남은 20%의 시간에 자체 도전 목표를 이루고자 유관 부서들에 필요한 리액션을 요청했다. Ace부서와 Best부서 중 어느 조직이 더 동기부여가 될까? 어느 조직이 더 많은 성과와 혁신을 경험할 수 있을까? 어느 조직의 구성원들이 같은 시간 내에 더 많이 성장할 수 있을까? 답은 Best부서이다. 그 이유는 Best부서가 프로액션을 통해 리더십을 발휘했기 때문이다.

그동안 기업에서 일을 해오면서 나는 서로 다른 다양한 부서들을 오래 관찰해왔다. 강력했던 조직도 수년이 지나자 약해지는 것을 보았고 약했던 조직이 강력해지는 것을 보았다. 나는 궁금했다. "강력한 조직이 계속 강력해지려면, 약한 조직이 강력해지려면 무엇이 필요할까?" 오랜 관찰 끝에 내가 발견한 답은 바로 '프로액션'이다. 리액션만 하는 조직과 달리 프로액션을 하는 조직은 다음 세 가지가 다르다. 첫째, 리더십을 발휘한다. 앞서 리더십이란 경영 능력이며, 경영이란 방향을 정하고 방법을 찾아 행하는 것이라 말했다. 즉, 리더십은 방향을 정하고 방법을 찾아 행하는 능력이다. 프로액션을 하는 조직은 목표를 분명하게 정의해야 한다. 그래야 타 조직을 설득할 수 있기 때문이다. 또한 프로액션을 하는 조직은 목표를 이루기 위한 전략을 구체적으로 마련해야 한다. 그래야 타 조직에 요청할 리액션을 정확하게 정의내릴 수 있기 때문이다. 둘째, 적극적이다. 리액션과 프로액션을 주고받는 장소는 회의이다. 여기서 리액션만 하는 조직은 보통 회의 사전에 열심히 준비를 할 필요가 없다. 회의에 참여를 하지만 대개 수동적이다. 반면 프로액션을 하는 조직은 회의 사전에 정말로 적극적으로 준비를 해야 한다. "이번 데이터 분석에 오류는 없는가?" "우리 논리가 설득력이 있을까?" "요청 받은 조직은 어떻게 반응할까?" "회의 목표는 달성해야 할 목표와 얼마인이 되었는가?" "현재의 목표는 실현 가능한가?" "목표 달성을 위해 필요한 것은 무엇인가?" "예상 요청 사항은 미리 충분히 숙고되었는가?" "혹시 놓치고 있는 것은 없는가?" 이와 같이 프로액션을 효과적으로 하기 위해서는 생각하고 준비할 사항이 많다. 그 결과, 프로액션을 하는 조직의 구성원들은 리액션만 하는 조직의 구성원들 대비 더 많은 지식을 얻고 더 크게 성장할 가능성이 크다. 셋째, 협력을 잘한다. 협력(Collaboration)이란 양방 모두 책임과 권한을 가지고 목표를 향해 서로 힘을 모으는 개념이다. 프로액션을 하는 조직은 목표를 이루기 위해 그들이 할 수 있는 것과 할 수 없는 것을 명확히 분류한다. 그리고 그들이 할 수 없는 것들을 할 수 있는 조직과 함께 적극적으로 협력한다. 반면 리액션만 하는 조직은 협력보다는 주로 협조(Cooperation)를 한다. 즉, 문제를 책임을 지지 않는 선에서 상대방이 요청하는 것을 돕기만 한다.

어떻게 프로액션을 잘 할 수 있을까? 리액션과 마찬가지로 본질주의 질문 패턴을 활용하라. 리액션의 경우 무엇이? – 왜? – 어떻게? – 무엇을? 질문 패턴을 사용했다. 반면 프로액션의 경우 왜? – 어떻게? – 무엇을? 질문 패턴을 사용하라. 겉보기에 똑같은 것 같지만 다르다. 리액션을 위한 '왜?'는 '이유로서의 본질'을 의미하고, 프로액션을 위한 '왜?'는 '목적으로서의 본질'을 의미한다. 먼저 '왜?' 질문을 통해 프로액션을 위한 목표를 정확하게 정의하라. 목표는 'A(현재) → B(미래)' 공식을 활용하여 표현하라. 그리고 '어떻게?' 질문을 통해 목표를 달성할 실현가능한 전략을 수립한다. 마지막으로 '무엇을?' 질문을 통해서 구체적인 액션 플랜(누가?/ 언제까지?/ 무엇을?)을 수립하고 이를 실행에 옮겨라.

5. 무엇을 프로세스화하는가?(What to Enact?)

마지막 인액션(Enaction)은 긍정적인 변화를 지속가능하게 만들기 위해 프로세스를 구축하는 것이다. 조직은 리액션, 아웃액션, 프로액션을 통해 기존과는 차별화된 혁신을 만들어 내고는 한다. 그런

질문의 기술

데 그 혁신이 단발성으로 끝나고 지속가능하지 않은 경우가 종종 발생한다. 그 사유를 두고 혁신 업무 담당자가 다른 부서로 발령이 났다느니, 많은 리소스를 투입해야 해서 업무를 유지하는 것이 어렵다느니, 애초에 단기적으로 계획된 일이라 장기적인 검토가 되지 않았다는 말들이 오간다. 하지만 조직의 혁신 업무가 지속가능하지 않은 핵심 이유는 간단하다. 인액션이 없기 때문이다.

　다음은 김 과장의 이야기이다. 그는 자동차 회사에 다니며 신소재 개발 그룹에서 근무를 하며 그 중 자동차 섬유 소재 개발 파트에서 일한다. 김 과장은 신소재 공학 박사학위를 취득하자마자 취직했다. 섬유 소재 개발 업무가 자신의 전공과 관련되어 있기 때문에 그는 열정적이었다. 어느 날 김 과장은 논문을 읽다 아이디어를 떠올렸다. 그가 읽은 논문은 물에 전혀 젖지 않고 물방울들이 공처럼 구르거나 통통 튀는 특수 표면을 가진 연꽃잎에 관한 것이었다. 논문에서는 마이크로/나노 구조 위에 물을 싫어하는 식물성 기름이 잘 코팅이 되어 있으면 연꽃잎처럼 초발수성 코팅을 만들 수 있다고 소개했다. 이에 그는 안전성이 입증된 마이크로 구조를 가진 섬유 소재 위에 발수성 코팅을 입히면 자동차 업계 최초로 초발수성 섬유를 만들 수 있을 것이라 생각했다. 그의 아이디어에 파트장님과 부서 전체가 크게 고무되었고 이 아이디어는 그해 섬유 개발 파트의 핵심 연구로 지정되었다.

　여러 테스트를 한 결과 '섬유 소재 A'에 '유기 코팅 물질 B'를 입힐 때 초발수성이 나타났다. 물, 우유, 와인, 케찹을 떨어뜨려도 전혀 섬유가 젖지 않아 모두가 놀랐다. 섬유 소재 개발 파트는 이 결과를 잘 정리해 보고했고, 사내 논문상, 사업부상, 우수혁신상 등 그 해 상들을 싹쓸이했다. 김 과장은 그 공로로 2년이나 특진했다. 이후 어떻게 되었을까? 이 초발수성 특수 섬유 소재는 양산화되어 시중 차량에 적용되었을까? 결과는 처참했다. 보여주기식 신속 개발에 집중한 나머지 김 과장과 부서원들은 양산 프로세스화를 전혀 고려하지 않았다. 섬유 소재 A의 표면 위에 유기 코팅 물질 B를 균일하게 코팅하기 위해서는 섬유 소재 A의 전처리가 필요했다. 그런데 이 전처리 시간이 너무 길고 비용이 매우 커서 양산성이 없다는 결론이 나왔다. 더 큰 문제는 유기 코팅 물질 B를 입힌 뒤 인화성 품질 테스트를 한 결과 인화성이 더 높아진다는 결과가 나왔다. 결국, 김 과장을 중심으로 한 특수 초발수성 섬유 프로젝트는 그다음 해에 드랍되었다. 김 과장의 이야기에서 볼 수 있듯이 프로세스화 되지 않은 혁신은 단발성으로 끝나므로 지속 가능하지 않다.

나는 조직이 개인보다 강력한 힘을 발휘하는 이유가 개인이 없어도 업무가 굴러가고 관리되는 것이라고 생각한다. 한때 나는 이런 생각을 했다. "내가 없는데 업무가 제대로 돌아갈까?" 신기하게도 잘만 돌아갔다. 오히려 내가 없을 때 더 좋은 성과가 나타나기도 했다. 많은 사람들이 이와 동일한 경험을 한다. "굳이 내가 없어도 조직이 잘 굴러가는데 내가 꼭 필요할까?" 하면서 부정적으로 반응하는 사람들도 있다. 그런데 이것은 관점만 바꾸면 지극히 정상이며 정말로 긍정적인 현상이다. 특정 개인이 없어도 업무 전체가 제대로 굴러가는 이유는 업무 프로세스를 잘 구축했기 때문이다. 이를 개인의 입장에서 본다면, 자신이 열심히 노력해서 만든 혁신 업무가 인액션되어 조직 전체의 업무가 된 것이고, 조직의 입장에서 본다면 조직이 성장하여 업무 R&R(역할과 책임)이 확장된 것이다. 실무 현장 속 리더들 사이에서는 이런 말들이 있다. "만약 당신이 없을 때 조직이 잘 굴러간다면 그것은 당신이 정말 일을 잘 하고 있다는 증거이다!"

놀라운 실행력을 위한 질문

아무리 목표와 전략이 분명해도, 아무리 지적 수준이 뛰어나더라도, 실행력이 부족하면 성공할 수 없다. 수많은 사람들이 실패를 경험하는 이유, 머리가 좋고 아는 것도 풍부한데 별다른 성과를 이루지 못하는 가장 큰 이유 중의 하나는 생각만 하고 '액션' 하지 않기 때문이다. 생각과 말만으로는 이루어지지 않는다. 당신이 원하는 것을 얻기 위해서는 지금 당장 '액션'하라.

액션은 전염된다. 조직에서 한 사람의 액션은 그 사람에서 끝나지 않는다. 물결이 퍼지듯 다른 사람들에게 영향력을 끼친다. 한 사람의 진취적인 액션을 통해 좋은 성공 스토리가 만들어지면, 이는 금세 다른 사람들의 사기와 의욕을 불러일으킨다. 그리고 진취적인 액션을 취하는 사람들이 한 사람에서 두 사람으로, 두 사람에서 네 사람으로, 네 사람에서 여덟 사람으로 많아진다. 그 반대도 성립한다. 만약 한 사람의 부정적인 액션을 통해 멋지지 않은 스토리가 만들어지면, 이는 금새 다른 사람들의 사기와 의욕을 꺾는다.

'액션(action)'이란 말이 들어가는 단어들을 조사해보면 크게 다섯 개가 있다. 첫 번째, 디액션(Deaction)은 무엇인가를 비활성시키거나 제거를 시키는 액션이다. 두 번째, 리액션(Reaction)은 어떤 외부의 작용, 이슈, 문제에 대해 반응하는 액션이다. 세 번째, 아웃액션(Outaction)은 평범한 기준을 거부하는 열정적인 액션이다. 네 번째, 프로액션(Proaction)은 리액션과 달리 긍정적인 변화를 위해 능동적으로 리액션을 요구하는 액션이다. 마지막 다섯 번째, 인액션(Enaction)은 사전적으로 긍정적인 변화를 지속가능하게 만들기 위해 업무 프로세스를 구축하는 액션이다. 각 앞 글자를 따서 나는 다섯 가지 액션을 '드랍(DROPE)'이라고 부른다.

이제 당신의 삶에서 놀라운 액션을 실천할 시간이다. 다음 질문과 제안을 스스로에게 또는 스터디 그룹에서 던지고 토의해보길 바란다.

1. 당신이 디액션해야 할 것은 무엇인가? 제거, 축소, 통합할 리스트를 작성하라. 그리고 그것을 누가 언제까지 해야 할지를 작성해보자.

2. 당신이 리액션하고 있는 것은 무엇인가? 그 대상은 왜 발생했고, 어떻게 해결할 수 있고, 무엇을 해야 하는가?

3. 당신이 아웃액션 해야 할 것 세 가지는 무엇인가? 기억하자. 기존과 똑같은 수준으로는 혁신적인 결과와 성과를 만들어 낼 수 없다.

4. 당신이 프로액션을 해야 할 것을 무엇인가? 그 목표는 무엇인가? 어떻게 그 목표를 달성하겠는가?

5. 당신이 인액션을 해야 할 것은 무엇인가? 훌륭한 성과가 지속 가능할 수 있도록 업무 프로세스를 구축해보자.

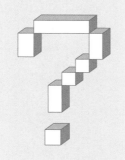

PATTERN II

5 실존

앞에서 인간은 본질, 즉 삶의 이유와 목적을 추구하는 존재라 말했다. 그런데 인간이라는 존재와 본질을 논할 때, 꼭 생각해 봐야 할 질문이 있다. "인간이라는 존재가 우선일까? 목적이라는 본질이 우선일까?" 이는 마치 닭이 먼저냐 달걀이 먼저냐의 문제처럼 보인다. 당신이 우선순위에 두는 일은 나머지 일들보다 더 중요하다. 마찬가지로 존재와 본질 중 무엇이 선행하는가의 문제는 둘 중에 무엇이 더 중요한가를 말해준다. 당신은 무엇이 먼저라고 생각하는가?

나는 오랫동안 본질이 존재에 앞선다는 생각을 하며 살아왔다.[*] 모든 것은 본질이 존재하기에 존재할 수 있다고 생각했다. 이렇게 생각한 데에는 나의 출신과 교육 배경이 크게 기여를 했다. 나는 기독교 집안에서 태어났다. 나는 나 자신이 하나님의 특별한 목적을 가지고 이 세상에 태어났고 그래서 내가 특별하다고 들었다. 나는 이것을 믿었다. 나는 내가 태어 나기도 전에 이미 존재했던 목적 즉, 하나님의 뜻을 위해 나의 인생을 바쳐 살아야 한다고 생각했다. 그래서 나는 인생의 중요한 순간 마다, "이것이 하나님의 뜻인가?"를 묻곤 했다. 또한 유현준 교수가 그의 책《어디에 살 것인가》에서 언급한 바, 마치 교도소를 연상시키는 교육 공간 속에서 나는 본질주의적으로 생각할 수밖에 없었다. 초등학교 시절, 나는 축구부 기숙생활을 했다. 그 안에서 나는 코치님이 말한 목표를 달성하고자 열심히 훈련했다. 나는 나의 존재보다 팀이 더 중요하다고 믿었다. 목표를 달성하지 못했을 때 받게 되는 코치님의 체벌은 당연하다고 생각했다. 내가 축구를 그만두고 중학교에 진학하면서, 나는 성공할 수 있는 길이 오직 공부 밖에 없다고 생각했다. 좋은 성적을 받겠다는 목표를 위해 나는 내가 즐기고 싶은 것들을 대부분 포기했다. 나는 괴로움을 참아내며 공부를 했다. 이는 나뿐만 아니라 내 주변의 수많은 친구들이 살았던 방식이었다. 우리에겐 우리의 존재보다 공

---

[*] 지금 나는 한 가지에 편향되어 있지 않다. 본질이 존재에 선행하면서 동시에 존재는 본질에 선행한다고 생각한다. 나는 둘 다 중요하다고 생각하며 살아간다.

부가 중요했다. 우리는 공부가 우리의 존재를 특별하게 만들어 준다고 믿었다.

본질을 향한 집착 그리고 폐해

영화 〈매트릭스〉를 정말 여러 번 보았는데 영화를 보면 볼수록 나는 주인공 네오보다 네오를 가로막는 요원 스미스에게 더 큰 매력을 느끼게 되었다. 영화 속 그 누구보다도 자신의 목적에 충실하고자 열심히 노력해나가는 스미스의 모습 속에서 나는 묘한 동질감을 느꼈다. 요원 스미스는 이렇게 말한다. "이유나 목적은 부정할 수가 없지. 우린 목적 없이는 존재할 수 없으니까. 목적이 우릴 창조했고 우릴 연결하고 우릴 끌어주고 인도하고 조종한다. 목적이 우릴 정의하고 결속시킨다. 우린 너(네오) 때문에 존재해. 네가 우리에게 뺏으려던 걸 우리가 뺏기 위해!"[21]

이름 없이 성으로만 불리는 요원 스미스는 매트릭스에서 발생하는 각종 버그를 삭제하거나 구원자, 각성자들의 존재를 제거하기 위해 만들어진 프로그램이었다. 비유하자면 V3 백신 프로그램과 같다고 말할 수 있겠다. 그런데 그는 네오와 싸우면 싸울수록 자신의 본질에 더욱더 집착하게 되었다. 결국 그는 각성해서 네오는 물론 매트릭스 세계 전체의 모든 것들을 소유하고, 컨트롤하고, 파괴하는 존재가 되어 버렸다. 그는 매트릭스의 모든 사람들에게 자신의 코드를 덧입혔다. 그리고 그는 매트릭스 속에 자신과 동일한 본질을 가진 획일화된 존재만으로 가득 차게 만들었다. 매트릭스는 온통 스미스화된 전체주의적 세상으로 변질되었다. 나는 요원 스미스가 매트릭스를 파괴하는 과정과 모습이 우리 인류의 모습과 많이 닮아있는 것이 아닌가 생각했다. 우리 인간이 본질에 집착할 때 세상은 아름답지 않은 모습으로 변질되곤 했기 때문이었다. 이에 대해 가까운 곳에서 경험한 사례와 역사적인 사례 두 가지를 이야기하고 싶다.

먼저 카이스트 대학원 시절 내가 겪은 이야기가 있다. 2011년 카이스트의 모든 사람들은 매우 우울한 시기를 보냈다. 매달 연이어 사람들이 스스로 삶을 끊었다. 그 안에는 내가 평소 좋아했던 교수님이 포함되어 있어 나는 감정적으로 매우 힘들었다. 당시 임기 중인 서남표 카이스트 총장은 글로벌 일류 대학을 만들겠다는 목표를 향해 당시 파격적인 개혁을 실행했다. 대표적으로 100% 영어 강의 시행, 징벌적 수업료, 테뉴어심사제도 강화 정책이 있었다. 이중에서 학생들에게 악명 높았던 정책은 바로 징벌적 수업료 제도였다. 만약 학점이 3.0 이하인 학생들에게 0.01 점당 6만 원씩 2.0 미만일 경우 수업료를 최대 600만 원까지 부과했다. 또한 상대평가제도를 고려할 경우 본인의 능력과 관계없이 전체 학생의 30%는 무조건 수업료를 내야 했다. 당시 학부생이었고 나와 연애 중이었던 내 아내의 경우 전액 장학금을 받다가 200만 원 정도의 수업료를 내게 되어 고생한 적이 있었다. 지옥 같은 무한 경쟁 체제 속 학생들은 반발 했다. 하지만 그들의 외침은 글로벌 일류 대학 만들기라는 위대한 목표에 묻혀 버렸다. 중고등학생 시절 반에서 줄곧 일등을 해왔던 학생들은 본인의 잠재성을 인정받지 못했고 커다란 실패감을 맛보게 되었다. 그들 중 일부는 안타깝게도 자살을 선택했다.

역사적으로 가장 심각한 본질주의의 폐해는 바로 전쟁이다. 우리 인간은 본질에 집착할 때 수단과 방법을 가리지 않는데 그 중에 가장 파괴적인 형태가 바로 전쟁이었다. 전쟁의 본질은 패권 확보(그리스-페르시아 전쟁*, 포에니 전쟁**, 청일전쟁***), 세계 정복(알렉산더 대왕의 정복 전쟁****, 칭기즈칸의 정복 전쟁*****), 왕위계승권(백년전쟁******), 종교(30년 전쟁*******), 복합 요인(1차 세계 대전********, 2차 세계대

---

* 지중해 해상 패권을 놓고 그리스와 페르시아가 벌인 최초의 동서양 전쟁이라 말할 수 있다.

** BC 264, 지중해 패권을 두고 로마와 카르타고가 싸운 세 차례의 전쟁이다. 세 차례에 걸친 전쟁의 결과로 카르타고는 역사 속에서 사라졌다.

*** 아시아의 패권을 두고 1894년에서 1895년까지 청나라와 일본이 벌인 전쟁이다.

**** 마케도니아의 알렉산더 대왕의 연승으로 페르시아 제국은 멸망했고 헬레니즘 시대가 열리게 되었다. 지중해와 북아프리카, 중앙아시아를 먹은 알렉산더 대왕은 마음껏 인도까지 가서 전쟁을 벌였다. 하지만 안타깝게도 알렉산더 대왕은 말라리아에 걸려 33세의 나이로 요절했다.

***** 13세기 몽골은 전체 인구 100만 명 정도에 지나지 않았고, 기병대는 조랑말을 타고 전투했다. 하지만 1279년 몽골의 정복지는 3,320만 킬로미터로 로마가 400년에 걸쳐 정복했던 지역보다 더 넓었다. 몽골은 중국의 금나라를 정벌했고 페르시아 지역의 호라즘 제국을 정벌했고 이어 동유럽을 정벌해 초원길과 비단길을 장악했다.

****** 1337년~1453년까지 116년 동안 잉글랜드와 프랑스 사이에 벌어진 전쟁이다. 오랜 기간 이루어진 백년 전쟁은 봉건 귀족 세력을 약화시켰고 결국 국왕 중심의 중앙집권제로 구성된 근대 시대의 시작을 이끌어 냈다.

******* 1618~1648년까지 유럽에서 일어난 신교와 구교(신성로마제국) 간의 종교 전쟁이다. 1648년 신교도 국가가 전쟁을 승리했고 베스트펠렌 조약이 체결되었으며 근대 유럽의 주권 국가들이 탄생하게 되었다. 30년 전쟁 이후 종교의 자유와 인권을 보장하는 근대 사상의 틀이 형성되었다.

******** 제국주의 국가의 식민지 쟁탈 목적, 자본주의 체제 속 빈곤의 격차 기인 갈등을 애국주의로 해소하기 위한 목적, 동맹국가들간의 원조 목적 등 복합적인 원인이 모여 1차 세계 대전(1914~1918)이 일어났다.

전*) 등 다양했다. 그동안 일어난 전쟁 중 가장 많은 사상자를 낸 전쟁은 바로 1차, 2차 세계대전이었다. 1차 세계 대전 때에는 참호, 기관총, 독가스, 탱크, 곡사포, 유보트, 전투기, 폭격기와 같은 신무기, 신전술의 등장으로 정말로 참혹한 숫자의 사상자가 발생했다. 당시 전 세계 인구 4% 정도에 해당하는 6,500만 명이 1차 세계 대전에 참전했고, 대략 900만 명이 사망했고, 2,300만 명이 부상을 당했다. 이후 21년 만에 다시 일어난 2차 세계 대전은 지금까지 인류 역사상 최악이자 최대 규모의 전쟁으로 평가되는데, 군인과 민간인 포함하여 7,300만 명이 사망했다. 세계 인구 100명 중 4명의 사람이 전쟁 기간 중 죽은 것이었다.

탈본질과 실존주의의 등장

20세기 초 벌어진 1차, 2차 세계 대전은 유럽과 전세계 사람들의 마음에 참혹한 상처를 만들었다. 만약 당신이 그 시절의 지성인이었다면 어땠을까? 수많은 사람들이 조직적으로 살인 당하고, 학살당하는 일을 목격한 후 당신은 어떤 생각을 했을 것 같은가? 당시

---

* 1차 세계 대전 이후 파시즘적, 전체주의적 민족주의의 팽창, 반유대주의, 선발 후발 제국주의 국가간 경쟁(특히 일본의 경우), 베르사유 조약으로 인한 독일의 내부 고통, 대공황에 대한 극심한 세계 경제 위기와 히틀러의 등장 등 매우 복합적인 원인들이 모여 2차 세계 대전이 일어났다(1939~1945년).

의 사람들은 인간이라는 존재가 이성을 잃은 집단 앞에서 얼마나 보잘것없는 존재인지를 깨달았다. 또한 그들은 올바른 이성을 가지고 위대한 행동을 할 것이라 믿었던 인간이 광기의 집단을 창조하고 그것에 동조하는 모습을 보면서 인간 그 자체가 얼마나 비이성적이고 모순적인 존재인지를 깨달았다. 종교적, 도덕적 가치가 인간의 사회의 지켜줄 것이란 믿음은 산산조각 났다. 인간이 바른 이성을 가지고 사회를 긍정적으로 만들 것이란 믿음은 무너졌다.[22] 이러한 배경 속에서 어떠한 권위와 집단주의에 기대지 않은 자들, 어떠한 본질주의를 추종하지 않는 자들, 개인의 자유와 개인의 책임만을 강조하는 자들이 등장했다. 사람들은 그들을 실존주의자라고 불러주었다.

실존주의란 무엇인가? '실존주의'의 어원을 이해할 때 우리는 그 의미에 대해 쉽게 감을 잡을 수 있다. 실존주의를 영어로 하면 'EXISTentialism'이다. 이 말을 시작하는 단어 'EXIST(존재하다)'가 눈에 들어오지 않는가? 이에 우리는 실존주의가 '인간이 존재하는 것'과 관계가 있음을 알 수 있다. 그렇다면 존재한다는 것이란 어떤 의미일까? 'EXIST'라는 말을 두 개로 쪼개면 'EX'와 'IST'로 나뉘어 진다. 'EX'는 탈출이라는 뜻을 가지고 있고, 'IST'는 본질이라는 뜻을 가지고 있다. 따라서 존재한다는 것은 본질이라고 생각하는 것에서 탈출하는 것이다. 실존주의자는 보편, 본질의 틀에서 해방되어 진짜의 나를 발견하고 개별적 존재로서 자유롭게 살아가는 것을 말했다. 장 폴 사르트르는 실존주의에 대해 '존재가 본질보다 우선한다[*]'는 유명한 말을 남겼다.

사르트르는 대중 강연에서 자주 종이를 자르는 칼을 예로 들었다. 종이 자르는 칼은 공구 제작자가 미리 목적을 정해 놓은 사물이다. 그 칼이 존재하기 전에 종이를 자른다는 본질이 있었고, 공구 제작자는 그 본질을 따라 칼을 만든 것이다. 이처럼 우리가 사용하는 사물들은 대개 본질이 실존보다 앞선다. 사물이 본질(목적)을 따르지 않는다면, 즉 쓸모가 없어진다면 어떻게 될까? 그 사물은 버려지고 본질을 제대로 따르는 새로운 사물로 대체될 것이다(또는 고쳐져서 원래의 본질을 따를 수 있도록 만들어질 것이다). 그런데 사람을 대할 때에도 이렇게 사물을 대하듯 대할 수 있는 것인가? 쓸모없다고 사람을 폐기하거나 고쳐 쓸 수 있는 것인가? 절대로 그럴 수 없다. 지금 우리는 모든 인간의 존엄성을 믿으며, 인간은 고쳐 쓰는 대상이 아니라 교육을 통해 가르쳐서 인도해야 하는 대상임을 믿고 있다. 하지만 인류 역사의 오랜 기간 동안, 인간은 본질주의적으로 다뤄져 왔다. 사람들은 인간이 신에 의해 창조되었으며 신은 특별한 본질을 바탕으로 인간을 만들었다고 믿었다. 따라서 인간의 존재보다 본질이 중요하다고 여겨졌고, 경우에 따라서 그 특별한 본질에서 벗어난 사람들은 이단 또는 마녀로 몰려 화형당하기도 했다.[**] 또한 앞서 언

---

[*] 프랑스 원어로는 다음과 같다. L'existence précéde l'essence.

[**] 마녀(Witch)는 '약초학을 아는 사람'을 뜻하는 'Wicca'에서 유래된 말로 원래 '현명한 여자'를 뜻했다. 하지만 자연의 약초를 통해 사람들을 치료했던 마녀들은 가톨릭교회의 이단 심판이라는 이름하에 악마와 결탁하여 주술을 행하는 최악의 이단이 되었다. 12세기부터 17세기까지 이어진 마녀사냥으로 수십만 명의

질문의 기술

급한 1차 세계 대전의 경우 대부분의 전선에서 지옥의 참호전이 이어졌는데, 병사들은 흙바닥을 파고 그 안에 들어가 4년 동안 한여름과 한겨울을 보내야만 했다. 참호 밖으로는 나가지 못하고 그 안에서 자리를 지켜야 하는 병사들은 죽으면 즉시 다른 병사들로 대체되었다. 참호 속에는 온갖 배설물들과 죽은 병사의 시체들이 쌓여 마치 지옥의 모습을 연상시키게 했다.[23]

과연 인간의 존재보다 본질이 선행할까? 사르트르를 포함한 실존주의자들은 인간의 존재가 그 어떠한 본질에 우선한다고 주장했다. 그들은 인간이란 어떤 쓰임새, 목적, 본성, 운명 따위의 본질 없이 먼저 세상에 태어난 뒤(존재), 스스로 자신의 운명을 만들어 간다(본질)고 주장했다. 인간이란 존재는 미리 정해진 목적과 방향이 없으며, 자신을 대신해서 살아줄 다른 존재도 없다. 인생의 문제를 선택하고 결정할 수 있는 존재는 오직 자기 자신밖에 없으며, 이를 대신 결정해 줄 신이나 운명은 없다. 따라서 실존주의자는 '인간은 스스로 자신을 만들어 가는 존재이다*'라고 믿었다.

실존주의 철학에 있어 인간은 '아무것도 아닌 존재'로 이 현실 세계 안에 '내던져'졌다. 하지만 인간은 세계 속에서 자기 자신을 인식할 수 있고, 자유 의지를 통해 '아무것도 아닌 존재'에서 '그 어떠한 존재'로 변화할 수 있는 능력을 지녔다. 당신은 당신이 원한다

사람이 살해되었다. 《질문지능, 아이작유(유인성)/ 다연출판, 2017년 11월》을 참고했다.
* 이말을 두고 실존주의의 '제1 원칙'이라고 말한다.

면 작가가 되어 글을 쓸 수 있고, 생명공학에 큰 관심을 가지고 박사 학위 과정을 밟을 수 있다. 당신은 매주 작품을 연재하는 웹툰 작가가 될 수 있고 미술관에서 작품을 창의적으로 해설하는 큐레이터가 될 수 있다. 당신은 벤처 기업 투자가가 될 수 있고, 직접 개발한 앱으로 벤처 기업을 창업할 수 있다. 당신은 골프 선수가 되겠다 결심하여 매일 여덟 시간 훈련할 수 있고, 골프에 관한 모든 이야기를 다루는 골프 잡지의 편집장이 될 수 있다. 이 모든 것은 바로 당신의 선택에 달려 있다. 당신이 내린 선택과 그 선택으로 인한 삶의 내용과 결과에 책임을 지는 삶, 그것이 바로 실존주의자가 살아가는 모습이다.

실존주의자에게 자유는 숙명이다. 그 누구도 자유를 피하거나 거부할 수 없다. 좋든지 싫든지 간에 우리는 자유의지로 선택을 해야만하며 결과에 변명하지 않고 책임을 져야 한다. 이에 대해 실존주의자들은 '인간이란 자유라는 형벌에 처해져 있다'고까지 말한다. 때때로 그 자유의 형벌이 우리를 고독하고 불안하게 만들기도 하며, 때때로 그 형벌이 가혹해서 우리는 자유로부터의 도피를 꿈꾸기도 한다. 하지만 실존주의자는 자유가 운명이듯 자유로 인한 불안 또한 그들에게 피할 수 없는 운명이라고 여긴다. 오히려 실존주의자는 불안함이 자기 자신이 자유의지를 가진 참된 존재임을 자각하게 하고, 자신의 한계와 결함을 극복할 용기를 얻게 만드는 장치라고 생각한다. 이와 같이 실존주의자들은 치열한 낙관주의자이다.[24]

실존주의로 이끄는 물음표

앞서 본질주의 철학을 위한 질문으로 나는 거꾸로 육하원칙을 말했다. 그리고 나는 거꾸로 육하원칙 중에서 '왜?→어떻게?→무엇?'으로 연결된 세 가지 핵심 질문을 언급했다. 반면, 실존주의 철학의 질문은 정확히 그 반대이다. 탈본질을 통해 나라는 존재의 인식으로부터 철학하는 실존주의는 첫 질문으로 '왜?(본질)'가 아닌 '누가?(존재)'를 삼는다. '누가?'를 시작으로 '언제? – 어디서? – 무엇을? – 어떻게? – 왜?'의 순서로 질문을 던지고 사유를 즐기면 된다. 실존주의 철학의 질문은 우리가 육하원칙이라고 외우고 있는 순서와 동일하다. 나는 '거꾸로 육하원칙'과 구분하여 이를 '똑바로 육하원칙'이라고 부른다. 그리고 똑바로 육하원칙 중에서 실존주의 철학의 핵심 세 가지 질문은 '누가? → 무엇을? → 어떻게?'이다. 이를 자세히 알아보자.

1. 나는 누가 되고 싶은가?

지구상에 존재하는 존재 중 오직 인간만이 하는 고민이 있다. 그것은 실존하는 나는 누구이고 앞으로 어떤 사람이 되고 싶은가의 고민이다. 이 고민은 대개 "꿈이 뭐야?"라는 질문으로 눈앞에 다가온다. 하지만 이 고민은 우리나라 청소년들이 가장 싫어하고 부담스러워하는 고민 중 하나이다. 꿈이란 말만 나와도 갑자기 말문이 막히며 그 자리를 피하고 싶은 청소년들이 많다. 그리고 사실 이 현상은

다 큰 성인에게도 동일한 것 같다.

"나는 누가 되고 싶은가?"라는 질문을 사람들은 왜 부담스러워할까? 나는 자본주의라는 이름의 본질주의 속에서 우리가 어려서부터 좌절감을 느꼈기 때문이라고 생각한다. 자본주의는 자본이 원인이자 목적인 사회이다. 자본은 자본주의 시스템 속에서 수호 내지 숭배의 대상이다.* 우리는 생존하기 위해, 즐기기 위해, 성공하기 위해 돈을 축적하고 수호해야 하는 것을 어려서부터 배웠다. 나이가 들어 사회가 어떻게 돌아가는지 알면 알수록, 돈은 단순한 교환의 매개체를 넘어 더욱더 보고 싶고, 더욱더 만지고 싶고, 더욱더 가지고 싶은 존재가 된다. 그런데 문제는 누구나 그 존재를 원하는 대로 모실 수 없다는 것이다.

백지와 같이 순수한 아이는 성인이 되는 동안 끊임없이 어른들로부터 '해야 할 것'과 '하지 말아야 할 것'을 듣는다. 해야 할 것과 하지 말아야 할 것을 나누는 기준은 사람마다 다양하겠지만 가장 빈번하게 나타나는 기준은 바로 돈이다. 아이가 돈을 잘 벌지 못하는 쪽으로 가려고 하면 어른은 은근슬쩍 그 앞길을 가로막거나 내밀었던 도움의 손길을 다시 거둔다. 그리고는 사회가 요구하는, 어른이

---

* 신약성서 마태복음 6장 24절을 보면 돈이라는 것은 단순 교환의 매개체를 넘어 종교적 숭배의 존재로 비유됨을 알 수 있다. "아무도 두 주인을 섬길 수 없나니 이는 그가 이 주인을 미워하고 저 주인을 사랑하거나 혹은 이 주인을 떠받들고 저 주인을 업신여길 것이기 때문이라. 너희가 하나님과 맘몬을 겸하여 섬길 수 없느니라. 사회주의적 철학자들, 예를 들어, 게오르그 짐멜, 발터 벤야민과 같은 사람들은 자본주의는 세속화된 종교라고 말했다.

기대하는 방향으로 아이를 유인한다. 예를 들어 한 초등학생 아이가 있었다. 그의 꿈은 에버랜드 사육사가 되는 것이었다. 그런데 선생님은 에버랜드 사육사가 되겠다는 아이의 꿈에 관심과 응원을 보여주지 않았다. 오히려 "그게 정말 생각보다 힘든 일일 텐데. 커다란 짐승들 똥과 오줌 치워야 하고! 부자가 되기도 어려울 텐데…."라며 그 아이의 꿈을 밟았다. 결국 자신의 꿈이 멋지지 않고 현실성이 없다는 것을 깨달은 아이는 에버랜드 사육사가 되는 꿈을 포기했다. 그리고 장래희망란에 이렇게 적었다. '외교관'. 그 아이가 바로 나다. 자본주의의 냉혹한 현실 속에서 꿈을 타협한 사람에게 "비전을 가지세요! 꿈을 꾸세요! 당신의 꿈은 무엇입니까?"라고 묻는 것은 그 사람에게 엄청난 부담감을 지운다. 한때 나는 그런 부류의 말들을 정말로 싫다고 느끼곤 했다. 그런 질문이 나를 두 번 좌절시키는 것 같았기 때문이었다.

한편 교육부와 한국직업능력개발원은 매년 공동으로 초등생의 장래 희망을 조사한다고 한다. 2018년부터 지금까지 계속해서 최상위권(5위 이내)에 든 장래 희망은 바로 유튜브 크리에이터이다.[25] 그런데 나는 이 현상에 대해 이런 질문이 떠오른다. "만약 유튜브 광고 수익으로 돈을 많이 벌지 못했다면 그래도 아이들은 장래 희망으로 크리에이터를 적어냈을까?" 나는 그렇지 않았으리라 생각한다. 더 나아가 우리는 어려서부터 매년 장래 희망을 생활 기록부에 제출했다. 과연 그 장래 희망은 우리가 진짜 원하는 것이었을까? 아니면 강요되었던 것이었을까? 내 뜻이었을까? 아니면 타인의 뜻이었을까? 나를 위한 것이었을까? 아니면 자본을 위한 것이었을까?

　자본주의 시스템 속에서 우리가 놓치고 있는 질문이 하나 있다. 그 질문은 오직 인간만이 던질 수 있는 질문이며, 실존하는 존재로서 그리고(타인의 뜻을 위해 살아가는 노예가 아닌) 삶의 주인으로서 반드시 던지고 답을 해야 하는 질문이다. 그것은 "나는 누가 되고 싶은가?"이다. 이 질문은 의사, 변호사, 판사, 검사, 과학자와 같은 직업을 말하는 것이 아니다. 이 질문은 당신이라는 존재를 말하는 것이다. 이 질문에 답한 결과 당신은 어떤 존재가 되기로 선택했고 바로 그것이 그 이후 당신의 행동과 결정에 선행하는 원인이자 목적이 된다. 이 질문에 답한 결과, 당신은 다른 사람으로 대체 가능한 어느 한 사람이 아니라 대체 불가능한 특별한 존재가 된다. 이 질문에 답을 하는 방법은 매우 간단하다. "나는 ___이다."의 빈칸에 당신이 되고 싶은 존재를 써넣는 것이다. 단, 그 답을 내리는 자는 오직 당신뿐이어야 한다.

　앞서 머리말에서 언급한 경력직 채용 면접관 네 분의 임원 중 두 분과 함께 나는 입사 후 일 년 뒤 저녁 식사를 했다. 한 분이 나에게 물었다. "회사에서 어떤 목표를 가지고 있습니까?" 나는 그와 비슷한 질문에 대해서 이미 깊이 있게 고민해봤던 터라 이렇게 바로 답했다. "저는 경영자가 되고 싶습니다. 이 말은 제가 대표이사가 되겠다는 말이 아닙니다. 제가 작은 조직을 맡든지 큰 조직을 맡든지 저는 경영자의 마음으로 일할 것이고, 회사에서 제가 살아가는

데 필요한 모든 경영 원리를 배우고 싶습니다." 나는 이윤 창출과 실적이 최우선인 본질주의 시스템 속에서 '나는 경영자이다!'라는 실존주의적 답을 내렸다. 이후 회사 생활을 하며 항상 나 자신은 경영자이며 경영자로서의 행동을 선택한다고 생각했다. "남들보다 빨리 부장이 되어야지!" "기필코 임원이 되겠다!"는 생각에 난 관심이 없었다. 또한 나는 평가 결과에 대해서도 관심을 두지 않았다. 그저 나는 어떤 상황 속에서도 내가 누구인지를 잊지 않고자 했다. 내가 생각하는 경영이란 방향과 방법을 이끄는 것이고 그 일을 하는 사람이 바로 직급 무관, 담당 인원수 무관, 경영자이다. 나는 내게 맡겨진 조직 속에서 방향과 방법을 주도적으로 이끌었고 내게 맡겨지지 않은 조직에 대해서도 "나라면 어떤 방향으로 갔겠는가?" "나라면 어떤 방법을 택했겠는가?"를 물으며 경영을 훈련했다. 그 결과 회사는 나에게 단순 노동을 교환하여 돈을 버는 곳을 너머 내 인생 교육장으로 느껴졌다.

나는 __이다. 당신은 빈칸에 수만 가지의 가능성을 쓸 수 있다. 당신의 존재 속에 감춰진 무한한 가능성을 정의해보라.

"나는 축복받은 자이다." "나는 영혼의 부자이다." "나는 음악하는 예술가이다." "나는 창조적인 자이다." "나는 정직이다." "나는 강한 신념이다." "나는 긍정적인 자이다." "나는 열정가이다." "나는 재능꾼이다." "나는 리더이다." "나는 글로 세상을 만드는 자이다." "나는 무(無)이다." "나는 바위이다." "나는 아버지이다" "나는 은혜 입은 자이다"

당신이 적은 그대로 당신은 그 존재로 살게 될 것이다. 당신은 어떤 존재가 되기로 선택하겠는가?

2. 나는 무엇을 하고 싶은가?

'나는 누가 되고 싶은가?'에 대해 답을 내릴 수 있는 사람은 스스로 실존하는 존재이다. 그리고 실존하는 존재만이 실존주의의 두 번째 질문을 제대로 던지고 답을 할 수 있다. 그것은 "나는 무엇을 하고 싶은가?"이다.

나는 무엇을 하고 싶은가? 이 질문은 너무나도 당연하고 쉬운 질문으로 보인다. 하지만 결코 그렇지 않다. 이 질문은 생각보다 답을 하기 어렵다. 그리고 우리는 그것을 자주 묻지 않는 편이다. 왜냐하면 본질주의의 강한 영향권에서 우리는 보통 본질을 위해 '무엇을 해야 하는가?'만을 묻기 때문이다. 하나의 예로, 직장 조직의 공통의 목적을 위해 열심히 일해야 하는 사람은 이렇게 말한다. "오늘까지 과제 현황 임원 보고해야 해!" "내일 중요한 발표 준비가 있어 저는 못 갈 것 같습니다. 좀 야근해야 할 것 같아요!" "앗! 어제까지 유관 부서에게 우리 쪽 결과 인폼했었야 했는데! 아휴~ 미쳐버려!" 이와 같이 본질주의 속에서 우리는 주로 '무엇을 해야 하는가?'를 묻는다. 반면 자신의 실존을 정의한 사람, 자신이 어떤 존재인지를 아는 사람만이 '무엇을 하고 싶은가?'를 묻는다. 이런 점에서 두 번째 질문은 실존주의자의 특권이자 선물이라고 말할 수 있다.

당신이 현재 본질을 위해 사는지, 실존을 위해 사는지를 확인할 수 있는 방법이 있다. 시간을 정한 뒤 스스로 다음 두 가지 질문에 대해 각각 답을 해봐라. "나는 무엇을 해야 하는가?" "나는 무엇을 하고 싶은가?" 첫 번째 질문에 대한 답이 압도적으로 많다면 당신은 본질을 위해 살아가고 있는 것이다. 반면 두 번째 질문에 대한 답이 압도적으로 많다면 당신은 실존을 위해 살아가고 있는 것이다.

당신은 무엇을 하고 싶은가? 당신이 써내려 가는 그 무엇들은 모두 모두 중요하다. '무엇' 하나는 당신의 실존에 중요한 '의미' 하나가 되며, '무엇'과 '무엇'이 만나 의미의 확장이 이루어지고 이는 당신의 실존에 중요한 '개념(콘셉트)'으로 발전한다. 더 나아가 '개념'과 '개념'이 만나 당신이란 실존이 살아가는 세상이 만들어진다. 이를 간단히 정리하자면, 당신의 그 '무엇'은 결국 당신의 '세계'를 의미한다. '나는 무엇을 하고 싶은가?' 이 질문에 대한 대답과 그 대답을 내가 살아낸다는 것은 다른 누군가를 위한 삶을 살아가는 것이 아닌 실존하는 나를 위한 주체적인 삶의 살아간다는 것을 의미한다. 그리고 그 삶의 주인은 바로 나 자신이 된다.

3. 나는 어떻게 살아갈 것인가?

나는 내가 누구인지를 알았고 내가 무엇을 원하는지를 알았다. 그렇다면 실존하는 나는 이제 이 세상을 어떻게 살아갈 것인가? 이것이 실존주의자가 답해야 할 마지막 세 번째 질문이다. 이 질문은 실존주의자들이 자신의 인생에 대해 어떤 태도를 가지고 있는가와 밀접한 관련이 있다. 그동안 실존주의자들의 태도는 크게 세 가지가 있었다.

첫 번째는 남 탓하지 않는 것이다. 실존주의자는 자신의 자유 의지대로 선택하며 그 선택한 것은 곧 자신의 삶의 내용이 된다. 그 누구도 자신을 대신해서 삶의 선택을 해줄 수 없다. 신이나 미리 결정된 운명 같은 것은 없다. 당신의 삶은 오로지 실존하는 당신의 것이고 당신은 당신의 삶을 스스로 만들어 간다. 이에 대해 실존주의는 이렇게 말한다. "인간은 스스로 만들어 가는 존재이다!" 인간은 아무것도 아닌 존재로 이 세상에 내던져졌지만, 인간은 자신의 존재와 자신의 욕망을 깨닫고 자신이 정한 미래를 향해 나아간다.

권리가 있다면 그에 따른 책임이 있는 법이다. 마찬가지로 실존주의자는 자기실현을 위해 자신이 행사한 선택의 자유에 대해 책임을 진다. 내가 어떤 선택을 했는데 그로 인해 수반되는 모든 결과에 대해서 바로 내가 책임지는 것이다. 실존주의자는 남을 탓하지 않는다. 그는 신을 탓하지 않는다. 그는 운을 탓하지 않는다. 그는 부모, 어른들, 친구, 나라, 시스템, 전쟁, 사회의 부조리도 탓하지 않는다. 그는 그를 둘러싼 어떠한 주위 환경 탓을 하지 않는다. 그는 모든 것을 탓하지 않는다. 심지어 실존하는 자기 자신의 모든 선택과 그 모든 결과에 대해 탓을 하지 않는다. 오히려 그는 자기 자신의 운명을 사랑한다. 이와 같이 남 탓하지 않을 때, 철학자 프리드리히 니체가 말한 '운명애(아모르 파티, amor fati)'를 실현할 수 있다.

가수 김연자의 노래 '아모르 파티'의 내용처럼, 실존주의자는 삶 속에 일어나는 모든 것들을 탓하지 않고, 쓸쓸한 맛, 단맛, 짠맛, 신

질문의 기술

맛, 감칠맛을 다 받아들인다. 그는 어떠한 본질을 이루기 위해 살아가는 자가 아니고 그 본질에 의해 평가 받고 재단 받는 자가 아니다. 그저 그는 자기 자신으로 살아가는 실존주의자이다. 알베르 까뮈의 소설《이방인》*의 주인공 뫼르소처럼 말이다. 뫼르소는 돌아가신 어머니를 보내는 과정에서 전혀 슬픔의 기색을 보이지 않는다. 그는 시종일관 관조적인 태도만을 보일 뿐이다. 또한 그는 그의 여자친구 마리와 함께 시간을 보내며 깊은 육체적 관계를 갖는다. 여자친구는 그가 자기를 사랑하는지 묻지만, 그는 사랑이란 아무 의미 없는 것이고 여자친구가 원하는 결혼이란 형식 또한 아무 중요하지 않다고 말할 뿐이다. 마치 그는 사회보편적으로 공유되는 진리와 도덕과 아름다움의 본질과는 완전히 동떨어진 사람으로 보인다. 그는 철저하게 방랑하는 이방인이다. 요즘말로 말하자면 그는 '사회부적응 아웃사이더'이다. 하지만 그는 계속해서 살아간다. 그는 자신을 탓하지 않고, 어느 누구를 탓하지 않고, 사회의 부조리를 탓하지 않고 그저 살아가고 모든 결과를 받아들일 뿐이다.

그는 동네 사람 레몽과 엮이다 특별한 동기 없이 한 아랍 사람을 권총으로 쏴 죽인다. 이후 그가 왜 살인을 저질렀는지, 그를 어떻게 처벌할 것인지에 대해, 검사와 변호사, 배심원과 판사는 독단적

---

* 소설의 첫 문장은 "오늘 엄마가 죽었다. 아니, 어쩌면 어제인지도 모르겠다."로 시작된다. 나에게 정말 충격적인 문장이었다. 보통 어머니가 돌아가셨으면 마땅히 슬퍼하는 법이다. 하지만 그에게 이러한 도덕적 감정은 없어 보인다. 그는 늘 이런 관조적 태도를 보인다. 그리고 하루하루의 시간을 그때그때 의식의 흐름대로 보낸다. 《이방인, 알베르 까뮈/ 김주경 옮김, 반니 출판사, 2018. 08》

으로 판단하여 진행한다. 보편적 본질과 결이 맞지 않는 뫼르소는 법정 안에서 조차 철저한 이방인이다. 그는 비인간적이고, 소시오패스적인 과거의 행동, 태도로 말미암아 참수형 선고를 받는다. 하지만 그는 어떠한 탄원도 항소도 하지 않는다. 그는 자신의 삶의 운명을 받아들인다. 그는 사람들이 말하는 '왜?'라는 본질에 관심을 두지 않는다. 회개하라는 부속 사제의 끈질긴 권유를 그는 모두 거부한다. 오히려 그는 그 어느 때보다도 '나' 자신에 모든 감각과 의식을 집중시키며, 오로지 '나'로서 존재하기를 선택한다. 죽음에 가까이에 서게 되자, 그는 그 자신이 '전에도 옳았고 지금도 옳다'라는 것과 '전에도 행복했고 여전히 행복하다'라는 것을 깨닫는다. 사회에서 본질인 것, 하지만 뫼르소 관점에서 부조리인 것들 앞에서, 뫼르소는 조용하지만 철저한 반항을 해온 것이다. 그는 언제나 '이방인'이었지만 언제나 '자유인'이었다.

두 번째는 불안감을 인정하는 것이다. 오랫동안 나는 회사라는 환경 속에서 실존해왔다. 회사 근무 연수가 많아질수록 조직이 나에게 부여한 권한과 책임은 점점 더 커져갔다. 동시에 내 마음속에 한 가지 감정 또한 더욱더 자라났다. 그것은 바로 불안감이었다. 책임이 없었을 시절에 나는 스스로 조직의 의사결정을 할 필요가 없었다. 상급자가 중요한 의사 결정을 나 대신 해주었고 나는 그 결정을 따르면 되었다. 상급자가 결정한 일이었고 결국 상급자가 책임을 지는 일이었기에 나는 내가 수행한 일의 결과에 대해 크게 걱정하지 않았다. 하지만 시간이 지나 나는 스스로 조직의 주요 의사 결정을 내릴 위치에 서게 되었다. 내가 내린 결정으로 인해 나에게뿐만 아니라 나의 팀원들과 협업 부서들에게 어떠한 영향을 끼치게 될지 고민해야 했다. 그리고 나의 선택으로 인한 결과에 대해서 나 스스로 책임을 져야 했다. "이게 정말 최선인가?" "이 결정대로 되지 않으면 어쩌지?" "내가 말한 대로 적기에 일이 이루어지지 않으면 나와 협업 부서들에게 어떤 결과가 초래될까?" "혹시 타격을 입는 것은 아닐까?" "팀원들은 나의 결정에 진심으로 동의하고 일을 수행할 것인가?" "나의 결정에 오류와 실수가 있지는 않을까?" 책임이 많아진 만큼 나는 고민을 많이 해야 했다. 그리고 고민이 많아진 만큼 불안감 또한 깊어졌다.

나의 작은 경험에서 볼 수 있듯이, 책임이 있는 곳에는 필연 불안감이 수반 된다. 따라서 이 세상에 아무 것도 정해진 것 없이 던져진 실존주의자, 어떤 것이 옳고 좋은지 대신 결정해줄 존재 없이 홀로 선택하고 홀로 책임을 지는 실존주의자에게 불안감은 숙명과도 같다. 심지어 실존주의는 '인간이란 존재가 곧 불안'이라고도 말한다. 때로는 이 불안감은 우리에게 무겁고 버거운 것으로 찾아오기도 한다. 하지만 이 불안감은 우리를 공포에 빠뜨려 옴짝달싹 못하게 하고 우리가 어떠한 결정도 내리지 못하게 하는 나쁜 요소가 아니다. 오히려 불안감이 있기 때문에 우리는 다양한 가능성을 고민해보고 그 결과 최선이라 생각하는 선택을 과감히 할 수 있다.

덴마크의 철학자 키에르케고르는 실존의 불안을 '아브라함의 불안'이라고 불렀다. 성경의 창세기 22장에는 유대인 민족의 아버지라 불리는 아브라함의 이야기가 나온다.

어느 날이었다. 유대인의 신 여호와는 아브라함에게 단 하나뿐인 아들 이삭을 제사의 제물로 바치라는 말을 던졌다. 다음날 아침 일찍 아브라함은 그의 외아들을 데리고 제사를 하러 길을 떠났다. 그 아들은 길을 가던 중 아버지에게 도대체 제사에 바칠 양은 어디에 있냐고 물었다. 그러자 아브라함은 "신께서 알아서 준비하실 거다."라고 말하며 아들과 함께 가던 길을 계속 갔다. 결국 아브라함은 아들을 결박하고 칼을 들어 아들을 죽이려 했다. 그 때 신의 천사가 나타나 아브라함을 말렸다. 그는 가장 아끼는 것을 신에게 내어준 아브라함의 믿음을 칭찬하며, 아브라함과 그의 후손들에게 큰 복을 주겠다 약속했다.

여기서 키에르케고르는 "만약 당신이 아브라함이었다면 어땠을까?"를 묻는다. 신의 요구를 들은 그 순간부터 아들에게 칼을 겨눌 때까지 전전긍긍 갖가지 고민하며 괴로워하지는 않았을까? 과연 자신에게 메시지를 던진 자가 정말 자신이 믿고 있는 신이 맞는가? 혹시 악마는 아닐까? 좋은 신이라면 어찌 하나뿐인 아들을 바치라고 할 수 있단 말인가? 아니면 이 모든 것이 자신의 망상인 것은 아닐까? 진짜 내가 아들을 바치려 한다면 신은 정말 가만히 있을 것인가? 등등 아브라함은 모든 가능성을 고민하며 불안에 빠졌을 것이다. 키에르케고르는 말했다. 결국 그 불안 속에서 최종 선택을 하는 자는 바로 아브라함이었다고 말이다. 우리 실존하는 인간은 자유로운 만큼 불안감을 느끼는 존재이다. 따라서 실존주의는 불안감을 있는 그대로 인정하라고, 불안에서 벗어나고자 자유로부터 도피하면 안 된다고 우리에게 말한다.[26]

마지막 세 번째는 적극적으로 참여하는 것이다. 이를 '참여(engagement)'를 의미하는 프랑스어로 앙가주망이라 부른다. 사르트르는 우리가 세상에 던져진 후 스스로 인생의 문제를 결정하는 것처럼 실존적 자유를 토대로 자기 자신을 사회 속에 던지고 사회의 문제에 적극적으로 '앙가주망'하라고 주장했다. 앙가주망을 통해 우리가 세상을 조금씩 바꾸고 이를 통해 우리의 자유와 선택의 폭을 확장시키는 것이다.

2011년 프랑스 소설가 알렉시 제니는 마흔여덟의 나이로 그의 첫 소설《프랑스식 전쟁술(L' Art français de la guerre)》을 출간했다. 당시 그는 리옹의 예수회 재단이 운영하는 고등학교 생물 교사였다. 하지만 그는 분필을 던졌다. 그는 프랑스에서 쉬쉬대고 있었던 알제리 독립 전쟁에서 행해진 프랑스 군의 야만적 만행을 소설 속에서 고발했다. 세계 대전을 정산하려는 순간 프랑스는 역사의 한 자리를 잡기 위해 총체적인 학살을 저질렀다. 하지만 프랑스는 침묵을 택했다. 알렉시 제니는 식민주의로 인한 타락과 결과에 대한 침묵이 프랑스를 숨 막히게 하고 프랑스의 언어를 좀먹고 프랑스의 정신을 죽이고 있다고 생각했다. 알제리에는 흑인인 프랑스인, 아랍인인 프랑스인, 황인종인 프랑스인이라 불리는 사람들이 살았다. 그들은 2차 세계 대전 중 독일군을 상대로 프랑스인의 붉은 피를 흘렸다. 하지만 프랑스에서 '우리'는 무엇보다 먼저 백인종이었고, 그리스 라틴 문화와 기독교를 믿는 프랑스인들뿐이었다.[27] 알제리 사람들이 그들의 가슴에서 알제리 국기를 꺼내자 영혼 없는 프랑스식 전쟁 기계들은 그들을 무자비하게 탄압했고 100만 명의 알제리인들이 죽었다.

알렉시 제니는 그 참혹성을 주인공 빅토리앵 살라뇽을 통해 생생하게 묘사했다. "피는 알제의 기울어진 거리로 폭포처럼 흘러내려갔고, 분출하는 피들은 바다로 쏟아져 들어가 부패한 수면을 만들었다. 아침에 해가 뜨면 바다는 붉은색이 되었다."[28] "병원에서는 밤낮으로 총격당한 사람들, 칼에 찔린 사람들, 폭발로 인해 화상 입은 사람들이 오고, 복도에는 무장 경찰들이 항시 대기 하고, 병실 앞에는 기관총을 쏘고, 목을 자르고, 부상병들을 죽이고 있어." "사람들을 향해 총을 쏴대고 사람들은 자기 집 창 앞에서 지나가다 죽어. 누가 총을 쏘는지도 몰라. 그들은 심지어 누구를 향해 총을 쏘는지도 몰라. 그들은 얼굴을 보고 총을 쏴."[29] 그렇게 그는 프랑스인들이 기억하고 싶지 않은 기억을 되살렸다. 전쟁 없이 평화의 시기를 보내며 안위하고만 있었던 프랑스인들에게 인종, 혈통, 종교 등 시간의 강물이 흐르면 희석되어버릴 차이로 사람들을 차별하고 폭행하는 짓이 얼마나 부조리한 것인가를 알렸다.

한편, 적극적인 참여인 앙가주망에 대해서 많은 사람들은 다음과 같은 오해들을 가지고 있다. "모난 돌이 정 맞는다.""너 한 사람이 나선다고 세상은 바뀌지 않는다!""왜 네가 그것을 해서 손해를 감수해야 하는가?" "그냥 모르는 척해라!" "우리 사회는 딱 중간만 하면 된다!" "너무 앞서 나가지도 너무 뒤처지지도 마라!" 이러한 인식은 우리로 하여금 앙가주망에 대해 불안과 두려움을 느끼게 만든다. 수많은 사람들이 앙가주망을 포기하고 언행불일치의 삶을 산다. 그런데 그렇다 하더라도 우리는 그들을 탓할 수는 없다.

또 한편, 많은 사람들은 자신이 능력 있는 지성인이 아니기 때문에 앙가주망을 할 필요가 없다고 생각한다. "나는 능력이 없다!" "나는 자격이 없다!" "그런 일은 특별한 사람들이나 하는 것이다!" "나는 특별하지 않은 평범한 사람일 뿐이다!" 하지만 이러한 태도는 실존주의자의 바른 태도가 아니다. 실존주의는 사람을 차별하지 않는다. 일 년에 천만 원을 버는 사람, 일억 원을 버는 사람, 십억 원을 버는 사람 모두 각자의 삶 속에 자유를 행사하고 영향을 끼칠 수 있는 실존자이다. 또한 실존주의는 앙가주망의 크기로 차별하지 않는다. 정치인이든 연예인이든, 사장이든 알바생이든, 교수든 학생이든, 회사원이든 자영업자이든 각자의 삶 속에 맞는 앙가주망을 실천하면 되는 것이다. 우리는 모두 실존하는 존재이다. 따라서 우리의 상황과 분수에 맞게 작은 앙가주망들을 실천하며 더 좋은 삶을 만들어 보자. 어쩌면 이미 우리는 그러한 작은 앙가주망을 통해 지금의 모습으로 존재하고 있는지도 모른다.

실존주의로 이끄는
질문

인간이라는 존재와 그 본질을 논할 때, 꼭 생각해 봐야 할 질문이 있다. "인간이라는 존재가 우선일까? 목적이라는 본질이 우선일까?" 실존주의는 인간이 존재가 어떠한 목적보다 먼저 있다고 말한다. 즉, 실존이 본질에 우선한다는 말이다.

20세기 초 벌어진 1차, 2차 세계 대전은 유럽과 전세계 사람들의 마음에 참혹한 상처를 만들었다. 올바른 이성을 가지고 위대한 행동을 할 것이라 믿었던 인간 그 자체가 얼마나 비이성적이고 모순적인 존재인지 드러났다. 종교적, 도덕적 가치가 인간 사회를 지켜줄 것이란 믿음은 산산조각 났다. 이러한 배경 속에서 어떠한 권위와 집단주의에 기대지 않은 자들, 어떠한 본질주의를 추종하지 않는

자들, 개인의 자유와 개인의 책임을 강조하는 자들이 등장했다. 사람들은 그들을 실존주의자라고 불렀다. 실존주의자들은 인생의 문제를 선택하고 결정할 수 있는 존재가 오직 자기 자신뿐이라고 믿었다. 즉 실존주의는 사람이 스스로 자기 자신을 만들어 가는 것을 의미한다.

이제 당신의 삶에서 실존주의를 적용하고 실천할 시간이다. 다음 질문과 제안을 스스로에게 또는 스터디 그룹에서 던지고 토의해 보길 바란다.

1. 당신은 누구인가? 어떤 존재가 되고 싶은가?

2. 당신은 무엇을 하고 싶은가?

3. 당신의 선택에 의한 결과에 대해 남 탓 하고 있는 것이 있는가? 그 결과의 원인을 당신 안에서 찾는다면 무엇인가?

4. 두려움과 불안 때문에 선택과 결정을 못한 적은 없었는가? 실존주의는 인간이란 존재가 곧 불안이라고 말하며 불안을 당연한 것으로 받아들이고 최선의 선택을 하라고 말한다. 지금 당신이 과감한 선택을 해야 할 것은 무엇인가?

5. 당신의 삶에서 작은 앙가주망을 할 수 있는 일은 무엇인가?

6 MZ세대와 실존

“세계의 역사는 다름 아닌
자유에 대한 의식의 존보에 있다.”
- 게오르크 빌헬름 프리드리히 헤겔

2020년대 이후부터 'MZ세대'라는 키워드가 전면에 등장하기 시작했다.《90년생이 온다》를 필두로 서점가에는 MZ세대와 관련된 수많은 책들이 공급되었다.

코로나 팬데믹 이후의 뉴노멀 시대*와 맞물리면서, MZ세대는 정치, 경제, 사회, 문화, 교육 등 전 영역에 새로운 질서, 새로운 코드로 인식되었다. MZ세대란 말은 밀레니얼 세대(M세대 = Y세대, 81~95년

---

* 사실 '뉴노멀'은 2008년 세계금융 위기 이후 즉, 전세계 경제 버블이 터진 이후의 새로운 시장 경제 질서를 뜻하는 말이었다. 그런데 코로나 19 사태로 인해 뉴노멀이란 용어가 다시 한번 전세계에 화두가 되었다. 그 이유는 코로나 팬데믹 상황 이후, 전 세계인들은 일상 생활을 넘어 정치와 경제, 사회와 문화, 과학기술과 예술, 교육 등 거의 전 영역에 걸쳐 질적으로 완전히 상이한 상황을 직면하고 있기 때문이다.

생)와 Z세대(95~04년생)의 합성어이다. 2020년을 기준으로 MZ세대는 정의상 10~30대의 세대를 가리킨다. 하지만 통상적으로 전문가들이 말하는 MZ세대는 20~30대의 젊은 청년들을 지칭한다.

과거에도 늘 20~30대 청년들은 존재했다. 베이비붐 청년들(55~63년생)은 어린 시절 전쟁 이후의 빈곤한 삶을 살았고, 청년 시절 경제적 급 성장기를 지냈다. 근면, 성실, 열심의 가치를 가지고 회사에 충성했고, 회사는 청년들과 청년들의 가정을 책임진다는 사회적 공감대가 있었다. 이후 86세대 청년들(80년대 학번, 60년대생)은 민주화 운동을 이끌었고, 대한민국 경제 성장의 주역으로 큰 성공을 경험했다. 그 결과 86세대 청년들은 노력을 통해 하지 못할 일이 없다는 가치관으로 미래 가치를 중요시했다.

이후 등장한 X세대 청년들(70년대생)은 좀 달랐다. 그들은 경제 성장기 끝무렵 사회에 진출하기 시작했고, IMF 경제 위기와 2008년 세계 금융 위기를 경험했다. 서태지와 아이들로 상징되는 X세대 청년들은 대한민국 최초의 개인주의 세대라 불렸다. 하지만 경제적 위기 속에서 불공정, 불합리한 대우를 참고 살아남아 위기를 극복했다.

이후 MZ세대의 시작을 알리는 밀레니얼 세대 청년들은 IMF로 인한 부모 세대의 실직을 똑똑히 보았다. 그리고 2008년 세계 금융 위기가 촉발한 취업난을 똑똑히 경험했다. 자녀 교육에 헌신한 베이비붐 세대의 자녀였기에, 대학 진학률이 높은 밀레니얼 청년들은 안정적인 인생을 꿈꾸었다. 그래서 어떤 세대보다도 더 열심히 공부해서 공무원, 전문직 등 안정된 직장을 잡으려는 강한 경향을 가졌다.

한편 밀레니얼 세대 청년들은 인터넷, 스마트폰, SNS로 대표되는 정보화 기술, 문화를 성공적으로 받아들였다. 이를 통해 그들은 취미, 취향을 기반으로 활발한 사회적 연대를 구축했고 개인의 자아실현과 자기만족을 극대화하고자 노력했다. 마지막 Z세대 청년들은 유년기부터 스마트폰을 능수능란하게 사용했고, 초연결사회의 디지털 원주민으로서 거침없이 자신의 목소리를 내고 있다. 관습에 저항하고 개성을 드러내며, 거침 없이 할 말 다하는 '펭수'처럼 말이다. 예를 들어 Z세대 청년들은 20대에 세월호 사건을 겪었고 기성 세대에 격렬히 저항하는 목소리를 냈다. 불확실한 미래, Z세대 청년들에게 가장 중요한 것은 바로 미래가 아닌 '현재'이며, 우리의 삶이 아닌 '나의 삶'이다.[30][31]

베이비붐 세대부터 MZ세대까지의 흐름을 철학적으로 볼 때, 한 가지 코드가 발견된다. 그것은 '본질에서 실존으로의 전환'이다. MZ세대에게는 왜라는 미래지향적 목적보다는 누가 되고 싶은가라는 개인의 의지와 선택이 중요하다. MZ세대는 무엇을 해야 하는가보다 무엇을 하고 싶은가가 더욱더 중요하다. 그들은 집단을 개인에 우선하지 않는다. 어떤 기성세대가 만든 조직과 시스템도 그들의 미래를 안전하게 책임져 주지 않는다는 것을 그들은 잘 알고 있다. 그들은 스스로 고민하고 스스로 선택하고 그 결과에 스스로 책임지는 실존적 자유를 행사하고자 노력한다.

〈대학내일〉의 조사에 따르면 MZ세대의 응답자 중 65.1%는 '대학을 가지 않아도 된다'고 답했고, 61.4%는 '결혼을 하지 않아도 된다'고 응답했다. 그리고 60.0%는 '출산을 하지 않아도 된다'고 답했다. MZ세대에게는 무언가 반드시 해야만 하는 그들을 구속시키는 본질 같은 것이 없다. 그들에게 삶은 자신의 선택일 뿐이다. 그들은 서로의 다름과 차이를 있는 그대로 인정하고, 서로 다른 사람들끼리 정상, 비정상으로 구분 짓거나 차별하지 않는다.[32] 《저 청소일 하는데요》의 작가 김예지는 27살에 회사를 그만두고 프리랜서 일러스트레이터로 살아가다 생계를 위해 청소 일을 하기 시작했다. 그녀는 "젊은이가 청소를 하네."와 같은 편견 섞인 말들과 시선을 받아야만 했다. 하지만 그녀는 자신을 독립적으로 만들어준 책임감, 스스로에게 자신감을 가져다준 성실함과 꾸준함을 가지고 참고 견디었다. 익숙하지 않고, 보편적이지 않은 길이지만 그녀는 그 길 위에서 생각보다 큰 행복과 만족감을 경험했다. 심지어 그녀는 정해진 길이 없는 것이 인생이며, 각자 조금씩 달라야 인생이 재밌는 것이 아닌가라고 묻는다. 정답이 없어 맞는지는 모르지만 자신의 방식으로 당당하게 살아가는 그녀의 모습에 수많은 MZ세대들이 크게 공감했다.

개인의 독립적 선택에 책임지고 노력하려는 MZ세대들에게 가장 중요한 키워드는 '공정성'이다. 그들은 불공정에 분노하는데 그 이유는 크게 두 가지이다. 첫째, 어떤 분야든 상향 평준화되어 있는 치열한 경쟁 속에서 불공정의 개입은 극복할 수 없는 차이를 만들어내기 때문이다. OECD 국가 중 대학 진학률 1등 국가는 대한민국이라고 한다. MZ세대는 그 이전 세대보다 더 많이 대학에 진학했고 더 많은 학문과 기술을 접했다. 그 결과 MZ세대 내 실력 격차는 미미하다. 이런 상황에서 불공정이 개입하여 결과를 뒤집어 버린다면 그들은 참지 않고 분노를 표출할 수밖에 없다. 둘째, 노력으로는 도저히 극복하기 어려워 보이는 사회적 양극화와 불평등 때문이다. 97년 IMF 이후 우리나라는 빠르게 국채 빚을 갚아나가는 과정에서 신자유주의 국가로 급격한 체제 전환을 이루었다. 신자유주의의 세 가지 특징은 시장에서의 무한 경쟁, 금융이 경제를 이끄는 금융화, 노동 시장의 유연화이다. 뭔가 겉보기에 좋은 것만 있는 것 같지만, 신자유주의 체제는 보통 사회적 양극화와 불평등을 초래한다. 국가 부도 사태를 전국민이 힘겹게 극복해야만 했기에 사회적 양극화와 불평등이 점점 더 심각해져도 신자유주의에 대한 투쟁은 없었다. MZ세대는 신자유주의가 완전히 자리 잡은 시기에 사회에 첫 발을 내딛었다. 사회 생활을 시작하자마자 그들은 그들은 노력으로는 도저히 극복하기 불가능한 양극화와 불평등을 직면해야 했다. '88만원 세대', 'N포 세대'라는 말을 인정할 수 밖에 없는 불평등한 상황 속에서 그들은 한 없이 우울했고 동시에 분노했다. MZ세대는 수저 계급론*을 만들어 보이지 않지만 존재하는 사회 계급에 분노했다.

한편, MZ세대를 두고 직장에서 "정시 출근, 정시 퇴근만 좋아할 뿐, 열심히 일하지 않는다!" "가장 늦게 출근하고 가장 일찍 퇴근한

---

* 수저계급론은 "다이아몬드 수저 》금수저 》은수저 》동수저 》철수저 》플라스틱 수저 》흙수저"가 있다. 그 기준은 자녀를 뒷받침해주는 부모의 능력치이다. 따라서 수저계급론은 자식을 통해 부모와 집안을 평가하는 기준이 된다. 다시 말해서 부모의 능력에 따라 자녀의 성과와 능력이 결정되는 안타까운 대한민국 현실을 반영한다.

다!" "야근도 하지 않고 조직에 대해 헌신이 부족하다!"라는 기성세대의 인식과 불만이 존재한다. 하지만 이는 MZ세대에 대한 오해이다. 나 또한 MZ세대의 부장으로서 그동안 많은 MZ세대의 사람들과 같이 일했다. 내가 볼 때, MZ세대는 영어, IT 실무 능력, 전공 실력 등 기본 능력치와 잠재력이 높으며, 기성세대 못지않게 때로는 그 이상으로 자신의 업무에 충실히 일한다. 그런데 여기에는 전제 조건이 하나 있다고 생각한다. 노력만큼 인정받는 공정성 말이다. 노력해서 인정받을 수만 있다면 MZ세대들은 책임감 있게 야근 또는 주말 근무도 자원해서 할 것이다. 그런데 많은 직장 환경에서 노동법에 따른 야근 또는 주말 근무에 대한 1.5배의 추가 수당을 주지 않으려고 한다. 좀 만 더 열심히 일하면 일을 마무리 할 수 있으니 '열정 페이'와 다름 없는 초과 근무를 강요한다. 처음부터 기본급을 일부로 낮게 잡아 부담 없이 야근하도록 직원들을 부리는 직장도 있다. 성과에 대해서도 열심히 노력한만큼 그 성과를 그대로 인정 받지 못하고 상사가 그 성과를 가로채는 일들이 비일비재하다. 직장이란 돈을 벌기 위한 필요에 따른 계약 관계일 뿐이라 생각하는 MZ세대에 이 모든 것은 불공정이자 계약 위반이다. 그들이 칼퇴를 고수하고 자신의 소중한 시간을 지키려고 하는 데에는 다 이유가 있다.

　2020년 기준, 우리나라 주요 기업 구성원의 60% 이상을 MZ세대가 차지했다. 시간이 지날수록 그 비율은 계속해서 증가하고 있다.[33] MZ세대가 사회생활에서 행복하게 일하도록 돕기 위해서 우리나라 사회는 MZ세대가 가져온 '본질에서 실존으로의 전환'에 맞춘 문화를 만들어 나가야 한다. 이를 위해 반드시 묻고 답해야 할 세 가지 질문에 대해 다루어보자.

무엇을 하고 싶은가?

대부분의 기업 조직들은 본질주의적 관점에서 기업을 운영한다. 이윤 극대화라는 목적을 달성하기 위해 구축된 시스템, 프로세스 안에서 기업 구성원들이 최선을 다해 일을 해주길 바란다. 하지만 대부분의 업무에 기업 구성원들의 개성이나 희망사항은 반영되어 있지 않다. 기업 구성원들에게 업무란 해야만 하는 일이며 그들이 하고 싶은 일이 아니다. 해야 하는 것과 하고 싶은 것의 간극은 결국 업무 스트레스, 낮은 동기 부여, 돈을 벌지만 행복하지 않은 상태를 유발한다.

많은 기업들은 미래의 주역이 될 MZ세대들이 행복하게 일할 수 있는 근무 환경을 만들고자 열심히 노력하고 있다. 교육의 기회를 늘리고, 사내 행사를 강화하고, 시상의 규모를 늘리고, 처우를 개선하고, 수평적 호칭을 사용하고 있다. 그런데 근본적으로 '해야 하는 일'이 '하고 싶은 일'로 전환되지 않는다면, 실존적 자유를 추구하는 MZ세대에게 직장은 행복한 일터, 가고 싶은 일터가 되기 어려울 것이다. 해야 하는 업무에서 하고 싶은 업무로 전환시키기 위해서, 가야만 하는 일터에서 가고 싶은 일터로 만들기 위해서, 스트레스가 가득한 조직 문화에서 좀 더 행복한 조직 문화를 구축하기 위해서 물어야 할 질문은 바로 "무엇을 하고 싶은가?"이다. 이것은 너무 간단한 질문이지만(너무 간단해서인지) 좀처럼 묻지 않는 질문이다.

대만계 미국인 예술가 캔디 창은 갑작스런 어머니의 임종을 지켜보며 죽음에 대해 고찰하던 중, '죽기 전에 나는(Before I Die)'이라는 공공 예술 프로젝트를 떠올렸다. 뉴올리언즈의 버려진 집의 벽 한 쪽에 "Before I die, I want to ___."라는 문장이 새겨진 인쇄물을 붙였고 지나가는 시민들이 자유롭게 분필로 문장을 완성하도록 했다. 하루 만에 벽은 사람들의 꿈과 희망으로 가득찼다. 이 프로젝트를 통해 사람들은 자신이 잊고 있었던, 분명 가지고 있었지만 힘겨운 삶 속에서 차마 입 밖으로 꺼내지 못했던 꿈들을 되살릴 수 있었다. 많은 사람들은 자신의 꿈을 쓰면서 감동을 받아 눈물을 흘리기도 했다. 사람들의 소망들은 무너져가는 뉴올리언즈 지역 사회를 복원시키는 강력한 메시지가 되었다. 캔디 창의 '죽기 전에 나는' 프로젝트는 SNS와 뉴스 미디어를 통해 전 세계로 퍼졌고 현재 80개국, 4000개가 넘는 도시에서 전시되었다.[34]

무엇인가를 하고 싶다는 것은 인간에게 가장 기본적인 욕구인 동시에 큰 감동을 주고 동기를 부여하는 강력한 욕구이다. 캔디 창은 사람들이 벽을 통해 솔직하게 꿈을 공유하고 대화함으로써 보다 더 사랑받고, 배려 받고, 의미 있는 도시 공간을 만들 수 있었다고 말했다.[35] 마찬가지로 직장 생활에서도 조직 구성원들에게 "무엇을 하고 싶은가?"를 묻기 시작할 때, 직장 공간 또한 그들에게 인정받고, 칭

찬받고, 배려 받고, 의미 있는 공간으로 재탄생할 수 있는 것이다.

"하고 싶은 일을 하게 하면, 그럼 해야 하는 일은 누가 합니까?" 이렇게 반문할 수 있다. 이는 하고 싶은 일을 할 때 일어나는 효과를 모르기 때문에 하는 소리이다. 모든 조직은 정해진 R&R과 목표를 가지고 있다. 이로 인해 조직에는 해야만 하는 업무가 주어진다. 조직 구성원에게 해야만 하는 업무를 해야 한다고 말을 하면, 그들은 정해진 방법을 따라서 (보통은 선배가 한 방식을 그대로 따라서) 해야 하는 업무를 수행할 것이고 그 결과 예상 가능한 결과만을 확보할 것이다. 그런데 조직 구성원에게 "조직의 목표를 달성하기 위해 당신은 무엇을 하고 싶습니까?"라고 물을 때, 그들은 목표를 효과적으로 달성하기 위해 그들이 할 수 있고 하고 싶은 일들을 생각해낸다. 하고 싶은 것이 분명한 사람들은 좀 더 높은 동기와 책임감을 가지고 일을 수행한다. 그러다 종종, 그들은 기존과 다른 창의적인 일을 생각해내곤 한다.

이러한 일들은 어렵고 실패 가능성도 있지만 일을 추진하는 과정에서 그들은 놀라운 동기와 열정을 가지고 일을 한다. 성공할 경우, 기존의 방법으로는 얻을 수 없는 혁신적인 성과가 얻어진다. 그래서 나는 가능한 무엇을 해야 한다는 식의 지시보다는 무엇을 하고 싶은가, 어떻게 하고 싶은가 식의 질문을 던지고 좋은 답이 나타날 때까지 기다린다. 물론 무엇을 하고 싶은가라는 질문에 대한 모든 답을 수용할 수는 없다. 제조업 기업 조직에서 갑자기 IT 게임을 개발하겠다고 한다면 반대해야 한다. 하지만 조직의 R&R을 더 강화

할 수 있는 방향이라면, 조직의 목표를 달성하는 데 도움이 될 수 있다면, 열린 마음을 가지고 수용해야 한다.

사물과 인간은 다르다. 사물은 목적을 달성하지 못하면 존재가치가 떨어진다. 하지만 인간은 그렇지 않다. 인간은 존재만으로 목적 곧, 본질에 선행한다. 조직이 존재하기 전에 각 조직의 구성원들이 존재했으며 그들은 존재만으로 이미 소중한 사람들이다. 그들에게 무엇을 하고 싶은지 물어라. 그리고 그들의 꿈을 존중하고 그들의 꿈에 기회를 주어라. 그들이 존중받는다고 느낄 때, 그들은 조직 내에서(비록 필요에 따른 계약 관계일지라도) 실존적 자유를 경험할 것이며, 누구보다도 행복하고 책임감 있게 일하기 시작할 것이다.

공정하게 인정받는가?

2012년 스탠퍼드대학교의 캐롤 드웨그 교수의 책《마인드셋》이 등장한 이후 전 세계의 기업 조직에서 '성장'이라는 말이 성공을 위해 필수불가결한 키워드로 자리 잡았다. 우리나라에서는 2017년에 번역본이 출간되었고 본격적으로 2018년도부터 '성장'이라는 키워드가 사회 곳곳에 울려퍼지기 시작했다.[*] 책의 핵심은 우리가 성

---

[*] 《Carol Dweck, "Mindset: The New Psychology of Success" Ballantine Books, 2012. 11.》가 원서이다. 나는 2014년 미국에서 일했을 시절, 동네 서점의 베스트셀러 진열대에서 이 책을 발견했다. 이 책은 내 직

공하고 목적을 이루는 데 중요한 것은 단순히 우리의 능력과 지능이 아니라 사고방식이라는 것이다.

사고방식은 크게 두 가지가 있다. 고정형 사고방식과 성장형 사고방식이 있다. 먼저 고정형 사고방식의 사람들은 성격, 지능, 창의력과 같은 것은 고정되어 있는 요소이며 바뀌지 않는 것으로 생각한다. 그들에게 성취 또는 성공이란 그들이 본래 가지고 있는 능력이 인정되는 것을 의미한다. 고정형 사고방식의 사람들은 평가 또는 시험에 대해 만족스럽지 않을 경우 쉽게 자신의 재능 없음을 부정적으로 받아들이고 낙담한다. 또한 그들은 위험이나 더 노력해야 한다는 현실이 그들의 부족함을 보여 주는 부끄러운 것으로 여기기 때문에 이를 통해 더 배우고 성장, 발전하려고 하지 않는다. 반면, 성장형 사고방식의 사람들은 그들의 능력이 고정되어 있지 않고 언제나 성장 가능한 것으로 생각한다. 성장형 사고방식의 사람들에게는 평가 또는 시험 결과가 그들의 재능이 없다는 증거가 될 수 없고 그들은 쉽게 실망에 빠지지 않는다. 오히려 그들은 평가 또는 시험을 더욱더 성장하고 현재의 능력을 더 확장할 수 있게 하는 기회라고 생각한다. 캐롤 드웨그 교수는 기업이 성공하기 위해서는 구성원들이 성장형 사고방식을 가지고 지속적으로 성장할 수 있는 조직 문화를 만들어야 한다고 주장했다.[36]

장 생활에서 바이블과 같은 역할을 했다. 우리나라에서는 《마인드셋: 스탠퍼드 인간 성장 프로젝트, 원하는 것을 이루는 태도의 힘, 스몰빅라이프 2017년 10월》이란 제목으로 번역되어 출간되었다.

그런데 말이다. 성장! 성장! 성장!, 하고 부르짖고 있지만, 좀 더 현실적이고 실무적인 시각에서 성장을 바라보자. 조직 환경에서 일을 하는 이상, 일 년에 한 번 또는 두 번 꼴로 치르는 고과 평가를 피할 수 없다. 조직의 리소스는 유한하기 때문에 고과 평가는 보통 상대 평가이다. 누가 상위 고과를 받는가? 성장형 사고방식을 가진 사람들이 정말 상위 고과를 차지하는가? 계속 공부하고 교육의 기회를 마다하지 않고 자기 계발에 힘쓰는 사람들이 상위 고과를 차지하는가? 작년 대비 역량이 더 발전한 사람들이 상위 고과를 차지하는가? 실패를 무서워하지 않고 새로운 일에 열정적으로 도전한 사람들이 상위 고과를 차지하는가? 그렇지 않다! 성과가 더 좋은 사람들이 상위 고과를 차지한다. 성과에는 운이 따르기도 하고 정치가 작용하기도 한다. 아무리 성장형 사고방식을 가지고 도전에 도전을 거듭하여 열심히 업무를 수행해도 운이 좋지 않아 성과를 내지 못하면 좋은 평가를 받을 수가 없다. 아무리 열심히 일을 해도 윗선에서 그 공로를 인정해주지 않거나 그 공로를 가져가 버리면 좋은 평가를 받을 수 없다. 설령 호랑이 한 마리를 사냥하는 것처럼 도전적인 업무를 성공적으로 이끌어도 토끼 이 백 마리를 사냥하는 것과 같은 업무에 성공한 사람에 밀려 좋은 평가를 받지 못하는 경우도 있다.

기업이 '성장'에 초점을 맞추고 있지만, 평가에도 '성장'이 정말로 중요한 요소로 반영되는지는 미지수이다. 본인은 '성장'했다고 느끼는데 평가에서 계속해서 상위 고과를 받지 못하고 인정받지 못한다면 그 사람은 앞으로도 성장형 사고방식을 가지고 성장하려고 애를 쓸까? 결코 쉽지 않을 것이다. 이런 점에서 나는 개인을 넘어 우리나라 기업 조직 문화 또한 성장형 사고방식을 잘 갖추어야 한다고 믿는다.

　공정성과 합리성으로 무장된 MZ세대들은 '성과'에 민감하다. 그들은 본인들이 노력해서 얻은 성과를 공정하게 인정받기를 희망한다. 그들은 자신들이 책임지고 얻은 성과를 공정하게 인정받을 때 '성장'이라는 것을 느낀다. 그들에게 '성장'은 형이상학적이고 질적인 개념이 아니라 구체적이고 정량적인 개념이며 따라서 돈으로 증명되어야 한다. 성과를 공정하게 인정 받을 때에야 그들은 계속해서 성장형 사고방식을 가지고 발전하기로 마음먹을 것이다. 따라서 기업 조직은 MZ세대에게 '성장'을 강조하는 만큼, 그들이 공정하게 인정받고 있는가를 물어야 한다. MZ세대인 한 후배의 이야기이다. 그는 최선을 다해 일해서 성과로 인정받고 싶었다. 하지만 무슨 불행인지 그는 그를 좋아하지 않은 리더를 만나서 인정받을 기회를 얻지 못했다. 열심히 해도 그 노력에 대해 칭찬을 받지 못했다. 타 조직의 사람들과 열심히 협업해서 새로운 일을 해보려 해도 "그것 우리가 왜 해야죠? 가뜩이나 할 일 많은데 현재 해야 할 일에나 집중합시다."라는 리더의 말에 좌절을 한두 번 경험한 게 아니었다. 성과를 냈어도 진급을 앞둔 선배들에 우선 고과를 챙겨줘야 한다는 말도 안 되는 문화에 크게 실망에 빠지기도 했다.

　고민 끝에 그 후배는 퇴사하기로 마음먹었고 구직 활동을 시작했다. 때마침 조직 개편이 이루어졌다. 그리고 예상치 않게 리더가 교체 되었다. 바뀐 리더는 그 후배에게 어떠한 편견을 갖지 않았다. 새로운 리더가 볼 때, 그 후배는 본인의 업무를 정확하게 이해하고 있었고, 최선을 다해 본인의 업무를 책임지고 있었다. 타조직과 협업해서 조직에 꼭 필요한 신규 업무를 해보고 싶다는 후배의 말에 새 리더는 흔쾌히 동의했다. 실제로 타조직의 리더와 논의하여 후배가 협업할 수 있는 기회를 만들어주었다. 그리고 그 실무 책임자로 후배를 선정했다. 책임을 진다는 점이 다소 무겁게 느껴졌다. 하지만, 후배는 열심히 노력한 만큼 인정받을 수 있다는 희망을 가지고 최선을 다했다. 결국 그는 목표 기대치를 상회하는 성과를 거두었다. 그 해 처음으로 최고 고과를 경험했다.

그동안 후배가 인정받지 못했던 것은 그가 일을 잘못해서가 아니었다. 그저 공정하지 평가 받지 못했기 때문이었다. 새로운 리더 하에서 좋은 성과를 내고 인정을 받으니 후배는 앞으로도 계속 성장할 수 있겠다고 생각했다. 그렇게 그는 퇴사의 마음을 접었다. 그리고 그는 부서의 에이스로 성장했다.

무엇을 하고 있는가?

벽돌공 세 사람이 있었다. 이들은 열심히 벽돌을 쌓고 있었다. 지나가던 사람이 첫 번째 벽돌공에게 물었다. "무엇을 하십니까?" "뭐하냐고요? 보면 몰라요? 벽돌 쌓잖아요!" 첫 번째 벽돌공은 귀찮다는 듯이 퉁명스럽게 답했다. 행인은 두 번째 벽돌공에게 다가가서 다시 물었다. "무엇을 하고 있습니까?" "보시듯, 힘겹게 돈 벌고 있습니다!" 두 번째 벽돌공은 한 푼이라도 돈을 더 벌기 위해서 정말 바쁘게 일하고 있었다. 전혀 여유가 없어 보였다. 행인은 마지막 세 번째 벽돌공에게 다가갔다. 세 번째 벽돌공은 신나는 콧노래를 부르며 일을 하고 있었다. 행인은 물었다. "무엇을 하고 있습니까?" "아~ 저요? 지금 학교 짓고 있어요!" 벽돌공은 웃으면서 답했다. "그런데 무엇이 그렇게 신나신가요?" 이유가 궁금한 행인이 물었다. "제가 만든 학교에서 제 아이들이 공부하고 있을 모습을 상상하니 신나지 않겠습니까?"

직장에서 일하다 보면 중간 중간에 퇴사하는 동료, 동기, 지인들이 생기곤 한다. 현재의 업무도 좋지만 더 좋은 직업을 구해 긍정적으로 나가는 사람도 있었지만 그들은 소수였다. 거의 대부분은 현재의 업무가 만족스럽지 않아 나가는 경우였다. 나는 이런 말들을 들었다. "무언가 열심히 달리고 있는데 무엇을 위한 열심인지 잘 모르겠다." "내가 없어도 다른 누군가에 의해 바로 대체가능한 일을 하는게 만족스럽지 않다." "지난 일 년 간 열심히 살았는데 뭘 했는지 잘 모르겠다." "이곳에서 비전이 보이지 않는다." "지금과 동일하게 내년, 내후년이 반복될 걸 생각하니 무섭다." "나 자신이 마치 설비의 소모품과 같다는 느낌이다." 일반화할 수는 없지만 내가 아는 퇴사자들의 공통점은 '일의 의미를 찾지 못했다는 점'이다. 마치 장례식 장에서 소중한 이를 보내며 삶의 의미를 생각해보듯, 나는 퇴사자들을 보내며 내 일의 의미에 대해 좀 생각해보았다. 그 중의 몇 가지는 아직까지도 내가 내 직장에서 버티고 있는 이유이다. "나는 경영을 하고 있다." "나는 좋은 경영자가 되어가고 있다."

MZ세대들은 퇴사에 진심인 듯하다. 2021년 취업플랫폼 기업 사람인은 500개 기업대상으로 '입사 1년 이내 조기퇴사자'의 현황을 조사했다. 그 결과, 신규입사자 중 1년 내 조기 퇴사를 하는 비율은 28%로 나타났다.[37] 3명 중 무려 1명이 퇴사하고 재취업을 준비하는 일명 '퇴준생'이 되고 있는 것이다. 기업 채용 담당자들의 입에서 '대퇴사 시대가 왔다!'는 말이 오르내릴 정도이다. 코로나 19의 여파 속에서도 어렵사리 들어간 회사를 쉽게 퇴사하는 이유는 회사에서 일의 의미를 찾을 수 없기 때문이다. 만약 일을 통해서 자신이 더 성장하지 못하고, 긍정적인 영향력을 끼치지 못하고, 일정한 소득만을 벌고 있다면, MZ세대는 일에서 의미를 찾지 못하고 그 의미를 다른 곳에서 찾고자 퇴사를 생각할 것이다. 따라서 MZ세대들이 조직에서 잘 적응하도록 돕기 위해서는 그들에게 "무엇을 하고 있는가?"를 묻고 스스로 답을 할 수 있도록 잘 도와야 한다.

MZ세대를 위한
질문

2020년대 이후부터 'MZ세대'라는 키워드가 전면에 등장하기 시작했다. 코로나 팬데믹 이후의 뉴노멀 시대와 맞물리면서, MZ세대는 정치, 경제, 사회, 문화, 교육 등 전 영역에 새로운 질서, 새로운 코드로 인식되었다. MZ세대란 말은 밀레니얼 세대(M세대 = Y세대, 81~95년생)와 Z세대(95~04년생)의 합성어로 2020년을 기준 20~30대의 젊은 청년들을 지칭한다.

기존 세대에서 MZ세대로의 전환을 볼 때, 한 가지 코드가 발견된다. 그것은 '본질에서 실존으로의 전환'이다. MZ세대에게는 왜라는 미래지향적 목적보다는 누가 되고 싶은가라는 개인의 의지와 선택이 중요하다. MZ세대는 무엇을 해야 하는가보다 무엇을 하고 싶은가가 더욱더 중요하다. 그들은 집단을 개인에 우선하지 않는다. 어떤 기성세대가 만든 조직과 시스템도 그들의 미래를 안전하게 책임져 주지 않는다는 것을 그들은 잘 알고 있다. 그들은 스스로 고민하고 스스로 선택하고 그 결과에 스스로 책임지는 실존적 자유를 행사하고자 노력한다.

2020년 기준, 우리나라 주요 기업 구성원의 60% 이상을 MZ세대가 차지했고 그 비율은 계속해서 증가하고 있다. 사회 속에서 MZ세대의 역할과 비중이 커짐에 따라, MZ세대가 가져온 '본질에서 실존으로의 전환' 코드에 맞는 문화를 만들어 나가야 한다. 다음 질문과 제안을 스스로에게 또는 스터디 그룹에서 던지고 토의해보길 바란다.

1. (MZ세대가 아니라면) MZ세대와 같이 일을 하면서 겪었던 어려움이 있는가?(MZ세대라면) 기성 세대들과 같이 일을 하면서 겪었던 어려움이 있는가?

2. 당신의 직장에서는 해야 하는 일과 하고 싶은 일의 비율이 어느 정도인가? 하고 싶은 일(공부, 도전, 역량강화, 적성에 맞는 직무 등)을 적극적으로 지원하는 문화를 가지고 있는가? 그렇지 않다면 이를 위해 무엇이 필요한가?

3. MZ세대들은 성과에 맞는 평가를 원한다. 당신의 직장에서는 공정한 평가가 이루어지고 있는가? 열심히 노력하고 좋은 성과를 거둔 만큼 그에 합당한 인정을 받을 수 있는가?

4. 당신은 무엇을 하고 있는가? 당신의 일은 당신의 인생에 어떤 의미를 가지고 있는가?

5. MZ세대는 앞으로 우리 사회의 미래를 짊어질 오늘날의 청년들이다. MZ세대가 성공적으로 번영하기 위해서 이 사회에 필요한 것은 무엇이라고 생각하는가?

7 스토리텔링

인간은 말을 하는 동물, '호모 로쿠엔스(Homo loquens)'로 불린다. 우리는 말을 통해 다른 사람들과 소통하고 우리의 생각과 마음을 표현하고 정보를 전달하고 받아들이며 이해한다. 매일 일상 속에서 우리는 정말로 많은 말들을 하는데 보통 하루에 만 단어 정도를 구사한다고 한다. 말하기와 관련된 직종에 종사하는 사람이라면 하루에 3만 단어를 구사한다고 한다. 이 수치는 실로 엄청난 양이다. 비유를 해보자면, 작가들이 하나의 단행본 책을 출간하기 위해 보통 1~2 년 동안 3만 단어 내지 4만 단어를 쓴다. 만약 당신이 매일 하는 모든 말을 책으로 쓴다면 삼 일 후에 책 한 권을 쓸 수 있을 것이다.

말은 우리의 생각, 감정, 행동을 형성하는 데 있어 엄청난 힘을 지닌다. 말은 사람들을 설득하고, 사람들에게 영감을 줄 수 있으며 동시에 사람들을 속이고, 해를 입힐 수도 있다. 말은 세상에 대한 우리의 인식을 형성하고 우리 자신과 다른 사람들을 보는 방법에 영향을 미친다. 또한 말은 감정과 태도를 전달하고 다른 사람들과의 관계를 형성시키며 우리의 생각과 경험을 다른 사람들과 공유하게 한다. 더 나아가 말은 집단 공동체의 사회 문화적 가치와 신념을 표현하거나 변화시키는데 사용된다. 전반적으로 말은 전지전능할 정도로 놀라운 힘을 지니고 있다. 인간이 말을 하는 방식과 습관은 사회 집단 속에서 인기, 부, 그리고 성공을 얻는데 결정적인 역할을 해왔다. 그래서 지난 수천 년 간 인간은 본능적으로 말을 잘하고자 그래서 많은 사람들에게 영향을 주고 성공을 거두고자 부단한 노력을 기울여왔다. 그 가운데 탄생한 가장 효과적이고 강력한 인류의 발명품은 바로 '스토리텔링'이다.

가장 원시적인 스토리텔링의 형태는 구전 방식으로, 사람들은 입에서 입으로 공동체의 전설을 공유했다. 고대의 이야기꾼들은 불 주위에 사람들을 모았고 집단의 중요한 역사, 지식, 가치를 이야기 속에 담아 대대로 물려주었다. 이후 스토리텔링은 글쓰기의 발명과 함께 길가메시 서사시와 같은 문학의 형태로 진화했고, 연극과 공연의 형태로 많은 사람들에게 공유되기 시작했다. 또한 중세시대의 인쇄술의 발전과 더불어 스토리텔링은 소설 문학의 형태로 수많은 일반 대중들에게까지 사랑 받기 시작했다. 그리고 20세기 이후 텔레비전, 인터넷 기술의 등장과 함께 스토리텔링은 드라마, 영화의 형태로 전세계인에게 영향을 주는 매개체로 발전했다. 이와 같이 스토리텔링은 역사의 흐름에 따라 문화와 국경을 넘어, 새로운 형식으로 계속 진화를 해왔다. 하지만 기본적으로 스토리텔링은 우리 인간이 누구이며, 무엇을 하고 싶은지, 그리고 어떻게 살아가야 하는지에 대한 실존적 가치를 이야기에 담아 공유한다.

스토리텔링의 힘

왜 모든 종교와 국가는 정체성과 가치를 전하기 위해 스토리를 선택했을까? 왜 사람들은 스토리에 열광하며, 스토리에 울고 웃을까? 왜 스토리는 문화와 국경을 넘어 사람들을 묶고 연합시킬 수 있을까? 어떻게 스토리는 사람들의 관심을 수시간, 아니 수개월, 아니 수년 동안 붙잡아 놓을 수 있을까? 스토리가 강력한 이유는 세 가지가 있다.

첫 번째 이유는 스토리가 공감을 만들어 마음을 움직이기 때문이다. 사람들은 스토리 속 주인공의 입장에 서서 함께 느끼고 생각하고 반응하기 때문이다. 스토리는 사람들에게 새롭고 흥미로운 상황과 인물, 사건을 제공하며, 그 속에서 사람들은 감정이입을 통해 기쁨, 슬픔, 두려움, 흥분의 감정을 공감하게 된다. 그 공감을 통해 사람들은 공동체 의식과 정체성을 느끼고, 다른 사람들과 열린 관계를 맺게 된다. 오늘날 기업들은 그들의 브랜드와 고객들을 감정적으로 깊이 연결시키기 위해서 스토리텔링의 힘을 활용한다. 기업들은 브랜드 가치와 일치하는 이야기를 공유함으로써 고객들과 감정적 유대감을 만들어 내고 그 결과 브랜드에 대한 고객들의 신뢰와 충성도를 확보해낸다. 스토리텔링을 가장 적극적으로 활용하는 기업 중 하나는 바로 애플이다.

처음부터 애플이 스토리텔링의 힘을 활용한 건 아니었다. 스티브 잡스가 1985년 애플에서 쫓겨나기 전, 그는 마지막으로 '리사 컴퓨터(1983년 발매)'라는 애플에서 처음으로 GUI(그래픽 유저 인터페이스)를 도입한 컴퓨터 판매에 심혈을 기울였다. 스티브 잡스는 뉴욕 타임스에 아홉 페이지에 걸친 거대한 광고를 냈다. 그는 리사 컴퓨터의 우월한 기술 사양, 예를 들어, 멀티 부팅 시스템, 고해상도 GUI, 메모리 보호, 협동 멀티 태스킹, 스크린 세이버, 반사 방지 스크린, 확장형 RAM, 숫자 키패드, 키보드 내장 도움말판 등 당시 온갖 최신 기술을 소개 했다. 하지만 리사 컴퓨터는 대중들의 관심을 얻는데 실패했고 처참한 판매 실적을 기록하며 단종되었다. 이후 스티브 잡스는 1986년 픽사 에니메이션 스튜디오를 인수했다. 픽사에서 그는 세계 최고의 스토리텔러들과 작업했으며 1995년 개봉한 픽사의 첫 번째 영화 〈토이스토리〉는 전세계적으로 흥행하여 3억 7천만 달러를 벌었다. 1997년 스티브 잡스는 12년의 공백을 깨고 애플에 다시 복귀했다. 스토리텔링의 힘을 깨달은 스티브 잡스는 기존의 애플과는 완전히 다르게 광고하기 시작했다. 미국 전역의 광고판에는 단 두 단어 "Think Different."만 써있었다. 컴퓨터 광고였지만 컴퓨터는 더 이상 등장하지 않았다. 애플은 고객들이 원하는 것은 자신의 정체성을 드러내고 자신의 목소리를 내고 싶어 하는 것이라 믿었다. 하지만 그들은 각박하고 바쁜 현실 속에서 자신의 잠재력과 정체성을 인식하지 못하거나 드러낼 수가 없었다. 애플은 고객들이 애플의 컴퓨터 기술을 통해 자기 자신을 표현할 수 있음과 이를 통해 창의적이고 혁신적으로 생각할 수 있음을 계속 이야기했다. 애플의 이야기는 전세계 사람들의 마음을 움직였다. 과거와 달리 제품 스펙을 굳이 강조하지 않아도 애플은 다른 경쟁 업체와 차별화할 수 있었고, 대중들은 애플을 창의성과 혁신의 아이콘으로 바라보게 되었다.[38]

두 번째 이유는 인간은 누구나 스토리를 좋아하기 때문이다. 정말로 우리는 스토리를 좋아한다. 우리는 수많은 흥미로운 스토리에 둘러싸여 있으며, 재미있는 스토리는 우리를 자석처럼 끌어당긴다. 나는 자녀 둘을 키우면서 비로소 스토리의 매력을 제대로 깨달았다. 부모들이 애들을 돌보면서 가장 힘들어 하는 것 중 하나는 애들을 재우는 것이다. 애들은 어떻게든 버텨서 아빠 엄마와 좀 더 많은 시간을 보내려 하고, 아빠 엄마는 어떻게든 애들을 일찍 재워서 여유로운 시간을 보내려 한다. 이 긴장감 속에서 부모는 때때로 속이 터져 애들을 크게 혼쭐내고 애들은 울면서 잠에 들기도 한다. 나는 애들 재우는 것을 정말로 힘들어했다. 그러다 책을 한 권 두 권 읽어주기 시작했는데 아직 글도 모르는 애들이 이야기 속에 푹 빠진 채 스르르 잠드는 것이 아니겠는가? 그렇게 나는 스토리로 아이들을 재우기 시작했다. 아이들도 잘 때면 "아빠, 잘건데 이야기해줘!"라며 나를 불렀다. 그동안 참으로 많은 스토리를 들려줬다. 책 전집을 대여해서 수백 권의 책을 읽어 주었고 〈토이스토리〉, 〈라이온킹〉, 〈니모를 찾아서〉와 같은 가족 영화 스토리부터 〈나니아 연대기〉, 〈반지의 제왕〉, 〈트랜스포머〉와 같은 성인 영화 스토리에 이르기까지 아이들 수준에 맞게 즉석 각색하여 들려주었다. 아이들은 내 품에 꼭 안겨 내 이야기를 들어주었고 이야기 속에서 함께 웃고 함께 울고 함께 떠들다 천사 같은 얼굴로 잠들었다.

우리들이 매달 한두 번은 영화관에 가고, 매주 드라마를 시청하며, 매일 SNS를 모니터링하는 이유는 우리가 끊임없이 스토리를 갈망하기 때문이다. 또한 우리는 각자의 삶 속에서 벌어진 스토리를 공유하고픈 욕구를 가지고 있다. 친구들과 만날 때면 그동안 보지 못한 사이에 있었던 스토리를 나누는 과정에서 스트레스가 풀리고 행복감이 올라온다. 직장에서는 점심시간이나 쉬는 시간이 되면 "이거 알아요?" "이거 좀 한번 들어보세요!"라는 신호와 함께 사람들은 스토리를 중심으로 똘똘 뭉치며 시간 가는 줄 모르고 수다를 떤다. 돈을 주는 것도 아닌데 SNS에 매일 같이 사진, 동영상, 글들을 올리는 것도 우리가 스토리를 사랑하고 스토리를 나누고 싶기 때문이다. 우리는 우리가 사랑하는 스토리를 매개체로 이 세상을 이해하고 이 세상에서 살아가는 방법을 끊임없이 탐구한다.

세 번째 이유는 스토리가 인간의 마음속에 쉽게 각인되기 때문이다. 픽사 애니메이션에서 20년 넘게 스토리 제작자로 일해 온 매튜 룬에 따르면, 당신이 어떠한 스토리 없이 통계자료나 정보에 노출될 때 10분 뒤에는 당신의 머릿속에 정보의 5%밖에 남지 않는다고 한다. 스토리 없는 정보가 당신에게 중요하지도 마음에 와닿지도 않기 때문이다. 반대로 만약 같은 정보라도 스토리에 태워 전달된다면, 사람들은 그 정보를 오래 기억하게 되는데 인지심리학 연구 결과 무려 22배 더 오래 기억한다고 한다.[39] 스토리는 전달하려는 정보와 메시지를 이해하고 기억하기 쉬운 방식으로 전달하는 탁월한 능력을 지닌다. 끌리는 등장인물, 긴박한 줄거리, 생생한 공감각적 심상 활용을 통해 스토리는 정보와 메시지를 짜임새 있고 밀도 있게 전달한다. 바로 이런 점 때문에 스토리가 거의 모든 전세계 문화권에서 문화, 역사, 전통을 보존하는 핵심 수단으로 선택되었던 것이다. 사람들은 스토리를 통해 공동체의 가치와 지식, 정체성과 신념, 지혜와 경험을 한 세대에서 다른 세대로 전수해왔다.

좋은 스토리텔링을 만드는 공식

우리는 언제나 스토리에 둘러싸여 있으며 스토리를 사람들과 나누며 살아간다. 하지만 이상하게도 사람들 중에는 스토리텔링을 매우 부담스러운 활동으로 생각하는 자들이 많다. 마치 누구나 호흡을 할 수 있지만 '명상 호흡'은 아무나 할 수 없다고 인식되는 것과 같이, 누구나 스토리를 좋아하지만 아무나 스토리텔링을 할 수 없다고 생각한다. 어떻게 스토리텔링을 잘 할 수 있을까? 어떻게 하면 당신의 스토리에 생생한 생명력을 불어넣을 수 있을까? 어떻게 당신의 스토리로 수많은 사람들을 끌어당길 수 있을까?

사실 우리는 학창 시절, 문학 시간에 스토리텔링을 잘하는 법을 배우긴 했다. 주제는 스토리를 통해 명확하고 일관성 있게 드러나야 하며, 구성은 '발단, 전개, 위기, 절정, 결말'의 형태로 짜임새 있게 구성되어야 하며, 인물들이 갈등과 사건을 통해 스토리의 주제를 잘 드러내야 한다. 이를 달성하기 위한 세세한 이론과 방법들을 우리는 모두 배웠다. 다만 기억이 나지 않을 뿐이고 기억이 나더라도 일상 속 그리고 업무 환경 속에서 스토리텔링을 하는데 도움이 되지 않을 뿐이다.

그런데 모든 인간에게는 매우 특수한 능력이 하나 있다. 좋은 것을 기가 막히게 알아차리는 능력 말이다. 우리는 생각할 필요가 없이 누가 잘 생겼고, 누가 아름다운지를 순식간에 알아차린다. 우리는 무엇이 좋은 술인지, 무엇이 비싼 차인지, 무엇이 맛있는 음식인지를 딱 알아차린다. 스토리도 마찬가지이다. 정확히 원인을 설명할 수는 없지만 어떤 스토리가 재미있고 끌리는지를 우리는 바로 알아차린다. 그렇다면 효과적인 스토리텔링의 단서를 찾기 위해 우리가 해볼 수 있는 것은 우리가 정말 사랑한 스토리들이 지닌 공통점을 찾아보는 것이다. 수많은 인기 소설과 인기 드라마, 인기 영화와 인기 브랜드를 관찰해보면 공통적으로 등장하는 스토리의 공식이 있다. 이 공식은 정말 쉽고 정말 단순하며 누구나 바로 현장에서 써먹을 수 있다. 그것은 바로 '주인공-악당-가이드'이다. 당신은 이제 스토리텔링을 위해 복잡한 인물 배치법과 사건 구성법을 외우지 않아도 된다. 그저 '주인공 – 악당 – 가이드' 이 세 단어만 머릿속에 기억해두면 된다.

대표적으로 위대한 마블 시네마틱 유니버스의 시작을 연 영화 〈아이언맨 1〉을 보자. 주인공은 뛰어난 천재성으로 세계 최고의 군수기업 '스타크 인더스트리'를 이끄는 토니 스타크이다. 헐리우드 스타 부럽지 않은 화려한 삶을 살아가던 그에게 뜻밖의 사건이 발생한다. 아프가니스탄에서 토니는 신형 미사일 '제리코' 시연회를 성공적으로 마쳤고 돌아가는 길에 첫 번째 악당, 아프간 테러리스트들의 공격을 받았다. 그를 호위하는 병력들은 순식간에 전멸했다. 그는 공격을 피해 바위 뒤로 숨었지만 바로 그 앞에 자신이 만든 포탄이 날아와 폭발해 이를 맞은 그는 중상을 입고 기절한다. 죽을 위기에 빠졌지만 토니에게 가이드, 호 인센이 등장했다. 그 역시 악당들에게 잡혀있던 신세였지만 그는 토니를 살리고자 노력했다. 그는 토니의 심장에 박혔던 포탄 파편들을 대부분 제거했고 잔여 파편들이 추가적으로 심장을 공격하는 것을 막고자 토니의 흉부에 자동차 배터리를 연결한 전자석을 심어주었다. 살아난 토니는 인센의 도움을 받아 아크 리액터를 만들었고 주변 모든 자재들을 이용해 최초의 아이언맨 슈트 MK1을 제작했다. 아이언맨 슈트를 입은 토니는 테러리스트들을 무찔렀고 탈출에 성공한다. 돌아온 토니는 자신이 만든 무기 때문에 죽어가는 사람들을 보며 큰 책임감을 느꼈고 방위 산업을 중단하겠다는 충격적인 선언을 한다. 그리고는 비밀리에 업그레이드된 아이언맨 슈트 MK2와 더 업그레이드된 MK3를 성공적으로 개발했다. 그런데 악당이 나타났다. 그는 바로 스타크 인더스트리의 부회장, 오베디아 스탠이었고 아프가니스탄 피랍 사건의 배후에 있는 진짜 악당이었다. 오베디아는 토니가 아프가니스탄에 남긴 MK1 슈트를 손에 넣었고 이를 기초로 아이언 몽거를 만들었다. 심지어 토니의 가슴에 있는 신형 아크 리액터를 뽑아가 아이언 몽거를 작동시켰다. 토니는 어쩔 수 없이 구형 아크 리액터를 가지고 MK3 슈트를 입어야 했고 오베디아와 최후의 결전을 치른다. 동력이 약했던 토니는 싸움에서 밀리게 되었고 죽을 위기에 빠졌다. 여기서 두 번째 가이드, 토니의 비서인 페퍼의 극적인 도움으로 결국 오베디아를 무찌르게 된다. 이와 같이 영화 〈아이언맨 1〉에서 우리는 '주인공 - 악당 - 가이드'라는 스토리텔링 공식을 거듭 발견한다.

또 다른 예로 앞서 언급한 애플의 'Think Different' 광고 캠페인을 다시 살펴보자. 애플의 광고에서 우리는 '주인공 - 악당 - 가이드' 공식을 발견할 수 있다. 주인공은 자기 자신의 정체성을 표현하고 싶은 고객들이고, 악당은 그들의 잠재력과 목소리를 억누르는 기성 세대와 그들이 만든 시스템이다. 여기서 애플은 주인공을 돕는 가이드로 등장하며, 바로 애플 컴퓨터만 있으면 주인공이 창의적이고 혁신적으로 생각할 수 있으며 자기 자신을 적극적으로 표현할 수 있다는 메시지를 강조한다. 애플의 광고가 크게 성공했던 배경에는 '주인공 - 악당 - 가이드'라는 스토리텔링 공식이 적용되었기 때문이었다.

좋은 스토리텔링을 위한 질문

스토리텔링의 공식, '주인공 – 악당 – 가이드'를 알게 된 당신이 본격적으로 스토리를 만들기 위해 해야 할 것이 있다. 바로 실존주의 철학의 질문, '누가 – 무엇을 – 어떻게'를 던지는 것이다. 주인공, 악당, 가이드 모두는 스스로 자신을 만들어가는 실존적 존재이다. 그들은 자유 의지로 문제를 선택하고 고민하고 결정을 해낸다. 그들모두 '그 어떤 의미 있는 존재'가 되길 꿈꾼다. 따라서 주인공에 대해서 "누가 주인공인가?" "주인공은 무엇을 하고 싶은가?" "주인공은 어떻게 살아가는가?"를 묻고 답을 해봐라. 마찬가지로 악당에 대해서 "누가 악당인가?" "악당은 무엇을 하고 싶은가?" "악당은 어떻게 살아가는가?"를 물어라. 마지막으로 가이드에 대해서 "누가 가이드인가?" "가이드는 무엇을 하고 싶은가?" "그래서 가이드는 어떻게 살아가는가?"를 물어라. 이 실존적 질문에 대한 구체적인 답들이 당신의 스토리를 입체적이고 흡입력 있는 스토리가 되게 만들 것이다.

1. 주인공은 누구인가?

프랑스의 블레즈 파스칼은 모든 사람의 마음속에 신이 만든 텅빈 공백이 있다고 말했다. 사람들은 이 빈 공백을 채우고자 노력한다. 하지만 그것은 쉽사리 채워지지 않으며 사람들은 더욱더 큰 갈증을 느끼게 된다. 파스칼이 말한 텅 빈 공백을 나는 '갭(gap)'이라고 부르고자 한다. 스토리의 주인공들은 성격도, 성별도, 나이도, 직업도, 능력도 다르지만 모두 갭을 가지고 있는 사람들이다. 그 갭은 때로는 사랑과 외로움의 감정이며 결핍과 두려움의 감정이 된다. 또한 갭은 개인의 꿈이자 집단의 목표가 된다. 주인공은 무엇을 하고 싶고 어떻게 살아가는가? 바로 갭을 채우고자 노력하는 것이다.

만화《드래곤볼》의 주인공 손오공에게는 현재보다 더 강해지고 싶은 갭이 있고 그는 그 갭을 채우고자 끊임없이 강한 상대와 겨루며 성장한다. 영화 〈8마일〉의 주인공 디트로이트 공장 노동자 지미 스미스 주니어(B. 래빗)는 백인이지만 래퍼 뮤지션이 되고 싶은 갭을 품고 있고, 흑인들의 야유 속에서도 랩배틀에 참가한다. 영화 〈조커〉의 주인공 아서 플랙은 코미디언으로 성공한다는 꿈을 가졌지만 비정한 현실과 주변 인물들의 배신, 믿었던 사람들로부터의 조롱으로 인해 모든 것들을 잃고 만다. 그의 마음속에 있는 커다란 상실감의 갭은 분노와 악으로 채워지며 결국 조커로 다시 태어난다. 영화 〈인터스텔라〉의 주인공 쿠퍼는 오래 전 NASA의 특급 비행기 조종사였지만 전 세계적인 기상악화와 식량 부족 사태로 아내를 잃고 아들 톰과 딸 머피와 함께 농부로 살아간다. 그런데 토성 근처의 시공간에 불가사의한 웜홀이 열리고 인류에게 항성 간 여행이 가능해지자 쿠퍼는 위기 속 인류를 구하고 싶은 갭을 가지고 희망을 찾아 항성 간 여행을 시작한다. 영화 〈명량〉의 이순신은 정유재란으로 위기에 빠진 조선을 구하고자 하는 갭을 가지고 칠천량 해전에서 배설 장군이 탈출시킨 12척의 판옥선과 일반 백성들이 가져온 1척의 판옥선만으로 그 열 배가 넘는 일본 수군 함대를 상대하려 한다.

2. 악당은 누구인가?

주인공은 갭을 채우고자 한다. 하지만 그것은 악당의 존재로 인하여 쉽사리 채워지지 않는다. 악당은 주인공을 위험 속에 몰아세우고, 주인공과 갈등하며, 주인공의 꿈이 이루어지지 않도록 만든다. 이를 통해 스토리에 긴장감이 더해지고 그 과정에서 재미 또한 더해진다.

악당을 우리는 '빌런(villan)'이라고 부른다. 그 말은 라틴어 '빌라누스(villanus)'에서 비롯되었다고 하며 그 뜻은 원래 농장(villa)에서 일하는 노동자이다. 봉건 사회에서 노동자들은 귀족, 지주들의 땅이 필요했으며, 귀족, 지주들은 그들의 땅에서 일할 노동자가 필요했다. 빌런이 노동자에서 악당이 된 배경에는 귀족, 지주들의 관점이 반영되어 있다. 노동자들은 평소 힘없고 굽실거리는 존재였으나 한 번 봉기하면 체제를 무너뜨릴 정도로 무서운 존재이기도 했다. 노동자는 약하지만 동시에 무서운 존재였고, 늘 가까이에서 순응적으로 살아가지만 동시에 언제든 강하게 저항할 수 있는 존재였다. 빌런의 어원을 통해 우리는 악당이란 본질적으로 주인공과 뗄레야 뗄 수 없는 가까이에 있는 존재이며, 주인공에게 없어서는 안 될 존재라는 것을 알 수 있다. 주인공은 악당으로 인해 약해지고 좌절하고 갭을 채우기 어렵게 되지만 동시에 악당으로 인해 강해지고 진취적이고 갭을 극복하게 된다. 이런 점에서 악당은 꼭 사람이 아니어도 된다. 급작스런 위기, 자연 재해, 귀신, 시스템, 외계인 또한 악당이 될 수 있다.

3. 가이드는 누구인가?

주인공은 갭을 채우고 싶지만 악당의 등장으로 인해 갈등과 위기에 빠진다. 그 긴장감이 절정에 다다를 때 등장하는 이가 있으니 바로 가이드이다. 가이드는 주인공이 위기와 실패를 극복하도록 결정적인 도움을 제공하며 이를 통해 주인공은 원하는 바를 이루게 된다. 긴장감 넘치는 흥미진진한 스토리는 반드시 가이드를 필요로 한다. 스토리에 가이드가 없다는 것은 애시당초 주인공이 갈등과 위기 없이 모든 문제를 스스로 해결할 수 있다는 것을 의미한다. 이 경우 스토리는 정말 재미없고 끌리지도 않는다. 우리는 가이드의 대표적인 사례를 영화 〈킹스 스피치〉에서 찾아볼 수 있다.

〈킹스 스피치〉의 주인공 조지 6세는 본의 아니게 영국의 왕위를 물려받는다. 문제는 왕이 된 조지 6세에게 심각한 말더듬증 콤플렉스가 있었던 것. 설상가상으로 나치 독일을 상대로 전시 상황 중 온 국민들에게 연설을 해야 하는 상황이다. 이때 라이오넬 로그라는 이름의 호주 이주민 출신 언어치료사가 등장한다. 라이오넬의 도움으로 조지 6세는 콤플렉스를 극복하고 온 국민들의 마음을 하나로 모으는 위대한 연설을 하게 된다.

하지만 그 과정은 전혀 순탄하지 않았다. 왕실은 평민인 라이오넬이 언어 치료에 대해 어떠한 학위도 면허도 받은 적이 없다는 것을 문제 삼았다. 사실 라이오넬은 세계 대전에서 돌아온 호주 출신 참전 용사들이 전쟁 후유증으로 말더듬증에 시달리자 호흡법, 운동, 유머 등 본인이 독창적으로 만든 방법으로 언어 치료를 하는 사람이었다. 왕실은 라이오넬을 바꾸고자 했지만 조지 6세는 자신의 콤플렉스를 깊이 있게 공감해주고 진심으로 도와주려는 라이오넬에게 계속 치료를 받겠다고 고집한다. 결국 주인공과 가이드의 감동적인 우정 속에서 주인공의 갭은 해결된다.

매력적인 스토리를 잘 전달하고 싶은가? 그렇다면 "주인공은 누구인가?" "악당은 누구인가? (또는 무엇이 악한가?)" "가이드는 누구인가?" 이 세 가지 질문에 대해 답해보라. 주인공, 악당, 가이드만 잘 정리 된다면, 당신은 글을 쓸 때나, 담소를 나눌 때나, 강연을 할 때나, 발표를 할 때나, 보고를 할 때나, 사업을 할 때나, 일을 기획할 때나, 브랜딩을 할 때나, 언제 어디서든 훌륭한 스토리텔러가 될 수 있을 것이다.

예를 들어 나는 이 책《질문의 기술》을 기획하고 쓸 때 주인공, 악당, 가이드를 다음과 같이 정리했다. 주인공은 전세계 어느 나라 사람들과 견주어도 더욱더 똑똑하고 아이디어 많은 우리나라 사람들이다. 하지만 악당은 질문에 인색하고 질문을 꺼리게 만드는 우리나라 사회 조직으로 이 악당은 우리나라 사람들의 창의적 사고를 가로막고 있다. 여기서 가이드는 작가인 나로 우리나라 사람들에게 질문에 대한 철학적 토대(본질주의, 실존주의, 리좀주의)와 질문의 기술을 제공하고자 한다.

또 다른 예로 나는 직장에서 부장이 된 이후 부사장급 이상이 주관하는 중요 회의에서 종종 발표를 해야 했다. 내가 속한 부서, 그룹, 팀 전체를 대변해야 했고 수많은 주요 임원, 부서장들이 온라인으로 참석해 들었기에 발표를 잘 해야만 했다. 나는 발표를 준비할 때 거의 항상 주인공, 악당, 가이드를 다음과 같이 설정하여 효과적인 스토리텔링을 할 수 있었다. 주인공은 절대로 나와 나의 부서로 설정하지 않았다. 주인공은 늘 회의의 최고 주관자 또는 회의를 담당하는 조직 전체, 더 나아가 회사 전체로 설정했고 이들이 이루고자 하는 목표를 갭으로 설정했다. 악당은 이 갭을 채우고자 하는데 반드시 극복해야 할 위기, 난제, 기술적 한계들로 설정했다. 마지막으로 가이드는 바로 나와 나의 부서로 설정했고 우리가 어떻게 창의적으로 악당들을 무찌르고 주인공의 갭을 채웠는지를 보고했다. 마지막 예로 작가로서 강연을 준비할 때면, 나는 주인공을 강연 참석자로 설정했고 악당을 강연 참석자들을 괴롭히는 사람들, 문제들, 상황들로 설정했다. 그리고 가이드는 나로 설정하여 주인공이 악당들을 물리치도록 조언과 동기부여 이야기를 전달했다. 이와 같이 주인공, 악당, 가이드 형태로 강연을 준비할 때, 나는 강연 시작부터 끝까지 긴박한 재미 속에서 스토리텔링을 할 수 있었다.

효과적인 스토리텔링을 위한 질문

왜 모든 종교와 국가는 정체성과 가치를 전하기 위해 스토리를 선택했을까? 왜 사람들은 스토리에 열광하며, 스토리에 울고 웃을까? 왜 스토리는 문화와 국경을 넘어 사람들을 묶고 연합시킬 수 있을까? 어떻게 스토리는 사람들의 관심을 수시간, 아니 수개월, 아니 수년 동안 붙잡아 놓을 수 있을까? 스토리가 강력한 이유는 세 가지가 있다.

첫째, 스토리가 공감을 만들어 마음을 움직이기 때문이다. 스토리는 사람들에게 새롭고 흥미로운 상황과 인물, 사건을 제공하며, 그 속에서 사람들은 감정이입을 통해 기쁨, 슬픔, 두려움, 흥분의 감정을 공감하게 된다. 그 공감을 통해 사람들은 공동체 의식과 정체성을 느끼고, 다른 사람들과 열린 관계를 맺게 된다. 둘째, 스토리가 재미있기 때문이다. 우리는 수많은 흥미로운 스토리에 둘러싸여 있으며, 재미있는 스토리는 우리를 자석처럼 끌어당긴다. 셋째, 스토리가 인간의 마음속에 쉽게 각인되기 때문이다. 좋은 스토리는 기억에 오래 남는다. 만약 같은 정보라도 스토리에 태워 전달된다면, 사람들은 그 정보를 오래 기억하게 되는데 인지심리학 연구 결과 무려 22배 더 오래 기억한다고 한다.

그렇다면 어떻게 효과적으로 스토리텔링을 할 수 있을까? 수많은 사람들에게 사랑받았던 소설과 드라마, 영화와 브랜드의 스토리에는 한 가지 공통적인 공식이 있다. 바로 '주인공 – 악당 – 가이드'이다. 당신은 스토리텔링을 위해 복잡한 인물 배치법과 사건 구성법을 외우지 않아도 된다. 그저 주인공, 악당, 가이드 별 실존주의 질문 '누가? – 무엇을? – 어떻게?'를 질문하면 된다. 이 실존적 질문에 대한 구체적인 답들이 당신의 스토리를 입체적이고 흡입력 있는 스토리가 되게 만들 것이다.

이제 당신의 스토리를 만들어 볼 차례이다. 다음 질문과 제안을 스스로에게 묻거나 토의해보길 바란다.

1. 당신의 인생에 강력한 영향력을 행사한 스토리는 무엇인가? 그 스토리의 어떤 부분이 당신에게 중요했는가?

2. 최근에 본 영화, 드라마, 소설은 무엇인가? 그 스토리를 주인공

- 악당 - 가이드로 재구성해보라.

3. 현재 당신에게 가장 중요한 일은 무엇인가? 그 일의 주인공은
   누구인가?(주인공은 당신이 아니다.)

4. 그 일을 가로막는 악당(인물, 조직, 상황, 위기, 환경 등)은 누구인가?

5. 그 일을 성공하도록 가이드인 당신은 무엇을, 어떻게 하는가?

8 시간

시간은 우리에게 없어서는 안 될 정말로 편리한 도구이다. 우리는 특정한 시간에 행동을 하거나, 시간적 순서대로 역사를 기술하고, 시간의 주기를 계산해서 미래의 일을 예측하고 행동한다. 이 글을 쓰는 시점, 당장 어제만 해도 시간이 있었기에 하루를 제대로 살아 낼 수 있었다. 정확히 아침 6시 40분에 울리는 알람 소리를 듣고 일어났고, 7시 42분에 집 앞 정류장에 도착하는 출근 버스를 탔고 회사에 출근 했다. 9시 팀 현황 점검 회의에 참석했고 9시 30분

---

* 카를로 로벨리의 《시간은 흐르지 않는다, 쌤앤 파커스(2019)》의 7장 '문법의 부적당함'에 소개된 아인슈타인의 글귀를 인용했다.

부서 데일리 회의를 주관하여 업무 현황 점검 및 업무 분배를 했다. 10시 30분 팀 주간 회의에 참석했고 지난 주에 요청받은 발표 아젠다 2 건을 발표했고 긍정적인 피드백을 받았다. 11시 30분에 부서원들과 근처 중국집에 가서 중식 간담회를 진행했다. 2시에 예정된 부서원과의 원온원을 진행했고 2시 40분에 부서 내 실무리더님들과 회의실에서 모여 다음 주 사장급 주관 회의에서 보고해야 하는 자료를 한 시간 동안 검토 논의했다. 이후 정확히 5시 30분에 출발하는 퇴근 버스를 탔고 6시 30분 동탄의 한 식당에서 타부서 리더님들과 예정된 월간 회식을 했다.

이처럼 우리가 생활할 때 시간은 필수이다. 우리가 시간을 사용하는 모습을 한 발 짝 떨어져 관찰해 볼 때, 우리는 시간에 대해 몇 가지 공통된 개념을 공유하고 있다 생각된다. 첫째, 시간은 과거에서 현재로, 현대에서 미래로의 한 가지 방향으로 흐른다. 둘째, 시간은 모두에게 공평하게 주어진다. 셋째, 시간은 모두에게 동일한 속도로 흐른다. 이렇게 절대적인 물리적 시간을 고대 그리스인들은 '크로노스'라 불렀다. 오늘날의 과학기술로 표현하자면 크로노스란 1초 마다 세슘 원자가 91억 9263만 1770번 진동하는 속도로 일정하게 흐르는 시간이다.

시간은 절대적이기만 할까? 아니다. 때때로 우리는 시간의 속도가 평소와 다르게 흐르는 것과 같은 주관적 경험을 한다. 찰나의 순간이 마치 영원처럼 느껴지고 몇 년이란 긴 시간이 마치 하루와 같은 순간처럼 느껴지는 것 말이다. 여덟 살 때 난 아직도 잊을 수 없는 특이한 경험을 했다. 동네 친구와 자전거를 타고 레이싱 시합을 했다. 세 바퀴를 먼저 돌면 이기는 것이었다. 두 바퀴 반을 지나 근소하게 앞섰던 나는 마지막 코너를 앞두고 있었다. 꼭 이겨야 한다는 마음에 나는 속도를 줄이지 않았고 주변을 제대로 살피지도 않았다. 때 마침 오토바이가 지나가고 있었고 우리는 충돌했다. 나는 공중 부양 했고 바닥에 떨어져 기절했다. 내가 생생하게 기억하는 것은 충돌했던 그 몇 초 간의 순간이다. 내 몸이 내 자전거보다도 더 높이 공중에 붕뜬 채 시간이 정지되는 것 같았다. 그 순간 오토바이의 색깔, 젊은 청년의 옷차림, 떨어질 바닥의 위치와 구조물 등 모든 것들이 순식간에 뇌리에 스치듯 파악되었다. 마치 영화 〈엑스맨: 데이즈 오브 퓨처 패스트〉에서 퀵실버가 울버린과 프로페서 X를 구하는 식당의 한 장면처럼 모든 것들이 슬로우모션이었다.

위기의 순간 뿐만 아니라 인생에서 가장 중요한 순간을 대할 때에도 시간의 속도는 구부러진다. 영화 〈빅 피쉬〉에서 주인공 윌의 아버지는 이렇게 말한다. "인생의 사랑을 만나면 시간이 멈춘다는 말은 진실이야. 그러다가 흘러가기 시작하면 따라잡기 힘들 정도로 빨리 지나가지." 이와 같이 사건에 대한 주관적인 감정, 마음 상태에 따라 자유자재로 길이와 속도가 변하는 시간을 고대 그리스인들은 '카이로스'라 불렀다. 카이로스는 그리스 신화에서 제우스와 행운의 여신 티케의 아들이다. 그는 매우 특이한 모습을 가지고 있다. 앞머리는 숱이 무성하고 뒷머리는 대머리이다. 양발 뒤꿈치에는 날개가 달려있다. 앞머리 숱이 무성한 이유는 사람들이 자신을 알아볼 때 쉽게 붙잡을 수 있도록 하기 위함이고 뒷머리가 대머리인 이유는 지나가면 다시는 붙잡지 못하도록 하기 위함이라고 한다. 발 뒤꿈치에 날개가 달린 이유는 지나간뒤 최대한 빨리 사라지기 위함이라고 한다. 이런 카이로스를 두고 그리스인들은 기회라 불렀다.

크로노스와 카이로스의 개념처럼 동양의 시간 개념에도 절대성과 상대성이 있다. 그것은 시간이라는 단어 자체에 내포되어 있다. 시간(時間)의 한자를 파자해보면 우리 선조들이 시간을 어떻게 인식했는지에 대한 단서가 나온다. 시(時)는 해(日)가 규칙대로(寸) 움직이는(土=之) 사건 즉, 절대적 시간을 상징한다. 간(間)은 문(門) 사이에 햇빛(日)이 비치는 모양으로 사건과 개인 사이의 관계에 따라 달라지는 상대적 시간을 상징한다. 또한 간(間)은 마구간, 헛간, 곳간, 우릿간, 꼴간이란 단어에서 볼 수 있듯이, 목적에 따라 달라지는 속성을 지닌다. 즉, 개인의 마음 상태에 따라 시간의 가치와 무게는 얼마든지 변화하는 것이다.

물리학이 말하는 시간

지구와 달 사이에는 중력이 존재하여 달이 지구를 공전한다. 마찬가지로 지구와 태양 사이에도 중력이 존재하여 지구는 태양을 공전한다. 우리는 이렇게 배웠다. 이 사실은 점프를 뛰면 곧바로 땅에 떨어지듯 의심할 여지 없이 당연해 보인다. 그런데 아인슈타인은 이렇게 질문했다. "지구와 달이 서로 접촉하는 것도 아니고 그 사이 공간에 아무 것도 없는데 도대체 어떻게 중력으로 서로를 끌어당기는 것일까?" 아인슈타인은 분명 지구와 달 사이에 뭔가가 있다고 생각했다. 그 사이에 공간과 시간만큼은 존재할테니 아인슈타인은 지구와 달의 질량이 주위의 시공간을 구부러뜨린다고 생각했다. 시공간에 굴곡이 생성되니 지구와 달은 서로를 향해 끌어당기는 것이다.*

　중력이 있는 곳에 시간이 구부러진다는 아인슈타인의 생각은 이후 시간에 대한 개념을 완전히 바꾸어놓았다. 중력이 강한 곳에서는 시간이 심하게 휘어서 시간이 천천히 흐르고, 중력이 약한 곳에서는 시간이 덜 휘어서 시간이 빠르게 흐르는 것이다. 이는 마치 우회로(detour)가 심하면 목적지에 도달하는 시간이 오래 걸리는 것과 비슷하다. 이를 일상에 적용하자면 재미있는 해석이 나온다. 아파트 20층에 사는 사람의 시간이 아파트 1층에 사는 사람의 시간보다 더 빠르게 흐른다(미약하지만 아파트 20층에서의 중력이 1층보다는 작기 때문이다). 그 결과, 아파트 20층의 사람이 더 빨리 늙을 것이다. 같은 논리로, 신체에 있어 얼굴이 다리보다 위에 있기 때문에 더 빨리 노화될 것이다. 이 현상은 웃기는 소리지만 과학적으로 사실이다. 아인슈타인을 통해 우리는 아이작 뉴턴이 주장한 시간의 절대성 즉, 시

---

* 카를로 로벨리의 《시간은 흐르지 않는다, 쌤앤 파커스(2019)》에서 물체가 땅에 떨어지는 현상을 시간지연 때문으로 설명하기도 한다. 물체가 떨어지는 것은 시간의 속도가 빠른 곳에서 시간의 속도가 느린 곳으로 중력 포텐셜이 걸리기 때문으로 설명한다. 마치 압력이 높은 곳에서 압력이 낮은 곳으로 바람이 불고, 온도가 높은 곳에서 온도가 낮은 곳으로 열이 이동하는 것과 같이 말이다.

간은 우주 어디에서나 동일한 속도로 흐른다는 것이 진리가 아님을 알게 되었다. 시간은 상대적이다. 우리가 존재하는 위치에 따라 시간의 속도는 다르며, 모든 사람은 각자의 자기만의 고유한 시간을 가지고 있다.

한편 우리는 현재, 지금 이 순간에 큰 의미를 두며 살아간다. 밤하늘에 빛나는 별이 알고 보니 100광년 떨어진 별이었다면 지금 현재 당신은 100광년 전의 과거를 보는 것이다. 지구의 현재, 지금 이 순간은 그 별의 현재, 지금 이 순간과 다르다. 만약 당신의 아버지가 10년 전 행성 '프록시마b'에 갔다고 하자. 이 행성은 4광년이나 떨어져있다. 빛의 속도로 이동했을 때 4년이 걸리는 거리이다. 지금 이 순간 당신의 아버지는 무엇을 하고 있을까? 때마침 바로 지금 당신의 아버지가 보낸 영상 신호가 수신되었다. 이 신호는 4광년 떨어진 곳에서 빛이 속도로 지구까지 전달된 것이므로 당신이 본 아버지의 모습은 지금이 아닌 4년 전 과거의 것이다. 그렇다면 지금 이 순간 아버지의 모습은 지구 시간으로 앞으로 4년 후의 모습일까? 결론부터 말하자면 '아니다!' 앞으로 4년 후는 아버지의 시간대에선 지구의 10년 후가 될 수도 있고 10 시간이 될 수도 있다. 어쩌면 아버지는 프록시마b 별에 도착하여 영상을 보냈고 바로 지구를 향해 떠나 이미 지구에 돌아와 있을 수도 있다. 지구의 현재와 대응되는 프록시마b의 현재는 없으며 반대로 프록시마b의 현재와 대응되는 지구의 현재는 존재하지 않는다. 이와 같이 우주의 문법에는 '같은 순간'이라고 규정된 동시적 시간은 없다.

시간의 절대성, 시간의 동시성은 사라졌다. 그렇다면 시간의 방향성은 어떨까? 우리는 모두 시간이란 과거에서 미래로 한 방향으로만 흐른다고 생각한다. 과연 그럴까? 요즘 현대 물리학과 인문학의 경계에서 가장 많은 화제를 불러일으키는 사람이 있다. 바로 이탈리아의 이론 물리학자 카를로 로벨리이다. 그는 아인슈타인에서 한 발 짝 더 나가 이렇게 말한다. "시간은 흐르지 않는다." 즉, 시간의 방향성이 없다는 주장이다. 지금까지의 모든 물리학은 시간의 흐름 속에서 사건의 변화를 표현해왔다. 하지만 카를로 로벨리가 들고 온 물리학은 사건의 흐름 속에서 시간의 변화를 표현하고자 한다. 우리에게 시간이 흐른다고 보이는 현상이란 사실 사건들의 상호작용에 의한 결과일 뿐이라는 것이다.

예를 들어 뜨거운 물체가 차가운 물체와 연결되는 사건은 어떻게 전개될까? 우리는 경험적으로 뜨거운 물체가 가지고 있는 열이 차가운 물체쪽으로 이동한다는 것을 알고 있다. 자연적으로 차가운 물체에서 뜨거운 물체로 열이 이동하는 경우는 존재하지 않는다. 이 현상을 예리하게 관찰한 프로이센의 루돌프 클라우지우스(1822~1888)는 '열이 역행 없이 한 방향으로만 이동하는 현상을 측정하는 양'에 대해 고민했다. 그리고 그것을 '엔트로피(무질서의 정도, S)'라 불러주었다. 열이 한 방향으로만 흐른다는 현상을 엔트로피로 표현하면 엔트로피는 계속해서 증가하기만 한다. 이를 엔트로피의 법칙(열역학 제 2법칙)이라 부른다.

엔트로피의 법칙에 따르면 전 우주는 무질서도가 증가하는 방향으로만 움직인다. 바로 이 공식이 인간이 얻은 지식 중에서 과거(원인)와 미래(결과)의 차이를 나타내는 유일한 방정식이다. 그 본질에는 열이 뜨거운 물체에서 차가운 물체로 이동한다는 단순한 진리가 숨어 있다. 그런데 열이 뜨거운 물체에서 차가운 물체로 이동하는 사건에 시간은 중요한 역할을 하고 있는가? 아니다. 시간은 이 사건에 어떠한 원인으로도 개입하지 않는다. 그저 사건이 일어났고 인간이 보기에 과거에서 미래로 시간이 흐르는 것처럼 보일 뿐이다. 시간의 흐름이란 어쩌면 인간의 느낌이 만들어낸 환상일 수 있다.

인간이 느끼는 과거와 미래가 구별되는 순간은 특수하거나 특별한 상황이 무질서해질 때이다. 떨어진 유리잔이 깨져 산산조각이 날 때, 물통에 떨어뜨린 잉크 한 방울이 물통 전체를 가득 채울 때, 불에서 나온 연기가 공간의 구석구석을 매울 때처럼 말이다. 과거는 늘 특수하거나 특별한 상황에서 시작된다.

그렇다면 특수하다는 것, 특별하다는 것이란 무엇인가? 카를로 로벨리는 트럼프 카드의 비유로 특수성을 설명한다.[40]

총 52장 중 윗부분의 26장이 모두 붉은색이고 아랫부분의 26장이 모두 검은색인 경우, 윗부분의 26장이 다이아몬드와 클로버인 경우, 우리는 이 구성이 특수성이 있다고 인식한다. 그런데 만약 우리에게 놀라운 능력이 주어져 52장의 모든 카드를 상세하게 구별할 수 있다면 어떻게 될까? 이 경우 모든 카드가 특별하게 되어 아이러니하게도 52장의 카드 구성은 더 이상 특별해지지 않는다. 어쩌면 우리가 무엇을 더 특수하다고, 더 질서 있다고 느끼는 이유는 우리가 세상을 희미하게 바라보기 때문일지도 모른다. 세상을 희미하게 바라보기 때문에 우리가 과거와 미래를 구별하여 세상을 인식하고 있는 것이다. 우리가 세상을 희미하게 바라보기 때문에 클라우지우스가 말한 엔트로피가 증가하는 방향으로만 세상이 움직이는 것이다. 만약 모든 것을 아는 전지전능한 신이 나타난다면, 그 앞에서 더 특별한 것, 덜 특별한 것은 사라질 것이다. 만약 세상을 구성하는 수 조 개의 원자, 분자, 물질들이 어떻게 움직이는지 정확하게 파악된다면 과거와 미래의 구분은 불가능할 것이다. 시간은 흐르지 않는 것 즉, 시간의 방향성이 사라지는 것이다.

현대 과학은 인간에게 시간의 본질을 자세히 알려줄 것으로 기대되었다. 하지만 현대 과학은 인간이 당연하다고 여긴 시간에 대한 상식을 모조리 깨뜨렸다. 시간의 절대성, 시간의 동시성, 시간의 방향성은 이제 없다. 이는 마치 강도를 만나 모든 재산을 털린 것처럼 큰 충격이다. 이 상황에서 카를로 로벨리는 이렇게 말한다. "우리는 시간이 없는 세상에서 살고 있다. 이 세상은 수만 가지 사건들의 네트워크로 이뤄져 있다. 시간이 없이도 사건들의 상호작용을 통해 우주의 변화는 끝없이 일어난다."

사물이란 시간 속에서 계속 존재하는 물질이다. 반면 사건이란 한정된 지속 기간을 갖는다. '돌맹이'는 사물이고 '입맞춤'은 사건이다. 세상은 돌이 아닌 입맞춤들의 네트워크로 구성되어 있다는 것이다.[41] 고전역학에서 현대물리학에 이르기까지 물리학자들은 세상을 기술할 때 사물이 아닌 사건을 다루었다. 그들은 사물이 어떻게 '존재'하는지가 아니라 사건이 어떻게 '변화'하는지를 설명했다. 한편, 영원히 변함이 없을 것 같은 사물 자체도 사실 일시적으로 변함이 없어 보이는 사건일 뿐이다. 언젠가는 우주의 먼지가 되어 사라질 것이다.

사건들로 구성된 인생

시간이라는 단어에 사이 간(間)이 들어있듯이 우리 인간이란 말에도 사이 간(間)이 포함되어 있다. 시간과 마찬가지로 우리 인간 또한 셀 수 없이 많은 사건들의 네트워크 속에서 존재한다. 각자의 인생은 각자의 삶 속에서 겪어진 사건들의 총집합이라고도 말할 수 있다. 당신이 당신 된 것은 당신의 삶을 스친 다양한 사건들 때문이다. 어린 시절에 벌어진 전쟁과 실향의 아픔, 불의의 사고로 소중한 가족을 잃은 아픔, 은사님을 통해 얻게 된 평생의 직업, 우연히 봉사 활동을 하다 만나게 된 평생의 배우자, 사랑하는 자녀들의 탄생, IMF 시절 피하지 못한 실직과 새로운 도전 등등 세상에는 수많은 사건들이 존재해왔고 앞으로도 계속 존재하며 인생의 강물을 흐르게 할 것이다. 내 인생 또한 수많은 사건의 강물이 나를 나 되게 했다.

결국 시간이란 사건들의 연속이라면, 그 사건들의 네트워크가 당신의 인생을 만들어간다면, 시간에 관한 최후의 질문은 이것이다.

"나는 누구인가?"

　나는 누구이며, 누가 되고 싶은가라는 실존적 질문에 당신은 어떻게 답을 할텐가? 잠깐! 당신은 답을 할 때 신중해야 한다. 그 답에 따라 당신이 경험할 사건들의 방향이 결정되기 때문이다. 사람마다 고유의 시간과 리듬이 있듯이, 나는 누구인가에 대한 답에 따라 고유의 사건들의 네트워크가 만들어진다. 시간이란 사건들의 네트워크라면, 그 시간을 흐르게 한 것은 바로 당신이다. 뜻이 있는 곳에 길이 있다 했던가? 당신의 뜻, 의지, 마음이 있는 방향으로 '당신'이라는 하나의 '역사'가 흐를 것이다. 자 이제, 충분히 고민해보고 신중하게 답해보자.

　"나는 누구인가?"

최후의
질문

현대 과학은 인간에게 시간의 본질을 자세히 알려줄 것으로 기대되었다. 하지만 현대 과학은 인간이 당연하다고 여긴 시간에 대한 상식을 모조리 깨뜨렸다. 시간의 절대성, 시간의 동시성, 시간의 방향성은 이제 없다. 물리학자 카를로 로벨리는 말한다. "우리는 시간이 없는 세상에서 살고 있다. 이 세상은 수만 가지 사건들의 네트워크로 이뤄져 있다. 시간이 없이도 사건들의 상호작용을 통해 우주의 변화는 끝없이 일어난다." 사물이란 시간 속에서 계속 존재하는 물질이다. 반면 사건이란 한정된 지속 기간을 갖는다. '돌맹이'는 사물이고 '입맞춤'은 사건이다. 세상은 돌이 아닌 입맞춤들의 네트워크로 구성되어 있다.

시간이라는 단어에 사이 간(間)이 들어있듯이 우리 인간이란 말에도 사이 간(間)이 들어있다. 시간과 마찬가지로 우리 인간 또한 셀수 없이 많은 사건들의 네트워크 속에서 존재한다. 결국 시간이란 사건들의 연속이라면, 그 사건들의 네트워크가 당신의 인생을 만들어간다면, 시간에 관한 최후의 질문은 바로 이것이다. "나는 누구인가?" 바로 이 실존적 질문이 당신이 경험할 사건들의 방향과 당신의 삶을 만들어 갈 것이다.

이제 당신의 인생을 놓고 실존적 질문에 답을 할 차례이다. 다음 질문과 제안을 스스로에게 또는 스터디 그룹에서 던지고 토의해보길 바란다.

1. 긴 시간이 매우 짧게 느껴진 적이 있었는가? 그 때 어떤 일이 일어났는가?

2. 지금의 당신을 있게 한 중요한 인생의 사건 세 가지는 무엇인가? 그 사건이 어떤 영향을 끼쳤는가?

3. 지금까지 당신은 누구였는가? 앞으로 당신은 어떤 사람이 되고 싶은가? 그리고 어떤 일들이 당신의 삶에서 일어나길 꿈꾸는가?

4. 그리스인들은 상대적 시간(카이로스)을 기회라 불렀다. 중요한

기회를 놓쳤던 적이 있는가? 앞으로 기회를 놓치지 않기 위해 무엇을 할 수 있는가?

5. 당신의 묘비에 어떤 글을 남기고 싶은가?

PATTERN III

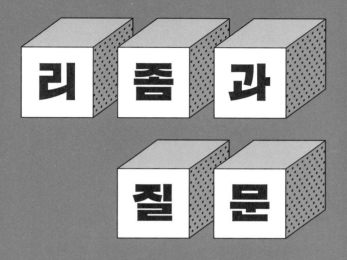

리좀과
질문

9 리좀

"물음의 역량은 물음이 향하는 대상은 물론이고
그에 못지않게 묻고 있는 자를 위험에 빠뜨리고,
또 자기 자신을 물음의 대상의 위치에 놓는다."

- 들뢰즈 《차이와 반복》 중.

철학자 박이문은 '사람이 철학하는 것'을 정보들을 모아 생각을 건축하는 것이라면서 새가 여러 재료를 모아 둥지를 만드는 것과 비슷하다고 말했다.[42] 이번 장에서 나는 앞서 언급한 두 가지 철학과는 색다른 현대 철학 이야기를 하고자 한다.

본질주의는 '왜'라는 본질로부터 시작하여 '어떻게', '무엇'으로 이어지는 철학이었다. 실존주의는 '누가'에 대한 정의로부터 시작하여 '무엇', '어떻게'로 이어지는 철학이었다. 이 두 가지 철학은 서로 다르지만 생각을 짓는 모습이 선형적이고 위계적이라는 공통점이 있다. 철학의 중심에 무엇이 있는가에 대해서 본질주의는 '본질'이라 답하고, 실존주의는 '실존자(=나)'라고 답한다. 그리고 '본질'

또는 '실존자'를 기준으로 중앙집권적이고 위계적인 사고가 발전되어 나간다. 그런데 다른 방법은 없을까? 탈중앙집권적인 방식으로 철학할 수 없겠는가? 수평적이고, 관계적인 방법으로 지적인 건축 작업을 할 수는 없겠는가? 이 질문은 포스트모더니즘 이후 오늘날 4차 산업 혁명에 이르기까지 탈중심, 해체, 융합의 시대 속에 살고 있는 현대인들의 철학이기도 하다.

탈중앙집권적이고 관계적인 철학과 관련하여 철학자 질 들뢰즈는 '리좀'이라는 개념을 제시한다. 리좀이란 뿌리줄기식물을 의미하며, 뿌리줄기는 땅속에서 끊임없이 갈라지고 증식하고 서로 다른 줄기들과 연결되고 엉켜 있는 형상을 한다. 리좀을 잘 관찰할 수 있는 때는 바로 고구마를 캘 때이다. 고구마는 한 해 살이 뿌리 채소이다.

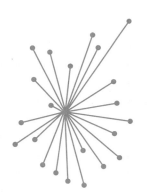

중앙집권적 사고
(본질주의/실존주의 철학)

탈중앙집권적 사고
(리좀철학)

고구마를 열매라고 착각하는 사람들이 많은데, 실제는 줄기에서 갈라져나온 뿌리가 굵어진 것이다. 땅속에 숨어 있는 고구마를 캐면, 질서 없이 복잡하게 엉켜 있는 고구마 줄기에 다양한 모양의 고구마들이 매달려 있는 모양을 볼 수 있다. 따라서 고구마 하나를 캐면 그것과 연결 되어 있는 다른 고구마들이 줄지어 따라 나온다.

이와 같이 리좀은 수평적이고 관계적이고 우발적이다. 리좀은 뚜렷한 중심이 없다. 중심이 주변이 될 수 있고 주변이 중심이 될 수 있다. 또한 리좀은 관계에 있어 어디가 시작인지 어디가 끝인지를 알 수 없다. 어떠한 질서도 예측되는 패턴도 없이 그저 우발적인 접속이 있을 뿐이다.[43] 이렇게 들뢰즈는 리좀을 닮은 철학 즉, 리좀주의 철학을 주장한다. 그리고 그는 리좀주의 철학을 기존 본질주의 철학과 실존주의 철학의 위계적이고 수직적인 철학과 차별화 했다. 앞서 본질주의와 실존주의에서의 '의미'는 본질 또는 실존자와 같은 대상을 통해 나타났다. 하지만 리좀주의에서의 '의미'는 대상 그자체에서 생성되는 것이 아니라 대상과 다른 대상 간의 관계(또는 접속)을 통해 생성된다. 사람들은 리좀주의를 '생성의 철학', '차이의 철학', '직관의 철학'이라고 부르기도 한다.

생성의 철학

먼저, 리좀주의는 생성의 철학이다. 리좀주의는 처음과 끝이라는 변하지 않은 본질을 전제하지 않는다. 리좀주의는 서로 다른 대상들 사이의 끊임 없는 연결과 접속을 통해 새로운 의미를 만들며, 그 의미는 새롭게 증식과 변화를 거듭한다. 바로 이 과정이 들뢰즈가 말하는 '생성'이란 개념이다. 생성은 무에서 유를 만드는 '창조'와 다르다. 생성은 유에서 유를 만드는 작업이다. 다시 말해서 기존에 존재하는 개념들 사이의 우발적 마주침과 사건으로 인해, 새로운 개념들이 만들어지는 것이다.

역사 상 가장 지혜로운 왕 중의 한 사람이라는 솔로몬 왕은 "태양 아래 새로운 것이란 존재하지 않는다"라는 말을 남겼다.[*] 솔로몬 왕에게 있어 새로운 것이란 이미 있는 것들이 새로운 방식으로 연결되어 세상이 아직 모르는 무언가가 되는 것이었다.[44] 어쩌면 솔로몬 왕은 최초의 리좀주의 철학자가 아니었을까 싶다. 리좀주의 철학을 통해 생성된 의미는 고구마의 뿌리 줄기처럼 다른 의미들과 끊임없이 연결, 접속된다. 그 결과, 이질적인 의미들과 구분되지 않는, 하나도 다수도 아닌, 여러 가지로 구성되어 있지만 하나의 개체로도 존재하는, 끊임없이 의미를 생성해 나가는 연결체를 만들어 낸다. 들뢰즈는 이 연결체를 '다양체(multiplicity)'라고 말했다.

프로이트는 인간의 무의식의 깊은 곳에 아주 원초적인 결핍이 존재하며 그 결핍을 채우고자 하는 커다란 욕망 덩어리가 있다고 생

---

[*] 구약성서의 전도서 1장 9절의 내용으로, 전체 문장은 다음과 같다: "이미 있던 것이 후에 다시 있겠고 이미 한 일을 후에 다시 할지라 해 아래에는 새 것이 없나니."

질문의 기술

각했다(그 대표적인 것이 성적 욕망이다). 이 경우, 욕망은 결핍이 채워지고 나면 사라지거나 감소하는 속성을 가지게 된다. 하지만 들뢰즈는 이렇게 말한다. "욕망이란 결핍을 채우고 나면 사라지는 그런 종류의 것이 아니다!" 들뢰즈에 따르면 욕망이란 항시 존재하며, 끊임없이 다른 대상과 접속되어 새로운 것을 생성하는 힘이다.[45] 예를 들어, 내 손이 키보드와 접속하면 글을 쓰고 싶은 욕망이 생기고, 스마트폰과 접속하면 SNS를 하고 싶은 욕망이 생기고, 골프채와 접속하면 멋진 샷을 날리고 싶은 욕망이 생기는 것처럼 말이다. 이와 같이 인간에게는 생산적인 욕망이 존재하기 때문에, 우리는 끊임없이 서로 다른 대상들과의 접속, 연결을 통해 새로운 의미를 생성해나갈 수 있는 것이다.[46]

차이의 철학

리좀주의는 다양체의 철학이며, 이 다양체는 '같음'이 아닌 '차이'를 만들어 나간다. 질 들뢰즈는 다양체라는 개념을 리만의 비유클리드 기하학에서 빌려 왔다. 비유클리드 기하학을 말하기 앞서 유클리드 기하학에 대해서 간단히 알아보자.

우리는 모두 초등학교 때부터 고등학교 때까지 줄곧 유클리드 기하학을 배운 바 있다. 몇 가지 예를 들자면, 삼각형의 세 가지 내각의 합은 180도이다. 그리고 서로 평행한 두 직선은 절대로 만날 수 없다. 이 두 가지 명제는 직관적으로도 참인 것 같아 보인다. 하지만 그 안에는 한 가지 중요한 전제가 숨어 있다. 바로 완벽한 평면 공간이다. 삼각형이 완벽한 평면 위에 놓여 있을 때에나 내각의 합이 180도가 되고 평행한 두 직선이 완벽한 평면에 놓여 있을 때에나 두 직선은 절대로 만나지 않는다. 그런데 만약 삼각형과 평행한 두 직선이 우리 지구와 같이 굴곡이 있는 표면 위에 놓이게 되면 어떻게 될까? 이 경우, 삼각형의 내각의 합은 180도가 넘게 되고[*], 평행한 두 직선이 교차하게 되는 이상한 사건이 만들어 진다. 이것이 바로 비유클리드 기하학이다.

완벽한 평면 위에 존재하는 대상의 위치와 운동을 기술하려고 할 때, 우리는 한 가지 고정된 좌표축을 가지고 기술하면 된다. 하지만 굴곡이 있는 공간 위에서(비유클리드 공간 위에서) 존재하는 대상의 위치와 운동을 기술하고자 할 때, 우리는 굴곡 때문에 한 가지 고정된 좌표축을 사용할 수 없다. 대상의 위치에 따른 국소적 굴곡에 맞추어 시시각각 변화하는 좌표축을 가지고 대상의 운동을 기술해야만 한다. 이와 같이, 보편적 척도와 기준이 존재하지 않고 위치에 따라 척도와 기준이 변천하는 공간이 바로 '다양체'이다. 예를 들어, (x, y, z)의 조합으로 표현되는 3차원 다양체에서는(x, y, z)의 조합에 따라 무한 개의 서로 다른 좌표축을 가지게 된다 .

---

[*] 삼각형이 어떤 굴곡 위에 놓이는가에 따라 내각의 합은 계속해서 바뀐다.

들뢰즈는 우리가 사는 세상의 모든 것들이 바로 무한 차원의 다양체라고 생각했다.[47] 다양체의 위치(x, y, z, …) 에 따라, 굴곡에 따라 달라지듯, 들뢰즈는 세상을 구성하는 서로 다른 대상들의 접속과 연결의 반복이 차이를 만들어 낸다고 생각했다. 언어적으로 재해석하자면 '여러 대상들(multi)'이 상호 작용하여 '주름(pli; 굴곡)'이 생긴 '다양체(multiplicity)'가 된 것이다.* 다양체를 이루는 대상들은 서로 끊임없이 소통한다. 이를 통해 다양체는 고정된 상태가 아닌 끊임없이 변화하는 새로운 다양체로 존재하게 된다. 예를 들어 우리의 사회는 문화, 정치, 외교, 경제, 교육, 스포츠, 연예 등의 다양체로 바라볼 수 있다. 대상들의 유기적인 접속과 연결을 통해 사회의 좌표축은 때와 장소에 따라 변화해 간다. 어제의 사회는 오늘의 사회와 다르고, 오늘의 사회는 또 내일의 사회와 다른 것이다. 이와 같이 리좀주의는 본질 또는 실존자의 동일성을 담보로 하는 철학이 아니라 존재하는 대상들이 끊임없이 접속되고 새로운 차이를 만들어 내는 철학이다.[48]

직관의 철학

세 번째로 리좀주의는 직관의 철학이다. 들뢰즈는 "이성에서 벗

---

* 들뢰즈는 이를 주름이 생겼다고 표현했다. 수학적으로 다양체의 위치마다 굴곡이 다르듯 말이다.

어나라!" "감각으로 보다 참된 것을 찾아라!"고 말하며 그 방법으로 '직관'을 주장했다. 그에 따르면 이성이란 대상의 두 가지 측면 중에서 한 측면만을 취할 뿐, 결단코 대상 그 자체를 보여주지 않는다. 이에 대해 개인적인 일화가 있다.

2015년 여름, 아내와 나는 시카고에서 휴가를 보냈다. 우리는 시카고 시티 패스를 끊었고 그 안에 포함된 시카고 미술관에 가 볼 생각에 많이 들떠있었다. 미술관에 가기 전, 나는 미술관 주요 작품들을 미리 좀 알아두어야겠다고 생각했다. 그래야 내가 작품을 제대로 이해하고 즐겁게 미술관을 관람할 수 있을 것으로 생각했다. 나는 고흐, 모네, 쇠라, 피카소 등 시카고 미술관에서 볼 수 있는 작가들과 그들의 작품 정보에 대해 열심히 구글링하며 공부했다. 예를 들어 조르주 쇠라는 프랑스의 신인상주의 화가이다. 그는 점묘법을 창안했다. 그는 〈그랑드자트섬의 일요일 오후〉라는 걸작을 남겼다. 나는 이와 같은 정보들을 머릿속에 기억해 두었다. 그리고 미술관에서 작품을 볼 때 확인을 해야겠다고 생각했다. 그런데 이러한 생각은 결과적으로 당시 미술관 관람을 망친 가장 큰 이유였다. 나는 내가 미리 공부한 작품들 이외에는 관심있게 감상을 하려고 하지 않았다. 또한 미리 공부했던 작품을 실제로 대면할 때에도 그 작품 자체를 감상하고 내면에서 일어나는 감정을 관찰하려고 하지 않았다. 그저 나는 내 머릿속에 저장된 정보가 맞는지 확인할 뿐이었다. 이 경험을 통해 나는 대상에 대한 '지식'이 오히려 대상을 바라보는 방법을 제한할 수 있음을 알았다. 마치 새로운 사람을 만날 때, 만나기전

주워 들은 정보로 인해 선입견을 쓰고 사람들 대하듯 말이다.

들뢰즈는 진정한 철학이란 이성이 우리에게 숨겨 놓은 다른 절반의 측면을 겨냥해야 한다고 생각했다. 그리고 그 방법이 바로 직관이다. 직관은 어떤 대상을 바라볼 때 어떤 추론과 인과관계를 필요로 하지 않는다. 우리는 직관을 통해서 어떠한 필터 없이 대상 그 자체 참 모습을 바라볼 수 있다. 직관 속에서는 대상을 바라보는 주체인 나와 객체인 대상 사이에 분간이 없다. 물아일체라는 말이 있듯이, 주체와 객체는 직관 속에서 하나가 된다. 그리고 주체와 객체 사이에 논리와 이성이 끼어들 틈이 사라져 버린다.

직관은 카오스 세계(인간에 의해 사유되기 이전의 세계 즉, 인간이 예술의 대상으로 삼기 이전에 이미 존재하고 있던 덩어리와도 같은 세계)의 구현을 목적으로 하는 현대 예술*에서 정말로 중요하다. 현대 예술가는 카오스 세계를 감각을 통해 대면하며, 카오스 세계의 그 무한한 가능성을 예술 작품 속에 가능한 놓치지 않으려고 노력한다. 하지만 예술가의 머릿속은 이미 수많은 이미지나 개념들이 점령하고 있다. 그리고 그 관념들은 예술가가 카오스 세계 그 자체를 보지 못하게 만든다. 예술가는 백지 상태의 순수한 화폭 위에 그림을 그리기 시작한다. 그런데 화폭은 판에 박힌 이미지로 가득 차 있다. 겉보기에 백지 상태인 화폭은 결코 백지 상태가 아닌 것이다.[49]

---

* 역사적으로 늘 그래왔듯, 철학과 예술은 서로 뗄 수 없는 관계를 지닌다. 현대 예술 속에서 현대 철학을 볼 수 있고, 현대 철학에서 현대 예술을 볼 수 있다.

들뢰즈는 카오스 세계를 제대로 구현하기 위해서는 먼저 포기를 알아야 한다고 말한다. 이성과 개념을 포기하고, 기존의 이미지들을 포기하고, 그것들을 어떻게든 변경해서 새로움을 추구하겠다는 의지 자체를 포기하는 것이다. 이 때 비로소 예술가는 진정 백지 화폭 위에서 그림을 그릴 수 있다. 이성을 내려놓을 때, 직관이 지배하고, 머리로 그림을 그리는 것이 아니라 자유로운 손이 카오스 세계를 구현해 내는 것이다. 자유로운 손이 카오스 세계와 우발적으로 접촉하고 연결될 때, 새로운 예술적 의미가 생성되는 것이다.

〈파인딩 포레스터〉라는 영화가 있다. 뉴욕 할렘가 출신 흑인이지만 문학적 재능을 가진 고등학생 자말과 데뷔 작품으로 문학계에 등단한 뒤 퓰리처상까지 수상했지만 세상과 담을 쌓고 빈민가에 사는 은둔 작가 포레스터와의 우정을 다루었다. 포레스터의 집에 대해 괴기한 소문이 돌자 자말은 친구들과 몰래 포레스터의 집에 침입한다. 하지만 주인에게 들키게 되고 겁을 먹은 자말은 배낭을 둔 채 도망치게 된다. 그런데 포레스터가 가방 속 자말의 노트에 담긴 글들을 읽게 되면서 그의 문학적 재능을 알아보게 되었다. 그는 자말의 글쓰기를 도우며 문학적 우정을 이어나간다. 영화에서 포레스터가 자말에게 타자기를 통해 글 쓰는 법을 가르치는 장면이 나오는데, 자말이 생각을 하고 쓰겠다며 머뭇거리자 포레스터는 즉석에서 수분 만에 마음에 있는 생각들을 생각하지 않고 즉시 한 페이지로 옮겨 쓰는 과정을 보여준다.

이 장면에서 나는 전율을 느꼈다. 영화가 끝나기가 무섭게 나는 노트와 펜을 꺼내 마치 포레스터처럼 내 안에 표현하고 싶은 것들을 자유롭게 적어냈다. 나는 인생 처음으로 노트 한 페이지 이상의 글을 쉬지 않고 써냈고 글을 쓸 때에 내가 자유로워질 수 있음을 느꼈다. 마치 모든 답이 이미 내 안에 있는 것처럼 느껴졌고 무엇을 써야 할 지 고민할 필요가 없었다. 이 영화를 본 이후 나는 줄곧 나를 영화 속 포레스터와 동일시하며 살아왔던 것 같다. 나 또한 포레스터처럼 즉흥적으로 그리고 직관적으로 글을 쓸 수 있다고 생각했다.[50]

그런데 '경영성과(이윤)'라는 본질이 지배하는 회사에서 일하면서 점점 내 글쓰기에 변화가 생겼다. 내 글쓰기는 '손으로 글쓰기'에서 '목적이 이끄는 글쓰기'로 바뀌었다. 나는 글을 쓰기 전에 '왜?' 글의 목적을 고민했고, 왜 - 어떻게 - 무엇이라는 본질주의 철학의 방식으로 글을 썼다. 미국에서 원고를 썼던 내 첫 번째 책《질문지능》을 제외하고, 그동안 출간한 모든 책들은 '목적이 이끄는 글쓰기'로 썼다.* 이 책《질문의 기술》은 좀 특별하다. 리좀주의 철학과 접속하여 '직관적으로 글쓰기'의 의미를 깨달은 나는 다시 손이 이끄는 대로 글의 세계를 구현해 보기 시작했다. 정확하게 말하자면, 나는 본질주의와 리좀주의의 경계에 서서 이 책을 썼다.

손으로 그리기, 손으로 글쓰기와 같이 리좀주의 철학은 직관을

---

* 아이러니하게도, 손으로 글쓰기로 작성한 《질문지능》은 베스트셀러를 기록하며 다쇄 발행을 했지만, 목적이 이끄는 글쓰기로 작성한 다섯 권 《노트지능》, 《당신의 열정을 퍼블리쉬하라》, 《걱정 마, 시간이 해결해 줄거야》, 《영어지능》, 《셋으로 된 모든 것은 완벽하다》은 아쉽지만 1쇄 출간이 끝이었다.

통해 이질적인 요소들 간의 우발적 접속과 연결을 만들어 낸다. 그리고 이를 통해 끊임없이 새로운 의미가 생성되고 차이가 반복적으로 만들어 진다. 본질에서 벗어나자! 이성에서 감각으로! 추론에서 직관으로! 날 것 그대로! 판에 박힌 논리에서 우발적 접속으로! 이것이 현대 예술이요, 현대 철학이요, 바로 리좀주의 철학이다.

리좀주의 철학과 질문이 만나면

본질주의 철학과 실존주의 철학에 질문의 패턴이 있었듯이, 리좀주의 철학으로 우리를 이끄는 질문 또한 존재한다. 그것은 바로 '왓-이프(what if)' 질문이다. 왓-이프 질문은 "만약 ~ 하면 어떨까?"라는 가정적이고 발산적인 속성의 질문이다. 나는 첫 번째 책《질문지능》에서 '왓-이프' 질문을 다루었다. 그당시 나는 리좀주의에 대해 알지 못했다. 하지만 나는 '창의력을 극대화하는 질문'으로 '왓-이프' 질문을 이야기했다. 우연히 생성의 철학으로서의 리좀주의를 다루었던 것이다. 나는 왓-이프 질문의 대표적인 사례로 소설가 댄 브라운을 들었다. 댄 브라운은 그의 세계적인 베스트셀러《다빈치코드》의 이야기를 구상할 때 다음 왓-이프 질문을 들었다: "만약 레오나르도 다 빈치가《최후의 만찬》속에 기독교에 관한 비밀을(예수 그리스도가 십자가에서 죽지 않았다는 것을) 숨겨 놓았다면 어떻게 될까?" 이 강렬한 왓-이프 질문을 중심으로 댄 브라운은 소설의 등장 인물과 세부적 시나리오를 배치시켰다. 비밀을 수호하려는 조직, 비밀을 은폐시키려는(사람들을 죽이기까지 하는) 조직, 그 사이에서 비밀의 상징과 암호를 풀려는 주인공과 주변 인물들. 이렇게 크게 세 가지 등장 인물들의 역동적인 배치와 그 사이 우발적으로 발생하는 사건들을 통해 우리 모두는 손에서 책을 못 뗄 정도로 박진감 넘치게 읽었다.[51]

에어비앤비(Airbnb)의 공동 창업자 조 게비아는 TED 강연에서 자신이 친구와 함께 에어비앤비를 창업한 이야기를 나눴다. 디자인 학교를 갓 졸업한 조 게비아는 마당에서 벼룩시장을 열고 사람들이 자신의 작품을 사주기를 기다렸다. 그러던 중 빨간 마즈다 자동차를 탄 한 청년이 내리더니 그의 작품들을 살펴보기 시작했다. 알고 보니 그는 곧 평화봉사단에 파견 예정이었는데 가기 전에 국경을 넘는 여행을 하는 중이었다. 조는 청년에게 같이 맥주를 마시자고 했고 그 둘은 맥주를 마시며 시간이 가는 줄 모르고 이야기했다. 날이 어둑해지자 조는 피곤해졌고 그 청년에게 물었다. "어디서 묵을 예정인가요?" 그러자 그 청년은 말했다. "사실, 잘 곳이 없어요." 처음 만난 사람에 대한 두려움이 있었지만 조는 말했다. "내 거실에 누워 잘 수 있는 공기 침대가 있는데요. 이용하실래요?" 그렇게 조는 청년에게 최초로 하루 숙박을 제공했다.

그로부터 2년 뒤, 실업자가 된 조는 직업도 돈도 없었다. 룸메이트는 이사 나갔고 월세도 올랐기 때문에 재정적으로 위기 상태였다. 그때 한 디자인 컨퍼런스가 그가 사는 지역에 개최되었는데 조는 모든 호텔이 매진되었다는 소식을 우연히 듣게 되었다. 순간 조는 2년 전 평화봉사단 청년에게 숙박을 제공한 즐거운 경험을 떠올렸다. 그는 자신의 방에 자신과 젊은 청년들로 가득 차 있는 장면을 상상했다. 그의 집은 호텔과 비교하면 매우 형편없었지만 호텔을 구하지 못해 발을 동동 구르는 사람들에게는 최고의 숙박 시설이 아닐까 그는 생각했다. 이 상상 속에서 그는 다음 왓-이프 질문을 던졌다. "우리 집을 디자이너용 조식 제공 숙소로 바꾸면 어떨까? 우리 마을에 온 젊은 디자이너에게 값싸게 제공하는 거야! 인터넷도 작은 책상도, 침대 매트리스도, 그리고 조식도 매일 제공하는 거지!" 그렇게 공기침대 조식 제공 숙박업소가 탄생했다. 젊은 디자이너들은 20달러짜리 공기침대와 조식 햄치즈오믈렛에 만족했다. 무엇보다도 젊은 손님들과 교감을 나누며 친구를 사귈 수 있다는 것이 조의 마음을 뜨겁게 했다.[52]

　　방금 전 다빈치코드와 에어비앤비의 사례에서 한 가지 공통된 개념이 있다. 이는 왓-이프 질문을 생성할 때 매우 중요하다. 그것은 바로 '배치'이다. 리좀주의 철학에서 '배치'를 '아장스망(agencement, 프랑스어)'이라고 부른다. 다빈치코드 사례에서는 왓-이프 질문을 중심으로 주인공과 사건들의 배치가 만들어졌다. 에어비앤비의 사례에서는 집 속에 거주하는 사람들의 우발적인 배치 속에서 왓-이프 질문이 만들어졌다. 다시 말하자면, 왓-이프 질문은 아장스망에서 생성되고, 아장스망 또한 왓-이프 질문에서 생성된다. 왓-이프 질문과 아장스망은 서로 상호보완적이고 필수불가결의 관계를 가진다. 따라서 우리가 리좀주의 철학적 사유를 잘 하기 위해서는 아장스망과 왓-이프 질문을 제대로 다룰 수 있어야 한다.

아장스망을 생성하는 세 가지 물음

들뢰즈는 사람이나 사물, 눈에 보이는 것이나 보이지 않는 것 등 각각 존재하는 개체를 '기계(machine)'라고 정의했다. 모든 것을 기계라고 부른 이유는 기계란 다른 개체와 접속되어 새로운 의미를 생성시키기 때문이다. 예를 들어, 엔진이 두 개의 바퀴와 접속되면 오토바이가 되고, 네 개의 바퀴와 접속되면 자동차가 되고, 두 개의 날개와 접속되면 비행기가 되는 것이다. 또 다른 예로 SNS가 사진을 만나 인스타그램이 되고, 동영상을 만나 틱톡이 되는 것이다. 또 다른 예로, 명태가 싱싱한 생선을 판매하는 상인을 만나 생태가 되고, 얼음을 만나 동태가 되고, 뜨거운 햇빛을 만나 노란 황태가 되는 것이다. 이와 같이 기계들이 서로 접속되어 의미를 만들어 내는 장이 바로 배치이다. 앞서 욕망이란 끊임없이 다른 대상과 접속되어 새로운 것을 생산하는 힘이라고 말했다. 기계는 욕망을 가지고 있으며 끊임없이 다른 기계와의 접속 즉, 배치를 통해 새로운 의미를 생성해나간다. 기계들 사이의 배치는 우리 삶 속에 매일 같이 벌어지는 사건들과 같다. 인생 속 수많은 사건들을 통해서 우리는 우리의 삶의 의미를 발견한다. 마찬가지로 기계와 기계 사이에 발생하는 다양한 배치 즉, 사건을 통해서 기계와 기계가 존재하는 의미가 생성된다. 이런 점에서 리좀주의 철학을 두고, '사건의 존재론'이라 부르기도 한다. 그렇다면 아장스망은 어떤 형태로 나타날까? 기계와 기계가 주로 접속되는 방식은 무엇인가? 어떤 아장스망 속에서 중요한 의미가 생성되는 것일까? 나는 대표적으로 세 가지 아장스망, 누가 – 아장스망, 언제 – 아장스망, 어디 – 아장스망)을 다루고자 한다.

1. 누가-아장스망

누가 – 아장스망은 개인적으로 가장 많이 활용하는 아장스망이다. 우리는 대부분 일을 하며, 일을 통해 생계를 유지한다. 그리고 가능하면 그 일의 의미가 우리에게 특별하고 자아 실현에 도움이 되기를 원한다. 나는 오랫동안 삼성전자라는 조직 문화 속에서 일했다. 이곳에서 내게 끊임없이 요구된 것은 일의 '차별화'였다. 우리 팀은 언제나 우리가 하는 일이 대외적으로 특별하며, 차별화된 일을 통해 경영에 혁신적으로 기여하고 있음을 어필하고 싶었다. 하지만 늘 하던 일에 있어 차별화된 스토리를 만들어 내는 것은 정말 어려웠다. 실무자들 사이에서는 이런 말들이 있었다. "차별화? 그게 되었으면 진작에 되지 않았을까?" "어쩌면 우리는 차별화할 수 없는 것을 고민하는 것은 아닐까?" "그동안 늘 똑같은 목적과 똑같은 방법으로 일을 해왔고, 그럼에도 성과를 잘 내고 있는데 왜 힘들게 차별화 해야 하는가?" 이와 같이 일의 차별화가 어려우니, 기존과 일의 내용이 비슷하나 기존보다 '좀 더 빨리' 해냈다는 식의 보고가 최선이었다. 하지만 나는 '좀 더 빨리'의 차별화에 감흥과 감동을 느끼지 못했다. 어떻게 하면 '좀 더 빨리'에서 '좀 더 다르게'로 일의 의미를 전환시킬까 나는 많이 고민했다.

답은 생각보다 내게 가까이에 있었다. 바로 사람과 사람의 관계였다. 사람들이 모인 곳에 언제나 일들이 있었다. 그리고 일들이 있는 곳에 기존의 것과는 차별화된 의미가 숨어 있었다. 예를 들어 나는 박사 공부로 표면/계면 화학 분야에서 나노 구조와 나노 코팅 연구를 했다. 하지만 회사에 들어와서는 전공과 직접적인 관련성이 없는 일을 했다. 그러던 중 같은 팀 소속 분석 담당자가 에치 기술팀[*]의 요청으로 코팅 부품 분석을 하게 되었다. 그는 우연히 내가 부품 코팅 분야를 공부했다는 사실을 듣게 되었다. 그리고 그는 분석을 잘하기 위해 전문가인 내게 조언을 구했다. 그를 통해 나는 분석 의뢰 내용과 분석 결과를 보게 되었고 우리 회사 코팅의 현 수준을 단번에 파악했다. 또한 그를 통해 분석 의뢰자 곧, 코팅 부품 전체를 총괄하는 담당자를 만났다. 우리는 이번 코팅 분석 결과를 놓고 심도 있게 논의하는 회의를 했다. 그 회의에서 나는 현재 코팅 기술 동향에 있어 우리 회사의 코팅 수준은 어느 수준이며 앞으로 어떤 방향으로 개선하면 좋을지 솔직한 의견을 드렸다. 그런데 여기서 코팅 부품 담당자가 내 의견에 큰 인상을 받았다. 그는 그의 팀장님과 해

---

[*] Etch, 반도체 8대 공정 중에서 식각 공정을 담당한다.

당 내용을 공유했다. 그리고 곧 팀장님 요청으로 코팅 부품 품질을 개선하는 혁신 과제가 시작되었다.

우리는 그동안 가지 않은 길, 해보지 않은 일을 제대로 만들기 위해 적극적으로 협업했다. 우리는 부품 코팅 품질을 비약적으로 상향시킬 수 있었고, 이를 통해 반도체의 수율, 품질을 개선하여 총 1,300억 이상의 경영 성과를 창출했다. 이처럼 나는 사람과 사람의 새로운 아장스망에서 의미의 차별화가 생성된다고 생각한다. 새로움이 필요할 때, 내가 제일 먼저 시도하는 것은 사람과 사람의 아장스망을 바꾸는 것이다. 이렇게도 사람과 사람을 이렇게도 배치해보고 저렇게도 배치해보면서 그동안 내가 보지 못했던 새로운 가능성을 보는 것이다.

작가 활동에 있어서도 가장 많이 활용하고 있는 아장스망이 누가−아장스망이다. 작가는 영감을 먹고 산다. 그 영감의 가장 확실한 소스가 바로 사람이다. 앞서 실존주의 철학의 질문에 대해 다뤘듯이 '누가?'라는 질문은 그 질문에서 끝나지 않고, '무엇을?'이라는 질문으로 연결된다. 실존적으로 '사람'을 만난다는 것은 그 사람이 가지고 있는 '개념'의 총체 즉, 그 사람의 세계관과 접속한다는 것을 의미한다. 사람을 만날 때, 당신의 세계와 그 사람의 세계가 충돌한다. 이 충돌은 세계와 세계 사이에 계면(인터페이스)을 만들어 내며, 바로 그 '사이(between)' 공간에서 새로운 의미가 생성되는 것이다.

이는 내가 전공한 계면 화학과 비슷하다. 우리의 세계는 크게 고체와 액체와 기체라는 세 가지 상(phase)로 이루어져 있다. 대부분의 물리적, 화학적, 생물학적 반응은 바로 상과 상 사이의 계면에서 생성된다. 작가로서 끊임없이 영감을 얻고 새로운 것을 반응시키기 위해서 나는 사람을 만난다. 내가 평소 책 읽기를 추앙하고 책 읽기를 멈추지 않는 이유가 바로 사람을 만나기 위해서이다.

나는 '평소 만나기 힘든 사람을 만나 대화한다는 생각'으로 책을 읽는다. 나는 매주 한 권 이상의 책을 꾸준히 읽어왔다. 매주 한 사람 이상의 작가들과 꾸준히 교류한 셈이다. 책을 구매하는 것은 내게 작가를 만나는 이벤트를 준비하는 것이며, 책을 읽는다는 것은 작가와 단독으로 대담을 하는 것이다. 때때로 나는 두세 권의 책을 서재에 모두 펼쳐놓고 읽곤 한다. 비슷한 주제를 놓고 서로 다른 주장을 하는 두세 분의 작가들과 대담하듯 생각을 교류하기 위해서이다. 이렇게 시시각각 변화하는 '작가 – 아장스망' 속에서 나는 영감을 끊임없이 공급받았다. 또한 나는 일주일에 최소 한 사람 이상의 사람과 커피를 마시거나 전화/화상 통화를 통해 장시간 이야기를 한다. 오랜만에 들어보는 그들의 삶과 오랜만에 들려주는 나의 삶이 서로 접속하여 아장스망을 구성하고, 그 배치 속에서 새로운 자극과 새로운 아이디어를 많이 얻었다.

산업에 있어서도 누가 – 아장스망의 형성이 얼마나 자유롭게 형성될 수 있는가는 산업의 성패를 결정짓는다. 미국 캘리포니아주 샌프란시스코 남쪽 끝 지역(산호세를 중심으로 팔로알토, 산타클라라, 마운틴뷰 등 인근 지역 포함)을 사람들은 '실리콘 밸리'라고 부른다. 실리콘 밸리에는 수많은 미국 IT 산업과 벤처기업들이 집중 포진해 있다. 이곳에 애플, 구글, 인텔, 마이크로소프트, 아마존, 휴렛패커드, 오라클, 시스코 시스템, eBay, 페이스북, NVidia, Sandisk, Applied Materials, 우버, 에어비엔비, 테슬라 등 전 세계 IT산업을 이끌고 있는 혁신 기업 대부분이 모여 있다. 왜 최고의 기업들은 이곳 실리콘 밸리에 모여 있을까? 왜 기업들은 하버드, MIT 등 아이비리그가 포진해 있어 인재 채용에 더 유리했던 동부 지역이 아닌 서부 지역인 실리콘 밸리에 모여든 것일까? 70년대 보스턴 128번가(route 128) 지역에는 세계적인 전자 회사들과 벤처 창업 회사들이 즐비해 있어 전자 산업 허브로 불렸다. 또한 128번가 지역은 하버드대학, MIT 등 아이비리그 대학들과 가까워 인재 영입에 있어서 아주 유리했다.

하지만 두 지역의 운명은 80년대에 이르러 갈리기 시작했다. 70년대 미국이 차지했던 세계 전자 산업의 주도권이 80년대가 되면서 일본에 옮겨지게 되었다. 또한 전자 산업의 방향이 개인 컴퓨터(personal computers)로 급변하게 되면서 기업들은 엄청난 변화와 도전에 적응해야 했다. 이 시기, 실리콘 밸리에서는 Sun Microsystems, Cypress Semiconductor와 같은 새로운 반도체 컴퓨터 회사들이 엄청난 도약을 거두었다. 뿐만 아니라 휴렛패커드, 인텔과 같은 기존 대기업들도 역동적인 성장을 거두었다. 하지만 보스턴 128번가 지역에서는 스타트업 기업들뿐만 아니라 Apollo Computer, Prime Computer, Digital Equipment Corporation과 같은 기존 기업들 모두 심각한 경영 위기를 겪었다. UC 버클리대학, 안나리 색스니안(Annalee Saxenian) 교수에 따르면 두 지역의 가장 큰 차이점은 기업과 기업, 분야와 분야 사이를 가로막는 장벽의 유무였다.

실리콘 밸리는 기업 간 그리고 사람들 간 장벽 없이 긴밀하게 연결되어 있는 네트워크 산업 구조를 가지고 있었다. 실리콘 밸리의 기업들은 분명 서로 경쟁했지만 급변하는 IT 시장 속에서 장벽을 허물고 함께 컨퍼런스 및 세미나를 진행하고 정보를 교류하며 협업해 나갔다. 실리콘 밸리에서는 다양한 사람들의 아장스망이 자유롭게 형성될 수 있었다. 기업들 사이의 경계 또한 분명하지 않아 실리콘 밸리의 직장인들에게는 평생 직장의 개념이 별로 없었다. 따라서 수많은 전문가들이 목적에 따라 이 기업 저 기업으로 직장을 옮기며 일했고 자연스럽게 다양한 전문가들이 각자의 전문성을 융합하여 혁신 기술을 개발하는 모습이 형성되었다. 한 예로, 무려 30개가 넘는 반도체회사가 인텔에서 분가되어 나왔다. 이 회사들은 계속해서 실리콘 밸리에서 인텔과 긴밀하게 협업했고 각자의 전문성을 융합하여 기술 혁신을 이룩했다. 이와 같이 네트워크 융합 구조를 가진 실리콘 밸리에서는 다양한 전문성을 가진 기업들과 전문가들이 경계와 장벽 없이 서로 연결하고 서로의 필요를 채워주는 문화가 형성되었다. 이는 대기업과 중소기업 간의 기술 격차 극복 및 동반 성장, IT기술 벤처캐피털 투자 기관의 성장, 세계 최고의 IT전자산업 시장 규모 형성을 이루어 냈다.

반면, 보스턴 128번가 지역의 기업 분위기는 정반대였다. 실리콘 밸리와 달리, 대부분의 128번가 지역의 기업들은 수직적, 위계적인 기업 문화를 가지고 있었다. 자사 기술 및 특허를 보호하고자 비밀을 철저하게 유지했고 이에 따라 기업 간 전문성 교류는 전무했다. 또한 128번가 지역의 기업들은 직원들에게 충성심을 강조했고 심지어 동종 업계 이동 금지 조항을 직원들이 입사하기 전부터 강요할 정도였다. 128번가에서는 사람들의 자유로운 아장스망 형성이 원천적으로 불가능했다. 그 결과, 네트워크 융합 구조의 실리콘 밸리와 달리 128번가 지역은 독립적 회사 구조를 형성했다. 문제는 80년대 미국 전자산업 위기론이 대두될 때, 128번가 지역 기업들은 서로 유연하게 협력하여 기술 혁신을 만들어 내지 못하고 경직된 분위기 속에서 경기 침체 및 경영난에 빠진 것이다. 점차 수많은 전문가들과 아이비리그 출신 인재들 그리고 대기업과 협업 체계를 구축하지 못한 스타트업들은 이 위기를 버티지 못하고 128번가 벗어나 실리콘 밸리로 이동했다.[53]

다르게 살고 싶다. 다른 일을 추구하고 싶다. 새로운 영감을 얻고 싶다. 신선한 자극을 받고 싶다. 혁신을 이루고 싶다. 매너리즘에서 벗어나고 싶다. 좀 다르게 살고 싶다. 틀에 박힌 것에서 벗어나고 싶다. 특별한 의미를 발견하고 싶다. 이러한 생각들이 내게 찾아올 때 또는 주변 사람들이 내게 이런 말들을 할 때, 나는 이렇게 말한다. "어쩌면 지금, 새로운 사람들을 만나야 할 때인가 보다."

2. 언제-아장스망

나는 스티브 잡스가 시간을 하나의 다양체로 바라보았다고 생각한다. 그는 그의 과거, 현재, 미래가 그리고 그 시간 속에 존재하는 사건들이 별개의 것으로 존재하지 않고 서로 긴밀히 접속하여 의미를 생성한다고 생각했다. 2005년 스탠포드 졸업식 연설에서 스티브 잡스는 지금 서로 연관되어 보이지 않는 일들이 훗날 점들이 연결되듯이 다 이어진다고 말했다. 과거 그는 재정적으로 넉넉하지 못했던 양부모의 지원으로 대학을 다니다 재정적 부담을 느껴 대학을 중퇴했다. 이후 그는 여러 수업들을 청강하다 캘리그라피 수업을 듣게 되었다. 이때 배운 지식들은 10년 뒤 매킨토시를 설계할 때 되살아났고, 그는 매킨토시가 다양한 서체를 지원할 수 있도록 만들었다. 이와 같이 삶의 작은 순간들이 연결되어 역사를 이루어 가는 것을 믿는다면 더욱더 가슴이 울리는 일을 담대하게 할 수 있을 것이라 그는 말했다.

역사학자 E. H. 카는 이렇게 말했다. "역사에서 배운다는 것은 결코 단순한 일방적인 과정이 아니다. 과거에 비추어 현재를 배운다는 것은 또한 현재에 비추어 과거를 배운다는 것을 의미한다. 역사의 기능은 과거와 현재의 상호관계를 통해서 그 두 가지 모두에 대한 보다 깊은 이해를 진전시키는 데에 있다."[54] E. H. 카의 말처럼, 시간의 다양체 속에서 과거와 현재는 긴밀하게 연결되어 있고 서로 상호작용하여 의미를 생성한다.

이를 잘 보여주는 액션 영화가 있다. 바로 〈엑스맨: 데이즈 오브 퓨처 패스트〉이다. 영화는 가상의 미래를 그린다. 뮤턴트와 그들을 돕는 인간들은 살인 로봇 센티넬의 사냥으로 멸당당하기 직전인 상황이다. 프로페서 X(찰스 이그제비어)는 현재와 미래를 바꿀 유일한 방법은 울버린을 과거로 보내 트라스크 박사를 암살하려는 미스틱의 의지를 꺾는 것이라 믿는다.* 이에 따라 과거로 간 울버린의 의식은 과거의 프로페서 X를 만난다. 하지만 당시 프로페서 X는 미스틱을 잃었다는 충격과 베트남 전쟁으로 인해 학생들(뮤턴트)이 강제 징집되었다는 충격으로 X혈청 억제 약물에 중독되었고 능력을 잃어버린 상태였다. 세레브로를 활용해 미스틱을 찾고 싶어도 집중할 수 없었다. 이때 울버린의 부탁으로 프로페서 X는 울버린의 의식을 들여다보게 되고 그곳에서 미래의 자신과 만나 이야기를 나눈다. 그리고 과거의 프로페서 X는 미래의 자신과의 접속을 통해 '희망'을 되찾았고 능력을 회복한다. 그리고 프로페서 X와 엑스맨 동료들은 결국 미스틱의 의도를 저지하고 미래를 구원했다.

인생은 수많은 사건들의 네트워크이다. 내 인생은 어떻게 흘러왔는가를 생각하면 영화 속 파노라마같이 수많은 특별한 사건들이 머릿속을 스친다. 발을 다쳐 축구선수의 꿈을 접었던 일. 지금의 아내를 우연히 처음 만났던 일. 사랑하는 첫째의 모습을 보고 울었던 일까지…. 그 하나하나의 사건은 스티브 잡스가 표현한 '점'에 해당한다. 이와 같이 시간은 점과 점이 서로 긴밀하게 접속되어 있는 하나의 다양체 네트워크이다. 그래서 시간과 시간을 접속한다는 것

---

* 누구로든 자유롭게 변신할 수 있는 미스틱은 1973년 트라스크 박사를 암살하려다 생포되었고, 센티넬은 바로 미스틱의 DNA를 가지고 개발되었다.

즉, 시간의 아장스망을 구성하는 것은 결국 사건과 사건, 점과 점을 연결한다는 것과 크게 다르지 않다.

우리는 서로 다른 시간들을 소설가, 만화가, 시나리오 작가처럼 창의적으로 접속시킬 수 있다. 그리고 이렇게 연결된 시간의 배치 속에서 우리는 새로운 이야기를 만들어낼 수 있다. 나의 경우 주로 '현재 – 과거의 접속' 또는 '현재 – 미래의 접속'을 통해 시간의 배치를 만드는 편이다.*

예를 들어, 나는 새로운 일을 기획할 때, 흰 종이 위에 최근 몇 년 간의 연도(또는 최근 몇 분기)를 배치시킨다. 그리고 그 연도 아래에 그 해 수행했던 일 중에서 기억에 남는 일 두세 가지를 기록한다. 이렇게 하면 최근 몇 년 간의 역사를 한 눈에 볼 수 있게 된다. 그다음에, 연도와 연도를 연결하고, 일과 일을 연결하여, 그동안 생각하지 못한 흥미로운 의미를 생성해 나가는 것이다.

한 예로, 2022년 글쓰기 주제를 정하기 전, 나는 최근 5년간의 글쓰기 주제를 배치해 보았다. 사실 나는 2017년부터 매년 한 권의 책을 출간했다. 직장 생활 중에서도 시간을 쪼개 정말 열심히 글을 썼고 책을 꾸준히 펴냈다. 하지만 기대만큼 많은 사랑을 받지는 못했다. 그래서 나는 많이 실망했다. 2022년이 되자 나뿐만 아니라 사람들도 모두 관심을 가질 만한 주제를 찾고 싶었다. 5년 간의 글쓰

---

* 물론 과거와 과거를 접속해도 되고, 상상력을 동원해서 미래와 미래를 접속하거나 과거와 현재 그리고 미래를 접속해도 좋다.

기 주제를 살펴보자, 내가 전반적으로 '어떻게?'라는 주제에만 집중했음을 파악했다. 2021년이 되자 비로소 '왜?'라는 주제에 대해 글을 쓰기 시작했다. 사람들이 그동안 나에게 기대했던 것은 수많은 방법들 중에서 또 하나의 방법이 아니라, 근원적 본질과 그 깨달음이 아니었을까, 하는 생각을 가지고 2022년의 나는 '2017년의 나'와 접속했다. 우리는 새로운 아이디어를 구상하기 시작했다. 그 결과, 우리는 '질문의 본질'이란 주제를 생각해냈다. 그 과정을 엑스맨 영화처럼 재구성하면 다음과 같다.

[2022]: 아이작

[2017]: 아이작, 오. 결국 우리가 힘들게 쓴 책이 처음에만 반짝했고 결국 잊혀진 또 하나의 책이 되었네요.

[2022]: 우리가 사람들에게 올바른 지식의 길로 인도하면 그렇지 않을 걸세.

[2017]: 당신은 아직도 **훌륭한 작가가 될 수 있다**고 믿고 있나요? 절망스럽지 않나요?

[2022]: 아무리 기대만큼 인정받지 않았다 해도 실패를 했다 해도, 그것이 영원히 길을 잃었다는 것은 아니네. 우리에게는 새로운 시도가 필요하네.

[2017]: 아이작, 난 더 이상 예전의 내가 아니예요. 너무 괴롭습니다. 창의력도 고갈된 것 같고, 내면의 에너지 또한 바닥이 난 것 같아요.

[2022]: 실패는 두려워할 것이 아닐세. 놀랍게 들리겠지만 실패가 너를 강하게 만들 거야. 너는 지금보다 상상할 수 없는 수준으로 뛰어난 글쓰기 능력을 갖게 될 걸세. 네가 질문의 방법에 대해 그동안 집중했다면,

이제는 질문의 본질에 대해서 집중해보게. 인류와 늘 함께 있어 온 질문의 본질 그 깊숙한 곳에 숨겨진 철학을 바라보렴. 아이작. 다시 희망을 가지게나.

	2017	2018	2019	2020	2021
주제 1	어떻게 질문을 해야 하는가?	어떻게 생각을 잘 정리할 수 있는가?	인생이라는 긴 시간을 어떻게 지혜롭게 살 수 있을까?	어떻게 외국어를 빨리 습득할 수 있는가?	왜 여러 방법론 중에서 세 가지가 반복되는 걸까?
주제 2	우리나라의 질문 수준은 어떤가?	어떻게 생각을 잘 공유할 수 있을까?	인생에 있어 반복되고 중요한 주기가 있는가?	효과적이고 단순한 커뮤니케이션 방법은?	어떻게 삼의 법칙을 가지고 삶을 변화시킬 수 있을까?

3. 어디-아장스망

그동안 나는 사람들에게 이렇게 말해왔다. "새로운 생각을 얻기 위해서는 딴짓 좀 해야 하고 딴짓하기 위해서는 딴 곳에 좀 가야 한다." 그렇게 내가 자신 있게 말할 수 있는 근거는 딴 곳에서 딴 짓을 하고 왔을 때 만들어지는 생각의 질이 매우 양질이라는 것을 경험적으로 잘 알고 있기 때문이다. 다른 환경에의 접속은 분명 사람에게 다른 영향을 주며 새로운 생각을 생성시킨다.

"우리가 건물을 만들지만 이 건물들은 또한 우리를 만든다." 윈스턴 처칠의 말이다. 그만큼 공간이 사람에게 미치는 영향은 실로 크다. 나는 육아를 하면서 공간의 영향을 제대로 경험했다. 딸이 13개월 정도였을 때, 나무 바닥 거실 공간에서 크게 뒤로 자빠져 하루 종일 운적이 있었다. 아내와 나는 매우 놀랐는데 내 딸은 이보다 더 놀란 듯 했다. 그 사건 이후 며칠 동안, 딸은 거실 공간에서 놀지 않으려 했다. 거실에서 넘어지면 아프게 된다는 것을 깨달은 듯 말이다.

우리는 딸에게 두려운 상처가 생길까 그리고 소심해질까 걱정했고, 그 해결책으로 거실 전체를 푹신푹신한 매트로 깔았다. 매트 시공을 완료하고 나서 나는 딸 앞에서 억지로 넘어졌다. 앞으로도 넘어지고 뒤로도 넘어지고 옆으로도 넘어졌다. 그럼에도 불구하고 전혀 아프지 않아 즐겁게 놀 수 있다는 메시지를 행동으로 보여주었다. 이윽고 딸은 거실 매트 위에서 세상에서 제일 신난 아이가 되었다. 시간이 흐르자 여느 육아하는 집과 마찬가지로 우리집 거실은 딸이 정말 사랑하고 가장 많은 시간을 보내는 놀이 공간으로 진화했다. 거실 바닥 공간의 작은 변화는 우리 딸이 넘어져도 바로 일어날 수 있는 밝은 아이로 성장하는 데 큰 영향을 주었다.

본질적으로 4차원 시공간에서 존재하고 있는 우리는 시간과 공간을 떠나서 존재할 수 없으며 반드시 시간과 공간의 영향을 받는다. 철학자 하이데거는 인간이란 존재에게 공간을 제거하면 인간으로서 가지고 있는 정체성은 사라진다고 했다. 마치 집 공간에서는 가장이 되고 학교 공간에서는 학생이 되고 마을 공간에서는 주민이 되고, 나라 공간에서는 국민이 되듯, 우리가 살아가는 한 우리는 공간과의 상호작용 속에서 존재론적 정체성을 형성해나간다. 다시 말해서 우리 인간은 공간과 뗄레야 뗄 수 없는 관계를 가지고 있으며 공간으로부터 절대적인 영향을 받는다.

한편 공간은 시간에도 절대적인 영향을 끼친다. 앞서 언급했듯이, 아인슈타인의 상대성이론에 따르면 시간은 공간(중력장)의 위치에 따라 다른 속도로 흐른다. 더 나아가 각기 다른 공간에서 존재하는 모든 개개인은 자기만의 고유한 시간의 속도를 가지고 있다. 절대적으로 동일한 시간은 존재하지 않는다.

이와 같이 공간은 공간을 점유하고 있는 사람과 대상 그리고 공간을 관통하고 있는 시간에 커다란 영향을 미친다. 이 사실을 리좀주의 철학적 관점에서 다음과 같이 응용할 수 있다. 어떤 공간에 새롭게 접속하여(즉, 새로운 어디 – 아장스망을 통해) 새로운 것들과 관계를 맺고, 그 결과 새로운 의미를 생성하는 것이다. 개인적으로 이를 위한 가장 쉬운 방법은 앞서 언급한 딴 곳에 가보는 것이다. 말 그대로 딴 곳이다. 평소 익숙한 곳과 다른 곳이라면 모두 딴 곳이다. 새로운 출퇴근길 루트, 새로운 산책로, 가보지 않은 해외/국내 여행지, 일 년에 한두 번은 꼭 찾아가는 장소, 어린 시절 추억이 깃든 동네, 부모님 집, 동네 새로 생긴 음식점이나 카페, 미술관의 새로운 전시, 내한 공연 콘서트, 극장 등등 셀 수 없이 많은 딴 곳이 존재한다. 딴 곳에 가면 정말 평소에 하지 않는 딴짓을 하게 되고 그 결과 평소에 하지 않는 딴생각을 하게 된다. 나는 그 과정이 너무 좋다. 특별히 딴 곳에서 얻게 되는 아이디어를 통해 나의 열정을 발견하게 되어 더욱 좋다.

나는 열정이란 '누가 시키지 않아도 꾸준히 자발적으로 하고 싶은 일'이라고 생각한다. 누가 시키지 않아도, 누구에게 평가를 받지 않아도, 누가 지켜보지 않아도 자발적으로 하게 되는 일. 바로 그 일이 열정이라고 생각한다. 나의 대표 열정은 글쓰기이다. 나는 딴 곳에 있을 때 평소 얻을 수 없는 글쓰기 영감을 받곤 한다. 원고 마감일이 삼 주밖에 남지 않았는데, 한 달째 어떻게 써야 할지 몰라 한 문장도 쓰지 못 한 문단이 있었다. 그런데 제주도 여행 중 방문한 카페의 벽에 써진 문구로부터 강력한 영감을 받아 그 자리에서 순식간에 문단을 쓴 적이 있었다. 또 다른 예로, 학회에 참가하기 위해 보스턴 출장 여행 중, 기업가 명예의 거리(Entrepreneur Walk of Fame)를 지나가다 휴렛패커드를 창업한 윌리엄 휴렛의 석판을 보게 되었다. 석판에는 이렇게 적혀있었다. "남자든 여자든 정말 훌륭한 일을 수행할 수 있다. 만약 그들이 좋은 환경을 만나면 그들은 반드시 그럴 것이다." 1940년대 미국의 기업 조직 문화는 매우 보수적이었다. 하지만 윌리엄 휴렛은 직원들에게 개방되고 열린 공간이 주어지면 그들은 최선의 결과를 위해 창의적으로 일할 것이라는 믿음을 가지고 있었다. 이때 받은 강렬한 영감으로 나는 '성공하는 조직의 환경'이란 주제의 글을 쓸 수 있었다.

한편, 당신이 공간을 디자인하는 사람 또는 공간을 배치할 수 있는 권한을 가진 사람이라면, 실리콘 밸리 기업들의 창의적인 공간 디자인을 참고하면 도움이 될 것 같다. 실리콘 밸리 기업들은 회사 공간을 '회사'로 부르지 않고 '캠퍼스'로 부른다. 그들이 회사를 캠퍼스로 부르는 배경에는 회사 공간이 공장에서 진화된 것이 아니라 대학 캠퍼스의 연장선 위에 있다는 철학이 있다. 대학교 캠퍼스에는 학생식당, 체육관, 광장, 회의실, 강의실과 같은 공동 공간에서 조용한 도서관, 독서실, 1인실, 명상실과 같은 개인 공간에 이르기까지 다양한 공간이 제공된다. 캠퍼스에서는 개인이 자기 주도적으로 자신에게 꼭 맞는 공간을 선택할 수 있으며 이를 통해 개인이 성장할 수 있는 최적의 환경을 스스로 조성할 수 있다.

다시 말해서, 캠퍼스에서는 스스로 어디 – 아장스망을 새롭게 구축할 수 있고 이는 개인에게 창조적 영감을 제공한다. 실리콘 밸리의 구글플렉스 캠퍼스에서는 직원들이 다양한 공간을 제공받고 이 중에서 자기에게 맞는 공간을 자유롭게 선택할 수 있다. 또한 매니저는 직원들의 업무와 프로젝트의 특성에 맞는 공간을 배정해준다. 따라서 구글 직원들은 큰 만족감을 가지고 창의적으로 근무하며 이로 인해 애사심이 높고 퇴사율이 매우 낮다고 한다. 하지만 구글플렉스와 같이 3만 평이나 되는 공간이 없는 대부분 회사의 경우, 구글플렉스를 따라 하는 것은 불가능하지 않을까?

사회심리학자 론 프리드먼은 작은 규모의 공간에서도 얼마든지 공간 배치를 다양하게 가져갈 수 있다고 말한다. 예를 들어 사무실 한쪽 구석에 '생각의 장소'를 만들어 혼자서 집중을 해야 하는 상황에서 자유롭게 활용할 수 있도록 할 수 있다. 만약 그러한 여유 공간이 없다면 파티션을 활용해서 특별한 개인 공간을 만들 수 있고 모든 사무직원들이 활용하게 되는 데스크를 자신에게 맞춤화(책상, 의자, 수납공간, 데스크 액세서리, 꽃과 같은 데코레이션 등)할 수 있도록 예산을 허용할 수 있다. 핵심은 직원들이 스스로 어디 – 아장스망을 구축할 수 있도록 하는 것이다. 예를 들어 드림웍스나 엣시의 경우 신입사원들이 책상을 꾸밀 수 있도록 예산을 편성했고 이로 인해서 직원들이 높은 만족도와 소속감을 가지고 일을 하여 생산성이 32% 높아 졌다고 한다.[55]

왓-이프 놀이

파블로 피카소는 창의성에 대해서 다음과 같이 말했다. "모든 어린이는 예술가로 태어난다. 하지만 문제는 어린이들이 자라면서 그 예술성을 잃어버리는 것이다." 영국의 교육학자 켄 로빈슨은 파블로 피카소의 말을 이렇게 해석했다. "저는 모든 어린이가 대단한 재능을 갖추고 있다고 생각합니다. 하지만 교육과 사회 시스템이 이런 재능을 가차 없이 억누르고 있습니다."[56]

나는 켄 로빈슨의 말을 들으며 두 가지 질문을 떠올렸다. 첫 번째는 어린이들은 왜 창의적일까였고 둘째는 어린이들이 왜 창의성을 잃어버리는 것일까였다. 이 질문에 대한 힌트는 내 두 자녀가 노는 모습에 있었다. 아이들이 즐겁게 노는 모습 속에서 나는 '반복'이라는 공통점을 발견했다. 아이들은 정말이지(내 기준에 지겨울 정도로) '반복'을 즐거했다. 예를 들어, '로보카 폴리' 첫 화를 보고나서 재미를 느낀 아이들은 한 달 동안 매일 같이 로보카 폴리만 시청했다. 최종화를 다 보면 흥미를 잃고 다른 만화를 봐야 하는 게 정상 같았지만 아이들은 다시 첫 화로 돌아와 다시 시청을 반복했다. 미칠 듯한 반복의 결과, 아이들은 특정 장면의 이미지만 나와도 그것이 어떤 에피소드인지, 그 장면의 앞과 뒤에 어떤 사건들이 있는지를 다 꿰뚫 정도가 되었고, 자기 전에 이런저런 에피소드를 엮어서 이야기를 들려주었다. 정말 신기했다. 또 다른 예로, 레고를 하면서 둘이 알아서 좀 놀고 있으라고 하면, 아이들은 시간 가는 줄 모르고 반복적으로 조각들을 이렇게 붙였다 저렇게 붙였다 했다. 그저 동일해 보이는 행위를 반복했을 뿐인데, 비행기가 만들어지고, 집이 만들어지고, 자동차가 만들어졌다. 이와 같이 아이들은 즐거운 반복 속에서 창의성을 만들어냈다.

'즐거운 반복', 이것을 나는 '놀이'라고 부르고 싶다. 나는 놀이가 아이들이 창의적인 비결이라고 생각한다. 반면 놀이의 반대는 즐겁지 않은 반복이며, 나는 이것을 '일'이라고 부르고 싶다. 나는 아이들이 창의성을 잃어버리는 이유가 그들이 놀이를 잃어버리고 일을 하기 때문이라고 생각한다. 예를 들어, 아이들은 학교와 학원 교육을 받게 되면서 놀이를 줄이고, 의무감과 부담감 속에서 일같은 공부를 하게 된다. 자연스레 창의성이 억눌려지고, 결국 창의성이 소실되는 것이다.

　나는 질문 놀이를 제안한다. 아이들처럼 본질을 고려하지 않고 그저 즐겁게 질문을 던져보자. 새로운 누가, 언제, 어디 아장스망 속에서 왓-이프 질문을 반복적으로 던져보자. 고정 관념을 버리고 자유로운 상상력과 호기심이 이끄는 대로 질문을 던져보자. 이를 통해 그동안 생각해 보지 못한 생각들과 접속해보고 풍성한 영감과 창조성을 경험해보자. 예를 들어, 나는 다음 표와 같이 종이 위에 나의 가족들의 이름을 놀이 대상으로 적어 보았다. 그리고 제한 시간 15분 동안 생각나는 대로 왓-이프 질문 놀이를 해보았다. 짧은 시간 동안 정말 많은 왓-이프 질문, 신선한 아이디어를 생각해냈다. 또한 이 책의 콘셉트를 잡을 때에도 질문과 관련된 키워드를 가지고 왓-이프 질문 놀이를 했다. 이처럼 왓-이프 질문 놀이를 통해 우리는 쉽고 빠르게 그리고 풍성하게 창의적인 질문과 생각을 얻을 수 있다.

왓-이프 대상	아내, 딸, 아들, 아버지, 어머니
왓-이프 시간	15분
왓-이프 질문	• 아내 빼고 딸과 아들하고만 여행을 떠나면 어떨까? • 아버지와 어머니와 나, 이렇게 셋이서 오랜만에 여행을 떠나면 어떨까? • 내가 딸이였다면 어떻게 행동했을까? • 내가 아내였다면 한국에 와서 경력 단절을 경험했을 때 어땠을까? • 주 4일 근무를 한다면 어떨까? 주말을 어떻게 준비해야 할까? • 다시 미국으로 돌아간다면 어떤 삶을 살게 될 것인가? • 내가 어머니였다면, 자식들이 품에서 떠나 독립했을 때 어떤 느낌이었을까? • 우리에게 당장 일을 그만둬도 될 만큼 돈이 있다면, 우리는 어떤 선택을 할까?

왓-이프 질문	• 만약 예상하지 못한 채 가족 중 한 사람이 세상을 떠난다면 어떤 느낌일까? • 만약 내가 지금 갑자기 세상을 떠나게 된다면 남은 가족들의 인생은 어떻게 될까? 이런 경우를 위해서 내가 최소한으로 준비해야 하는 것은 무엇일까? • 만약 아내가 하고 있는 사업이 대박이 난다면 어떨까? 나는 회사를 그만둘 것인가? • 아내, 딸, 아들과 전원 주택을 짓고 살게 된다면 어떨까? 장단점은? • 내가 딸, 아들이라면, 아빠에게 가장 기대하고 싶은 것은 무엇일까? • 내가 아내라면, 남편에게 가장 기대하고 싶은 것은 무엇일까? • 만약 딸과 아들이 공부에 흥미도 소질도 없는 경우라면 나는 어떻게 반응할 것인가? 크게 실망하지는 않을 것인가? • 우리가 매주말 전국 캠핑 여행을 떠나게 된다면 어떨까? • 왜 우리 인생은 가장 활력이 넘칠 때 일해야 하고 가장 돈이 많을 때 활력이 부족해 놀 수 없는가? 만약 지금부터 부지런히 가족들과 함께 논다면 어떨까? 어떻게 해야 할까?

왓-이프 질문 놀이를 할 때, 꼭 글쓰기 형태로 진행할 필요는 없다. 만약 당신에게 음성 녹음이 편하다면 10분 ~ 15분 정도의 제한 시간을 정한 다음, 왓-이프 질문을 생각나는 대로 말을 해라. 만약 당신에게 피아노 악기가 편하다면 제한 시간 동안, 왓-이프 질문을 느낀 대로 피아노 건반을 두드려 봐라. 만약 당신에게 그림이 편하다면 제한 시간 동안, 왓-이프 질문을 떠올린 대로 자유롭게 화폭에 그림을 그려보아라. 중요한 것은 왓-이프 질문을 직관적으로, 반복적으로, 자유롭게 표현해 내는 것이다. 왓-이프 질문은 마치 자전거를 타는 것과 같다. 한 번 자전거를 배워놓으면 언제라도 자전거를 탈 수 있는 것처럼, 왓-이프 질문을 던지는 법을 알아두면 그 어떠한 아장스망 속에서도 창의적인 아이디어를 발견해낼 수 있다.

왓-이프 대상	질문, 개인, 조직, 사회, 시대
왓-이프 시간	60분
왓-이프 질문	• 만약 모든 철학적 사고에 일대일로 대응되는 질문법이 있다면 어떨까? • 만약 위대한 철학자들이 던졌던 질문들에 일정한 질문 패턴이 있다면 어떨까? • 인류가 수천 년에 걸쳐 쌓은 철학사를 본질주의, 실존주의, 리좀주의 이렇게 세 가지로 구분하면 어떨까? • 대한민국 모든 국민들이 이미 잘 알고 있는 육하원칙을 활용하여 철학적 질문 패턴을 만들면 어떨까? 직관적으로 와닿지 않을까? • 성공하는 집단에서 공통으로 찾아볼 수 있는 질문 패턴이 있다면 어떨까? • 질문이 생각이고 생각이 질문이라면, 질문을 통해 구성원들의 사고력을 키울 수 있을까? 그들이 스스로 생각하고 스스로 답을 할 수 있을까? • 내가 일하는 곳에서 질문 하기를 꺼리게 만드는 요소들이 있다면 무엇들이 있을까? 그 요소들은 다른 회사에서도 일반적으로 관찰되는 요소들인가? • 요즘 MZ세대들은 어떤 생각을 할까? 만약 그들이 원하는 생각들을 질문으로 표현하면 어떨까? • 대부분의 조직의 경우, 질문을 하는 사람만 계속 질문을 하는데 만약 모든 사람이 질문을 던질 수 있게 한다면 어떨까? 집단지성이 극대화되지 않을까? • 수많은 질문들이 있겠지만 결국 가장 중요한 단 한 가지의 중요한 질문이 있다면 어떨까? • 꼬리에 꼬리를 물듯이 계속되는 질문 던지기를 통해서 새로운 세계관을 만들 수 있다면 어떨까? 질문지능에 소개했던 '왓-이프 질문'을 대중화시킬 수 있지 않을까?

리좀주의 철학으로 이끄는 질문

리좀주의 철학에서의 '의미'는 대상 그 자체에서 생성되지 않는 다. 대상과 다른 대상 사이의 끊임 없는 연결과 접속을 통해 새로운 의미가 생성되며, 그 의미는 새롭게 증식과 변화를 거듭한다. 생성 은 무에서 유를 만드는 '창조'와 다르다. 생성은 유에서 유를 만드는 작업이다. 다시 말해서 기존에 존재하는 개념들 사이의 우발적 마주 침과 사건으로 인해, 새로운 개념들이 만들어지는 것이다.

리좀주의 철학으로 이끄는 질문은 바로 '왓-이프(what if)' 질문 이다. 왓-이프 질문은 "만약 ~ 하면 어떨까?"라는 가정적이고 발 산적인 속성의 질문이다. 하나의 왓-이프 질문은 끊임없이 새로운 왓-이프 질문과 접속되어 하나의 창의적인 개념을 생성해낸다. 왓-

이프 질문을 생성하는데 있어 매우 중요한 요소는 바로 '아장스망(=배치)'이다. 서로 다른 사건, 대상, 인물의 아장스망 속에서 새로운 왓-이프 질문과 개념이 만들어진다.

이제 스스로 리좀주의 철학을 실행해 볼 차례이다. 다음 질문과 제안을 스스로에게 또는 스터디 그룹에서 던지고 토의해보길 바란다.

1. 우연적인 아이디어 연결 또는 사람간의 연결을 통해 멋진 의미를 만들어낸 적이 있는가? 그 연결은 어떤 과정으로 만들어졌는가?

2. 당신이 만들었던 창의적인 결과물은 무엇인가? 그것은 무엇과 무엇의 연결을 통해 이루어졌는가?

3. 가장 최근에 던진 왓-이프 질문은 무엇인가? 왓-이프 질문은 당신을 어디로 이끌었는가?

4. 새로운 아장스망(사람, 모임, 장소 등)을 만들기 위해 당신은 무엇을 할 수 있는가?

5. 현재 당신이 가장 흥미로워하는 또는 당신에게 가장 중요한 분야 세 가지는 무엇인가? 각각 왓-이프 놀이를 통해 다섯 가지 이상의 왓-이프 질문들을 확보해보라.

10 월드플레이

이너시아라는 한 왕국이 있다. 이너시아는 크리스탈 하트라는 왕이 다스리는 곳으로 정확히 달의 뒷면에 위치해 있다. 크리스탈 하트 왕이 사는 곳은 수정 나무 성이며, 살아 숨쉬는 거대한 수정 나무 자체가 성을 이루고 있다. 수정 나무에는 주기적으로 빨간색 수정 열매가 맺힌다. 신기한 것은 이 빨간색 수정 열매가 물에 녹으면 그 물은 푸른 형광색을 띠게 되며, 이 액체가 이너시아 왕국의 모든 생명체를 유지시키는 생명수이자 도시 문명의 주요 에너지원이다. 따라서 수정 나무를 중심으로 이너시아 왕국의 모든 강들이 연결되어 있고 그 강들을 따라 도시가 발달되어 있다. 크리스탈 하트 왕은 호시탐탐 수정을 훔치기 위해 침략하는 외계 괴물들로부터 수정 나무와 강을 지켜야 한다. 이를 위해 각 강마다 장난감 병정들을 배치시켰다. 그런데 어느 날 이너시아 왕국에 거대 괴생명체가 습격했다. 장난감 병정들이 괴물은 봉인시켰지만 괴물은 이너시아 왕국의 강물 전체를 오염시켰다. 심각한 것은 오염된 물을 마시고 크리스탈 하트왕은 쓰러져 죽을 위기에 빠진 것이다. 그를 살릴 수 있는 방법은 깨끗한 물을 찾는 것이며 이를 위해 장난감 병정들은 우주선을 타고 지구를 향한다. 그런데 갑작스런 우주선 고장으로 장난감 병정들은 불시착하게 되고, 그들이 도착한 곳이 바로 예서네 집이다.

《나니아 연대기》의 작가 C. S. 루이스는 이렇게 말했다. "사람들 대부분은 비밀의 나라를 가지고 있는 것 같다." 이너시아라는 비밀스런 왕국의 이야기는 내 딸이 여섯 살 때 상상한 것이다. 딸은 자기 전 틈틈이 "아빠, 이러면 어떨까?" "저러면 어떨까?" 하며 꾸준히 이너시아 세계를 구축해 나갔다. 딸은 이너시아 왕국 안에 존재하는 지명, 사물, 인물의 이름을 손수 지어주었다. 이와 같이, 상상의 세계를 창조하는 행위를 '월드플레이(world-play)'라고 부른다. 월드플레이는 주로 아동기와 청소년기에 보편적으로 발달되며 가상의 장소나 제도의 모형을 만드는 창조적 상상 행위이다. 직역하면 '세계 놀이'라고 번역되듯이, 아동기와 청소년들에게 월드플레이란 스트레스를 유발하는 일이 아니라 재미와 즐거움을 만드는 놀이에 가깝다.

볼프강 아마데우스 모차르트는 어린 시절 그의 누이인 내널와 함께 상상 속 어린이들의 왕국을 만들었고 서로를 '왕'과 '여왕'이라고 부르며 놀았다. 어린 프리드리히 니체는 여동생 엘리자베스와 함께 난장이 사람들, 납으로 된 꼬마 병정들, 2인치 정도 밖에 되지 않는 다람쥐와 동물들을 위한 가상 세계를 만들며 놀았다. 그는 다람쥐 왕을 위해 시와 희곡을 썼고, 음악을 헌정하기도 했으며 미술관을 만들기도 했다. C. S. 루이스는 그의 세 살 위인 형 와니와 함께 기차와 증기선의 세계인 '인디아(India)'를 만들었고, 사람처럼 멋지게 차려입은 동물들과 중세 기사들이 모여 사는 세계인 '애니멀 랜드(Animal Land)'를 만들며 놀았다. 그의 형이 사립 초등학교에 입학하며 집을 떠나자 혼자 놀게 된 그는 '인디아'와 '애니멀랜드'라는 두 세계를 '복슨(Boxen)'으로 통합시켰고 복슨에서 일어나는 사건의 연대기를 정리한《복스니아 백과사전》을 쓰기도 했다. 퀴크 교수의 집에서 아이들이 숨바꼭질을 하다 발견한 낡은 옷장을 통해 연결된 나라 '나니아'에서 벌어지는《나니아 연대기》는 바로 복슨에서 벌어지는 인물들과 사건, 지도와 세계관과 밀접한 연관성을 가지고 있다.

프랑스의 작가 자크 보렐은 어린시절 그가 만든 가상 세계에서 사용될 언어 라다히(Ladahi)를 만들기 위해 라틴어의 문법과 규칙을 참고했고 일상 생활에서도 편리하게 말하고 쓰기 충분한 라다히 문법과 어휘를 만들었다.[57] 이와 같이 월드플레이는 건설적이고 창조적인 놀이이다. 월드플레이를 통해 가상 세계를 만드는 과정에서 문화, 예술, 인문학, 언어, 역사, 사회, 과학 등 두 가지 이상의 다양한 요소들을 접목시키고 의미를 생성해 내는 창조적 사고를 할 수 있다. 어린 시절의 월드플레이 경험은 성인이 되어서도 창조성과 영감의 원천이 된다.

하지만 이런 월드플레이는 오늘날 어린 시절 경험 중 가장 홀대받는 경험이 되었다. 대부분의 사람들이 월드플레이의 개념 조차 들어본 적이 없을 정도이다. 월드플레이 관련 세계적인 권위자인 미셸 루트번스타인에 따르면, 월드플레이가 실종된 이유는 세 가지가 있다. 첫째, 시험 위주의 교육법과 상업적 전자 오락에 의해 월드플레이가 완전히 밀려났기 때문이다. 70년대의 아이들과 비교했을 때 오늘날의 아이들은 일주일에 평균 12시간의 자유 시간 즉, 마음껏 뛰놀고 생각의 나라에서 자유롭게 놀 수 있는 시간을 교육과 전자 오락에 빼앗겼다. 둘째, 월드플레이의 허구적 속성에 대한 부정적인 인식이 월드플레이의 매력을 잃게 만들었기 때문이다. 현대 사회가 점점 더 이성적이고 합리적인 사고 능력을 요구하면서 월드플레이의 허구성은 학습과 성장에 부적합한 것으로 인식되었다. 셋째, 어린 시절 놀이의 중요성에 대한 무지 때문이다. 마치 영화 〈토이스토리3〉에서 장난감 우디와 친구들이 그들의 주인인 앤디가 나이를 먹어감에 따라 점점 관심 밖으로 밀리고 결국 그와 이별하게된 것처럼, 어린 시절의 놀이는 나이를 먹으면 당연히 작별 해야 하는 무가치한 것으로 인식되었다. 그 결과 어린 시절의 놀이가 성인의 창의성에 얼마나 기여하고 있는지에 대해 사회적 인식이 부족했다.

질문의 기술

질문과 상상력의 시너지

나는 오늘날 실종된 월드플레이를 회복시키고 싶다. 나이에 상관없이 월드플레이를 통해 무언가를 창조한다는 것의 즐거움을 느끼면 좋겠다. 새로운 것을 상상하고 창조하는 능력은 근육과 비슷하다. 사용할수록 현재 상태보다 더 성장하고, 사용하지 않으면 현재 상태보다 더 열화되는 법이다. 세계를 창조하는 월드플레이를 통해 당신 안에 내재된 창의성의 근육, 호기심의 근육, 상상력의 근육을 극대화시켜보자.

월드플레이를 하는 방법은 매우 간단하다. 한 가지 종류의 질문을 당신의 호기심이 이끄는 대로 계속 던지고 생각하면 된다. 바로 왓-이프 질문이다. 앞서 나는 왓-이프 질문을 리좀주의 철학을 이끄는 질문으로 소개했다. 왓-이프 질문은 가정적이고 발산적인 속성을 지니며 그 결과 새로운 생각, 개념, 세계를 창조해낸다. 이 세상에 존재하는 모든 아이디어는 왓-이프 질문의 "만약 ~ 하면 어떨까?"라는 형식으로 표현이 가능하다. 당신의 마음속에서 어떤 왓-이프 질문이 떠오르는가? 그것이 무엇이든 무시하지 말고 판단하지 말고 있는 그대로 받아들여라. 하나의 왓-이프 질문을 시작으로 자연스럽게 연상되는 또 다른 왓-이프 질문을 던지는 식으로 계속 상상의 나래를 펼쳐라. 그렇게 생각과 생각이 연결되면서 하나의 세계가 창조된다.

왓-이프 질문을 통한 월드플레이는 당신이 원하기만 하면 장소나 시간의 구애 없이 바로 실행할 수 있다. 예를 들어 나는 '사이트릭스'란 가상 세계를 출퇴근 버스 안에서 창조했다. 2021년까지 나는 경기도 화성에 위치한 회사 사업장에서 계속 근무했고 회사와 집은 걸어서 10분 거리였기 때문에 출퇴근의 부담이 전혀 없었다. 그런데 2022년 1월부터 평택 사업장으로 근무하게 되면서 회사 버스를 타고 출퇴근을 해야 했다. 하루 두 시간을 지루한 버스 안에서 보내야 했다. 하루 두 시간이면 하루의 12분의 1에 해당하는 시간으로, 근무 일수 고려하여 일 년 중 버스 안에서 보내는 시간은 20일 정도로 계산된다. 이 아까운 시간을 잠을 자는데 쓰는 것이 나는 아깝게 느껴졌다. 독서를 하거나 팟캐스트 청취를 해보기도 했지만 버스 안에서 멀미를 심하게 하게 되어 나는 포기할 수밖에 없었다. 계속해서 버스 안에서 무엇을 할까 고민하고 시도하다 다음의 왓-이프 질문들이 내 머릿속을 스쳤다. "만약 현실과 가상을 구별할 수 없는 가상 현실이 존재한다면 어떨까?" "이 가상 현실에서도 빈부 격차가 존재한다면 어떨까?" "누군가는 현실 속에서 할 수 없는 것을 자유롭게 해내지만 다른 누군가는 현실과 마찬가지로 노예처럼 일을 해야 한다면 어떨까?" "현실보다도 더 현실같은 가상 현실 속에서 한 생명이 태어나면 어떨까?" "그 생명으로 현실과 가상의 경계가 무너져 버리면 어떨까?" 출퇴근 버스 안에서 나는 누가 보면 마치 눈감고 자고 있는 것처럼 보였다. 하지만 내 머릿속에서는 '사이트릭스'라는 이름의 새로운 가상 세계가 펼쳐지고 있었다.

사이트릭스를 간단히 소개하자면 이렇다.

가까운 미래에 엄청난 뇌 공학의 발전으로 인류는 뇌의 모든 영역을 이해하고 해독하기 시작했다. 이에 글로벌 다국적 회사인 제너럴 사이트릭스가 머리에 간단히 장착만 하면 개인의 뇌파 신호와 연동이 되어 자연스럽게 가상세계로 들어가게 해주는 장치 엔트리스를 개발했다. 엔트리스만 있으면 어디서나 사람들은 가상세계 '사이트릭스'에 접속할 수 있다.

사이트릭스 세계는 시스템의 인폼이 없이는 현실과 가상을 구별할 수 없을 정도인데 그 이유는 뇌가 현실을 인지하는 방식 그대로 가상 세계 속에서도 인지하기 때문이다. 또한 거대한 접속자들의 현실 인지 데이터들이 누적이 되면서 현실 속 거의 모든 것들, 심지어 시간, 중력, 과학 법칙마저도 현실과의 오차가 무시될 정도이다. 또한 한 가지 사이트릭스의 가장 중요한 특징은 사이트릭스에 접속만 하면 현실에서 잠을 자지 않아도 된다는 점이다. 엔트리스의 특수 기능으로 잠을 잘 때에만 분비되는 뇌척수액이 정상적으로 분비되어 뇌세포의 노폐물들을 제거해주기 때문이다. 따라서 전 세계 수많은 사람들은 밤이 되면 꿈을 꾸러 사이트릭스에 온다.

자연스럽게 사이트릭스에서는 유흥과 향락이 '판타지아'라는 이름의 거대 산업으로 발전했다. 현실에서 돈 많은 사람들은 밤마다 판타지아를 찾아와 그들의 모든 섹스 판타지를 채운다. 반면 돈이 없는 사람들은 밤이 되면 잠을 자지 않고 사이트릭스에 접속해 일을 한다. 사이트릭스에는 전 세계 거의 모든 유명한 기업들이 포진해있다. 돈이 없는 사람들은 밤이 되어도 이곳에 나와 기계처럼 일하며 그 댓가로 '싸이'라는 이름의 사이트릭스 화폐를 번다.

이렇게 회사 출퇴근 버스 안에서 나는 사이트릭스라는 거대 가상 세계를 만들었다. 그리고 사이트릭스 안에서 나는 일어나는 복잡하고 다양한 인간의 이야기들을 상상했다. 그 중에서 가장 흥미로웠던 것은 가상 현실 속 인간의 사랑과 그 속에 자란 생명에 대한 이야기이다. 그 생명은 가상인가 현실인가를 놓고 끊임없이 왓-이프 질문을 던졌고 상상의 나래를 펼쳤다. 언젠가 나에게 기회가 주어지면 소설을 써보고 싶은 마음과 함께 말이다.

왓-이프 챌린지

월드플레이는 꼭 가상 세계를 만드는 것에 국한되는 것이 아니다. 당신의 익숙한 삶에서 새로운 삶을 일으키는 것도 포함한다. 바로 '왓-이프 챌린지'이다. 왓-이프 질문 중에서 당신의 흥미를 끄는 한 가지를 선정한 뒤 특정 기간 동안 또는 특정 목표를 이룰 때까지 도전하는 것. 그것이 왓-이프 챌린지이다.

나는 대학교 신입생 2학기 때 처음으로 왓-이프 챌린지에 눈을 뜨게 되었다. 2학기 말 쯤이었다. 학교에 진로 상담 코치가 방문해서 두 시간 동안 특강을 했다. 특강이 마무리 하며 그는 책을 많이 읽어서 생각하는 힘이 있는 인재가 되라고 강조했고, 특별히 방학기간에 책 60권을 읽는 자에게는 고급 호텔 외식 티켓을 제공하겠다고 약속했다. 특강이 끝났고 내 머릿속에 기억나는 단어는 '책 60권'이었다. 이는 방학 기간 중 매일 한 권의 책을 읽어야 달성할 수 있는 목표로, 고급 호텔 외식 티켓을 얻는 것은 불가능해보였다. 그런데 이후 며칠 동안 계속해서 "만약 내가 매일 한 권 씩 책을 읽으면 어떨까?"라는 물음이 내 머리 속을 떠나지 않았다. 그래서 결국 책 60권 목표에 도전하기로 마음먹었고, 보통의 방학 때와 같이 고향에 내려가지 않았고, 학교 도서관이나 학교 근처 대형 서점에 오래 머물며 매일 한 권 씩 책을 읽기 시작했다.

방학이 끝나기 이틀 전에 나는 코치에게 60권을 다 읽었다는 소식과 60 권의 목록 및 느낀 점을 메일로 공유했다. 결국 나는 고급 호텔 외식 티켓을 손에 얻었다. 이 경험을 통해서 불가능해 보이는 도전도 내가 마음만 먹으면 해낼 수 있다는 것을 깨달았다. 이후 내가 자신감을 가지고 도전했던 것들을 나열해보면 다음과 같다. 일년 안에 책 삼백 권 읽기, 한 달 안에 정수론의 모든 정리들 처음부터 끝까지 순서대로 다 외우기, 세 달 안에 전공 원서 모두 번역하기, 삼 개월 동안 현대 히브리어 기초 과정 수강하기, 삼 개월 동안 일본어 2급 모든 한자 암기하기, 일 년 동안 투자 관련 책 50 권 읽기, 두 달 동안 한글 타자 속도 700타 치기, 두 달 동안 집 근처 모든 미술관과 박물관 방문하기, 한 달 안에 미국 연구 기관 리서치 펠로우 100곳에 이력서 제출하기, 한 달 동안 아이패드 드로잉 강좌 수강하기, 일 년 안에 책 한 권 쓰기, 두 달 안에 체지방율 3% 빼기, 일주일 동안 매일 다른 길로 출퇴근 하기, 한 달 동안 최근 연락 안한 친구들 연락하기 등등 정말 셀 수 없을 정도로 많은 왓-이프 챌린지를 했다.

나는 왓-이프 챌린지를 통해 도전하는 삶을 산다는 것이 현재 나를 둘러싼 한계를 깨뜨리고, 그 결과 더욱더 멋진 나로 재탄생 되는 과정이라고 믿는다. 우리의 인생은 크게 두 가지, 노력을 통해 바꿀 수 없는 것과 노력을 통해 바꿀 수 있는 것으로 구성되어 있다고 한다. 먼저 노력을 통해 바꿀 수 없는 것은 겸허히 받아들여야 어리석지 않고 평온하게 인생을 살아갈 수 있다. 반면 노력을 통해 바꿀 수 있는 것에 대해서는 두 가지 태도가 있다. 하나는 노력하지 않는 태도이다. 사람들은 이를 나태함이라고 부른다. 우리가 나태하여 내 인생에 아무런 인풋(Input)을 넣지 않는다면 우리는 인생의 변화를 기대할 수 없다. 이는 너무나 자명한 일이다. 다른 하나는 용기를 내어 노력하는 태도이다. 바로 이 태도를 사람들은 도전이라고 부른다. 우리가 용기 내어 도전할 때, 우리는 비로소 우리 삶의 변화를 희망할 수 있는 것이고 실제로 우리의 인생이 변화되는 것이다.

어느 한가한 날 유튜브의 알 수 없는 알고리즘이 재미있는 영상 하나를 추천해주었다. 영상의 제목은 "만약 백만 번 축구공을 차보면 어떨까?"였다. 이 도전을 한 사람은 일본의 평범한 청년이었고 그는 축구를 전문적으로 배우지 않았다. 이 청년은 2015년 12월 5일 첫 번째 공을 차기 시작해서 5년 뒤 2019년 12월 5일까지 59048번째 공을 찼고, 자신의 킥이 변화하는 과정을 사람들에게 보여주었다.

만 오천 번 정도 공을 차니, 그는 공에 사이드 회전을 주며 공을 찰 수 있는 감각을 얻을 수 있었다. 만 육천 번 정도 공을 차니, 그는 양발을 모두 활용해 공을 힘 있게 찰 수 있었다. 사만이천번 정도 공을 차니 장거리에서 공을 차도 공이 힘있게 골대까지 날아가 골대로 꽂혔다. 마치 프로 축구선수의 킥과 같았다. 사만 칠천 번 정도 공을 찰 때, 그는 오른발 부상을 입었다. 하지만 왼발로 계속 연습했다. 오만 번 정도 공을 찰 때 오른발 부상이 완전히 나았고 다시 양발로 킥 연습을 했다. 오만 천 번 정도 공을 찰 때, 그는 세계 정상급 축구선수와 같은 완벽에 가까운 탑스핀 슛을 넣을 수 있었고, 레이저빔 슛, 아웃프런트 슛, 프론트 슛 등 무슨 슛이든 골대 안으로 강력하게 꽂아 넣을 수 있었다.

이쯤까지 영상을 보고 있을 때, 내 눈에는 나도 모르게 눈물이 흐르고 있었다. 나는 이런 영상에 뜬금 없이 눈물을 흘리는 내 모습이 이해가 되지 않았지만 계속해서 영상을 봤다. 그렇게 오만 구천 번 정도 공을 차니, 그의 킥은 일반인이 보기에 국가대표 선수가 찬 것과 다름 없어 보였다. 5년 동안 엄청난 노력을 보여준 일본 청년은 백만번의 킥을 향해 계속해서 도전할 것이라는 멘트로 영상을 마무리 했다.

왓-이프 모멘트

콘셉트란 생각과 생각이 긴밀하게 연결되어 있는 생각의 구조이다. 창의적인 사람들, 혁신을 추구하는 사람들의 공통점은 서로 다른 생각들을 연결시켜 새로운 의미를 생성시키는 능력 즉, 콘셉트를 만들어 내는 능력을 가지고 있다는 점이다. "구슬이 서말이라도

꿰어야 보배다"는 속담이 있듯, 아무리 훌륭하고 좋은 것이라도 그
것들을 연결시켜 쓸모있게 다듬을 수 있어야 창의적인 결과물을 만
들어낼 수 있다. 미국의 베스트셀러 작가 래리 브룩은 콘셉트란 하
나의 강력한 왓-이프 질문에서 시작된다고 주장했다. 왓-이프 질문
의 발산적인 특성으로 인해 꼬리에 꼬리를 물고 계속해서 다른 왓-
이프 질문들이 연결되어 하나의 콘셉트가 구축된다는 것이다.[58] 강
력한 왓-이프 질문을 통해 하나의 콘셉트가 구축되는 경험을 '왓-
이프 모멘트'라고 한다.

1971년 샌프란시스코, 빌 페르난데스는 그의 친구 스티브와 동
네 한 바퀴를 돌며 산책을 하는 중, 그의 또 다른 친구 스티브가 집
밖에서 세차를 하고 있는 모습을 보았다. 이 때다 싶어 빌은 두 명의
스티브를 서로 소개시켜 주었고 이후 둘은 금새 친해졌다. 바로 스
티브 잡스와 스티브 워즈니악이다. 당시 스티브 잡스는 히피 문화에
젖어 자유로운 영혼으로 살아가고 있었고 워즈니악은 컴퓨터와 전
자 기기에 푹 빠져있었다.[59] 1975년, 대학을 중퇴하고 인도에서의 영
성 수련을 마치고 돌아온 잡스는 워즈니악의 집을 놀러 갔다. 워즈니
악은 그가 직접 만든 마이크로프로세서와 키보드 그리고 모니터를
연결한 컴퓨터 기계를 보여주었다. 워즈니악은 키보드로 문장을 타
이핑하면, 그 문장이 그대로 모니터에 표시되는 것을 시연했다.

이 기계에 매료된 잡스는 왓-이프 질문을 던진다. "만약 컴퓨터
를 전문가, 애호가 뿐만 아니라 보통의 모든 사람들도 쉽게 사용할
수 있게 만들면 어떨까?" "만약 그런 컴퓨터가 모든 사람들의 집에

한 대 씩 있다면 어떨까?" 그렇게 그는 처음으로 퍼스널 컴퓨터라는 콘셉트를 구상하기 시작했다. 결국 그는 워즈니악과 함께 애플을 창업했고, 오늘날 퍼스널 컴퓨터의 시초가 될 '애플 I'과 '애플 II'를 세상에 내놓았다. 특히 애플 II는 누구나 쉽게 사용할 수 있을 만큼 접근성이 뛰어났다. 당시 기존의 컴퓨터보다 몇 년을 앞서는 프로세서와 그래픽 기술, 그리고 혁신적인 디자인 덕분에 출시된 지 1년만에 미국에서 8백만 달러의 판매 수익을 거두었다.[60]

1998년 스탠퍼드대학교의 한 기숙사에서 박사 과정 학생이었던 세르게이 브린과 래리 페이지는 구글이라는 검색 엔진 서비스를 기반으로 한 IT 기업 구글을 창업했다. 《구글은 어떻게 일하는가》라는 책에서 래리 페이지는 왓-이프 모멘트를 다음과 같이 소개한다. 스탠퍼드대학교 기숙사의 어느 날 밤, 꿈을 꾸다가 잠에서 깬 래리 페이지에게 문득 이런 왓-이프 질문이 떠올랐다. "만약 내가 모든 인터넷 웹을 다운로드하고 이것들을 잘 링크할 수 있으면 어떻게 될까?" 래리 페이지는 이 왓-이프 질문을 종이에 써서 그의 친구 세르게이 브린을 찾아갔다. 그들은 계속해서 왓-이프 질문을 던졌다. "만약 검색자가 원하는 웹페이지를 우선순위를 고려하여 검색되도록 보여주면 어떨까?" "만약 사람들이 웹페이지를 많이 링크할수록 웹페이지의 중요도, 우선순위가 더 높다고 판단하면 어떨까?" 그렇게 둘은 구글의 성공을 있게 만든 '페이지랭크'라는 검색 알고리즘 콘셉트를 만들어냈다.

월드플레이를 위한
질문

상상의 세계를 창조하는 행위를 '월드플레이(world-play)'라고 부른다. 월드플레이는 주로 아동기와 청소년기에 보편적으로 발달되며 가상의 장소나 제도의 모형을 만드는 창조적 상상 행위이다. 볼프강 아마데우스 모차르트는 어린 시절 그의 누이인 내널와 함께 상상 속 어린이들의 왕국을 만들었고 서로를 '왕'과 '여왕'이라고 부르며 놀았다. 어린 프리드리히 니체는 여동생 엘리자베스와 함께 난장이 사람들, 납으로 된 꼬마 병정들, 2인치 정도밖에 되지 않는 다람쥐와 동물들을 위한 가상 세계를 만들며 놀았다. 그는 다람쥐 왕을 위해 시와 희곡을 썼고, 음악을 헌정하기도 했으며 미술관을 만들기도 했다. C. S. 루이스는 그의 세 살 위인 형 와니와 함께 기차와 증기선의 세계인 '인디아(India)'를 만들었고, 사람처럼 멋지게 차려입은 동물들과 중세 기사들이 모여 사는 세계인 '애니멀 랜드(Animal Land)'를 만들며 놀았다.

하지만 이런 월드플레이는 오늘날 어린 시절 경험 중 가장 홀대받는 경험이 되었다. 대부분의 사람들이 월드플레이의 개념조차 들어본 적이 없을 정도이다. 월드플레이를 하는 방법은 매우 간단하다. 한 가지 종류의 질문을 당신의 호기심이 이끄는 대로 계속 던지고 생각하면 된다. 바로 '왓-이프'질문이다. 이 세상에 존재하는 모든 아이디어는 왓-이프 질문의 "만약 ~ 하면 어떨까?"라는 형식으로 표현이 가능하다. 당신의 마음속에서 어떤 왓-이프 질문이 떠오르는가? 그것이 무엇이든 무시하지 말고 판단하지 말고 있는 그대로 받아들여라. 하나의 왓-이프 질문을 시작으로 자연스럽게 연상되는 또 다른 왓-이프 질문을 던지는 식으로 계속 상상의 나래를 펼쳐라. 그렇게 생각과 생각이 연결되면서 하나의 세계가 창조된다.

이제 스스로 월드플레이를 실행해 볼 차례이다. 다음 질문과 제안을 스스로에게 또는 스터디 그룹에서 던지고 토의해보길 바란다.

1. 어린 시절 당신은 월드플레이를 한 적이 있는가? 그 세계는 누가 무엇을 어떻게 하며 살아가는 세계였는가?

2. 만약 월드플레이를 한 적이 없다면, 왓-이프 질문을 통해 상상의 세계를 하나 구축해보고, 그 스토리를 나눠보라.

3. 월드플레이를 하는 과정은 당신에게 어떠했는가?

4. 다음 한 달 동안 당신이 도전하고 싶은 한 가지는 무엇인가?
   왓-이프 챌린지를 해보라.

5. 위대한 콘셉트가 당신의 머릿속을 스치는 왓-이프 모멘트를
   경험한 적이 있는가? 그 왓-이프 질문은 무엇인가? 만약 왓-이
   프 질문을 아직 삶에서 실현하지 않았다면 앞으로 어떤 노력을
   기울일 수 있는가?

질문의 기술

11 과학

오늘날 대부분의 분야에 과학이라는 말이 뒤따른다. 물리학, 화학, 생물학, 수학, 재료공학, 화학공학과 같이 자연과학 또는 응용과학뿐만 아니라 인지과학, 사회과학, 심리과학, 예술과학, 스포츠과학 등 수많은 분야들이 과학을 기초로 구축되었다. 과학의 분야가 많은 만큼 현대 사회의 진보와 발전에 있어 과학이 차지하는 부분은 압도적이다. 하지만 과학만큼 그것이 무엇인지 오해하는 경우가 많은 분야는 없을 것이다. "과학이란 무엇인가?" "과학은 어떻게 하는 것인가?" 이에 대한 분명한 답이 있지만, 그 답을 제대로 말하는 사람은 매우 적다. 거의 대부분의 사람들은 정규 교육 과정에서 과학 교육을 받았다. 그런데 사람들이 과학의 본질이 무엇인지에 대해서 말하기 어려워한다. 매우 이상하지 않은가? 그 배경에 우리가 받았던 과학 교육이 있다. 우리나라 과학 교육은 과학 이론과 지식의 빠른 습득에 초점을 맞춘 나머지 과학이라는 철학에 대해서 제대로 다루지 않았다.

사람들은 과학이란 이학과 공학을 전공했거나 석사, 박사 학위를 얻은 사람들의 소유물로 인식한다. 나 또한 그랬다. 대학교를 마치고 대학원 과정을 거쳐 박사 학위를 따야만 과학자가 되는 줄 알았다. 과학의 본질을 몰랐기 때문이다. 또한 사람들은 과학이 매우 논리적이고, 이성적이며, 접근하기에 매우 어렵고 딱딱한 학문이라 생각한다. 결론부터 말하자면 "결코 아니다!" 과학이란 '철학적 도구'일 뿐이다. 누구나 과학을 통해 철학적 사고를 할 수 있다. 그리고 누구나 과학을 통해 잘 모르는 세계를 좀 더 체계적으로 이해할 수 있다. 물론 과학은 논리적, 이성적 사고를 요구한다. 하지만 세상에 존재하는 학문 중에서 과학보다 눈에 보이지 않는 세계에 대한 상상력과 창의성이 필요한 학문은 없을 것이다. 과학은 리좀주의 철학의 정수이기 때문이다. 이번 장에서 우리는 과학의 본질을 제대로 이해하게 될 것이다. 그리고 우리는 누구나 과학을 하게 만드는 리좀주의 질문 패턴을 깨닫게 될 것이다.

과학을 한다는 것

'과학을 한다'는 행위란 구체적으로 어떠한 의미일까? 물리학자

리처드 파인만은 과학을 한다는 것이란 새로운 뭔가를 발견하는 특별한 방법 또는 증명된 사실들을 가지고 지식의 체계를 구축하는 방법이라고 말했다.[61] 그에 따르면 과학을 하는 것이란 크게 두 가지 활동으로 구분된다. 첫째는 새로운 지식을 얻는 활동이며, 둘째는 새로운 지식의 체계를 구축하는 철학적 활동이다.

1. 지식을 얻는 특별한 방법

먼저 과학은 어떻게 새로운 지식을 얻고 있는가? 리처드 파인만이 말한 그 특별한 방법은 무엇인가? 겉으로 볼 때는 과학자는 '왜? – 어떻게? – 무엇을?'이라는 본질주의 질문을 끊임없이 던지는 것 같다. 이런 점에서 과학은 본질주의 철학에 속하는 것처럼 보인다. 하지만 정확히 말하자면 과학자는 '왜'가 아닌 '왓-이프' 질문을 던진다. 과학자는 '왓-이프? – 어떻게? – 무엇을?'이라는 리좀주의 철학적 질문을 끊임없이 던진다. 과학자는 어떤 신기한 현상에 대해서 주의 깊게 관찰하고 그 현상 속에 감추어진 본질을 이해하고 싶어 한다. 이 지점에서 과학자는 상상력과 창의력을 총동원하여 (100% 정확하지는 않겠지만) "만약 이렇지 않을까요?" "이것 때문은 아닐까요?"라는 왓-이프 질문을 던진다. 이 왓-이프 질문을 과학에서는 '가설'이라고 부른다. 그리고 '가설'을 세우고 '가설'을 검증하고자 노력하는 과학의 과정을 '연역적 가설 탐구 방법'이라고 부른다.

'연역적 가설 탐구'란 말을 하나하나 살펴보자. 먼저 '연역적'이라는 말은 근거가 참일 때 결론이 반드시 참이라는 것이다. '연역적' 이란 형용사는 '가설'이란 단어를 수식하고 있다. 가설은 어떤 연구 현상, 문제에 대한 과학자의 잠정적인 결론이다. 가설을 과학자의 심정에서 표현해보면 이렇다. "현재 우리 과학자들이 알고 있는 이론은 이렇습니다. 이론을 토대로 최근 화두가 되고 있는 현상에 대해 면밀히 관찰했습니다. 아마도 이것 때문일 것이라 생각합니다." 그런데 뭔가 하나 이상하지 않은가? '연역적'이라는 결론이 참임이 보증된다는 건데, 이 말이 수식하는 '가설'은 참일 수도 있고 거짓일 수도 있는 잠정적인 결론이다. 어째서 '연역적 가설'이라 부르는 것일까? 모순이 아닌가?

여기에는 선배 과학자들이 후배 과학자들에게 부탁하는 한 가지 당부가 있다. 그냥 가설은 잠정적인 결론에 불과하다. 하지만 연역적 가설은 정말 참이라고 생각되는 잠정적인 결론이자 매우 유력한 새로운 과학 지식 후보이다. 과학자는 이런 정말(×10배) 개연성 높은 가설을 탐구 대상으로 삼는다. 선배 과학자들은 말한다. "아무 가설이나 생각 없이 막 던지지 마라!" "현재 알고 있는 이론과 현재 벌어지는 현상에 대해서 제대로 관찰한 뒤 연역적 가설을 던져라!" 선배 과학자들의 한 가지 당부는 바로 '관찰'이다. 관찰은 가설을 연역적이게 만들며, 탐구하고자 하는 지식의 질과 수준을 결정할 정도로 중요하다.

과학이란 영어 단어는 '사이언스(Science)'이다. '사이언스'에 대한 어원은 '지식'을 뜻하는 라틴어 '시엔치아(scientia)'이며, 단어의 접미사인 '시(sci)'는 '쪼개다'라는 의미를 가지고 있다. 따라서 과학에 대한 라틴어적 해석은 '쪼개어 아는 것' 즉, 한 가지 대상에 대해 세밀하게 관찰하여 깊이 있게 이해, 해석하는 것을 말한다. 우리가 세밀히 관찰할 때, 우리는 명확한 이해를 가지고 확실한 가설을 얻는다. 그리고 이를 증명함으로써 우리는 지식을 얻는다.

2. 지식을 쌓는 특별한 방법

과학의 두 번째 영역 '새로운 지식의 체계를 구축하는 활동'은 어떻게 이루어지는가? 과학이 지식을 얻는 특별한 방법을 가지고 있듯, 과학은 지식을 쌓는 데에도 특별한 방법을 가지고 있다. 그것은 '반증 가능성'이다. 과학자들은 증명된 사실에 대해서 이중적인 태도를 가지고 있다. 먼저 과학자들은 증명된 사실에 대해 그저 반증되지 않고 살아남아 있는 결론일 뿐이라 생각한다. 매우 냉소적이다. 그들은 자신이 증명한 사실이 아무리 진리처럼 보일지라도 언젠가 새로운 데이터에 의해 반증될 수 있다는 '반증 가능성'을 받아들인다. 그런데 아이러니하게도 바로 이러한 과학자의 엄격한 태도 때문에 과학적 사실은 다른 어떤 방법으로 얻은 지식보다도 더 견고하다. 《사피엔스》의 저자 유발 하라리는 과학의 '반증 가능성'을 과학 혁명에 비유했다. 그는 과학 혁명이 지식 혁명이 아니라 무지의 혁명이라 말했다. 과학이 무지를 인정한 덕분에 과학은 기존의 다른 어떤 학문보다도 더 역동적이고 탐구적이다.

과학자는 증명된 사실의 반증 가능성을 인정한다. 동시에 반증

되기 전까지는 그 사실을 진심으로 믿는다. 사실은 그 자체로 다른 사실을 끌어당기는 힘을 지닌다. 사실은 당신이 어떤 대상을 정확하게 보게 만든다. 사실을 얻으면 얻을수록 대상에 대한 이해와 깊이가 기하급수적으로 커진다. 그 결과 우리는 사실에 기초하여 또 다른 연역적 가설을 제기하고 이를 증명하는 과정을 계속 반복한다. 이 과정을 통해 얻은 과학적 사실들은 과학자의 손을 거쳐 현상 모두를 설명해 내는 이론 체계로 재탄생한다. 지식을 쌓는 과학적 과정을 도식화하면 다음과 같이 블록쌓기 놀이와 같다. 과학은 증거로 입증된 가설을 반증되기 전까지 진리로 받아들이며, 그 진리들을 가지고 차곡차곡 블록을 쌓듯 견고한 지식 체계를 구축한다.

과학의 산스크리트어적 어원은 '스치(sci)'이며 그 뜻은 '스치다/꿰다'이다. '스치디(sciti)'는 '스침, 꿰, 앎, 지식'을 뜻한다. 산스크리트어는 전남의 방언 '스치다(바느질을 할 때, 여러 겹을 맞대어 듬성듬성 호다)'와 맥을 같이 한다. 과학의 산스크리트어적 해석은 '꿰어 아는 것' 즉, 여러 가지 대상을 관통하여 이해, 해석하는 것을 말한다. 과학은 과학을 통해 얻은 사실들을 하나로 꿰어 지식을 쌓는 활동이다.

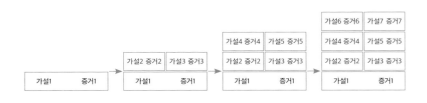

과학의 질문 패턴

과학자는 관찰을 통해 본질에 대한 연역적 가설을 제기하고 이를 증명하여 지식을 구축하는 사람들이다. 따라서 본질주의 질문 패턴 '무엇이? – 왜? – 어떻게? – 무엇을?'은 과학자에게 '무엇이?(관찰하기) – 왓-이프?(가설 세우기) – 어떻게?(테스트하기) – 무엇을?(지식화하기)'와 같이 표현된다.

1. 무엇이?(관찰하기)

현상이 어떤 이유에서 발생하는지, 세상이 어떠한 규칙으로 움직이는지, 인간에게 필요한 기술을 어떻게 만들어낼 것인지, 그 실마리를 풀기 위해서 사람들은 관찰의 힘을 이용해 왔다. 당신이 보고 있는 모든 현상을 관찰하고 또 관찰하다 보면, 반드시 "혹시 이런 것 아닌가?", "만약 그렇다면 이렇지 않을까?"와 같은 당신이 특별히 알고 싶고 증명하고 싶은 생각을 만나게 된다.

동서양을 막론하고 역사적으로 관찰은 늘 문제를 해결하는 첫 번째 단추로 여겨진다. 고대 그리스의 아르키메데스는 왕으로부터 왕관이 순금인지 아니면 은이 섞였는지 알아내라는 문제를 받았다. 머리가 복잡해진 그는 우선 목욕을 하려고 몸을 욕조에 담갔다. 그가 물에 들어가자 그가 물에 들어간만큼 수면이 올랐고, 그는 이 현상을 관찰하며 '유레카!'를 외쳤다. 그는 물질마다 밀도(=질량/부피)가 다르기 때문에, 만약 왕관이 은이 섞인 왕관이라면, 그것은 동일한 무게의 순금과 부피가 다를 것이며 물에 담갔을 때 수면이 상승한 높이가 다를 것이라고 생각했다. 즉 연역적 가설을 던진 것이었다. 이를 증명하여 아르키메데스는 왕의 왕관이 순금이 아님을 증명해 냈다.

19세기 면도기가 없었던 시절에 사람들은 칼로 면도를 하다 얼굴에 상처를 자주 입었다. 조심성 없는 성격의 킹 질레트 또한 면도할 때면 얼굴에 상처를 자주 냈다. 그는 이 문제를 어떻게 해결할 수 있을지 고민했다. 어느 한가한 날, 그는 자신의 머리가 덥수룩하게 자라 있다는 것을 보고는 이발소로 향했다. 그리고 이발사가 자신의 머리를 어떻게 깎는지 유심히 관찰하기 시작했다. 이발사는 그의 머리를 깎기 위해 먼저 빗으로 머리를 빗어 뭉쳐 있던 머리카락을 퍼 트렸고, 머리 카락을 빗 사이에 끼워 그 위를 안전하게 가위로 잘랐다. 이발사는 그의 두피를 전혀 건드리지 않았다. 이를 관찰한 질레트는 "이발사가 머리 깎는 원리를 적용하면 안전하게 면도할 수 있지 않을까?"라는 가설을 생각했다. 집에 돌아간 킹 질레트는 면도날 양 쪽에 얇은 철판을 덧댄 뒤, 그 사이를 빠져나온 수염만을 칼날에 접촉하도록 면도기를 만들어보았다. 그 결과 대성공이었다. 이렇게 그는 최초의 면도기를 발명했다.

어린 시절 시골에서 자랐던 사람들은 산우엉바늘을 경험해봤을 것이다. 산우엉풀에 옷이 스치기만해도 수많은 산우엉바늘이 옷에 달라붙어 떼어내기가 어렵다. 1941년 스위스의 전기 기술자 조르주 드 메스트랄은 자신의 바지와 사냥개 털에 달라붙은 산우엉바늘을 떼어내다가 호기심이 생겨 현미경으로 산우엉바늘의 모양을 자세하게 관찰했다. 현미경으로 산우엉바늘을 확대해서 보니 바늘 끝이 갈고리 모양으로 생겼다는 것을 알게 되었다. 갈고리 모양의 산우엉바늘이 옷 섬유 사이에 끼여 잘 떨어지지 않았던 것이었다. 그는 이 관찰을 통해 재미있는 가설을 생각했다. "만약 수많은 갈고리 섬유로 구성된 테이프를 만들면 어떻게 될까? 뗐다 붙였다를 반복할 수 있는 테이프가 되지 않을까?" 그는 다니던 직장을 그만두었고 이 새로운 가설 검증을 위해 노력했다. 10년의 노력 끝에 메스트랄은 상업적으로 가치 있는 제품을 개발하는 데 성공했고 벨크로사를 설립했다. 그 제품이 바로 찍찍이로 알려진 '벨크로'다. 벨크로는 접착제 없이 붙였다 뗐다를 무한 반복할 수 있기에 신발, 의류, 포장, 심지어 우주 공학에 이르기까지 널리 활용되고 있다.

이와 같이, 관찰은 문제를 해결하는 가장 기초적이고 중요한 원동력이 된다. 그렇다면 어떻게 관찰의 힘을 기를 수 있을까? 나는 세 가지 관찰법을 이야기하고자 한다.

첫 번재는 뷰자데(Vu ja de)이다. 분명히 처음 경험해보는 장소와 상황인데 어딘가 매우 낯익은 느낌을 받았던 적이 있었을 것이다. 이러한 현상을 데자뷰(De ja vu, 기시감)라고 한다. 반면, 수백 번 수천 번 경험했는데도 불구하고 마치 처음 보는 것처럼 낯설게 보는 행동을 뷰자데(Vu ja de)라고 부른다. 와튼스쿨의 최연소 종신 교수, 애덤 그랜트에 따르면, 누구나 같은 경험을 하지만 아무나 경험을 혁신적인 아이디어로 바꾸지 못한다고 한다. 그는 혁신적인 아이디어를 얻기 위해서 필요한 것이 뷰자데라고 말한다.

앞서 언급한 에어비앤비의 창업자 조 게비아가 평범한 자신의 집을 호텔을 구하지 못한 젊은 디자이너들을 위한 숙박 시설로 바라본 것처럼, 당신에게 익숙한 것을 낯설게 보기 시작할 때 즉, 완전히 처음보는 것처럼 관찰하기 시작할 때, 기존에는 발견할 수 없었던, 놀라운 기회를 관찰하게 된다. 당신에게 익숙한 것은 무엇인가? 오래 전부터 늘 당신 곁에 있었지만 당신이 너무나 당연하게 생각해 집중하지 못했던 것들은 무엇인가? 이제 그 익숙한 것들을, 그 당연한 것들을 마치 처음 접하는 것처럼 낯설게 보기 시작해보자. 마치 화가가 예술가의 눈으로 세상을 낯설게 바라보고 묘사하듯, 당신 주위에 존재하는 그 모든 것을 낯설게 바라보고 당신의 언어로 묘사해보라.

두 번째는 자세히 보기이다. 《우아한 관찰주의자》의 저자 에이미 허먼은 14년 간, NYPD 13개 부서 경찰관들, 워싱턴 D.C., 시카고, 필라델피아, 버지니아주, 오하이오의 경찰관들을 대상으로 관찰하는 법을 가르쳤다. 그의 강의가 빠르게 입소문 타면서 그는 FBI, 국토안보부, 미국육군, 해군, 주방위군, 연방보안관실, 연방준비제도, 법무부, 국무부까지 강의를 했다. 한 FBI 요원은 그를 통해 관찰하는 법을 배워, 마피아 조직을 검거하고 그들의 유죄를 입증할 증거를 찾았다고 한다. 에이미 허먼은 유능하고 두뇌가 명석한 사람들일수록 종종 결정적이고 중요한 정보를 놓치는 실수를 저지른다고 말한다. 그는 자세하게 관찰하는 힘을 기를 때, 당신이 직업과 상관없이 놀라운 성장과 발전을 경험할 수 있다고 말한다. 그럼 어떻게 자세히 관찰하는 힘을 기를 수 있을까? 그가 제안하는 방법은 매우 간단하다. 그것은 미술관에 가서 또는 미술책을 열어 미술작품에 대해 자세히 관찰하는 것이다. 어떠한 편견 없이, 그림의 세부정보를 가능한 자세히 관찰하면 된다. 그리고 당신의 눈에 무엇이 보이는지 스스로 설명해보라. 에이미 허먼의 말처럼 꼭 미술관에 가거나 미술책을 펴지 않아도 된다. 당신은 당신이 원하는 관찰 대상을 정한 뒤, 시간을 정해 가능한 대상에 대해서 자세하게 관찰을 하면 된다. 누구나 할 수 있는 자세히 보기를 통해 당신은 뭔가를 본다는 것이 얼마나 풍성하고 재미있는 일이 될 수 있는지 깨닫게 될 것이다.

마지막은 다르게 보기이다. 누구나 자신 만의 관점을 가지고 세상을 바라본다. 이 관점에는 당신이 살아온 환경, 가족, 친구, 선생님, 전공, 분야 등 당신에게 영향을 준 모든 것들이 반영 되어 있다. 그래서 관점이 한 번 형성되면 쉽사리 바뀌지 않는다. 문제는 당신의 관점이 편협한 경우, 바로 그 관점 때문에 세상을 좁게만 보게 된다는 것이다. 이것은 마치 둥근 어항 속 물고기가 어항 밖 세상을 둥글게 왜곡되게 바라보는 것과 마찬가지다. 당신이 고정된 관점에 매몰되어 다른 가능성에 대해서 보지 못하게 될 경우, 문제의 핵심에 제대로 초점을 맞추기 어렵고 해결의 실마리를 찾지 못하게 된다.

1950년대 주류 의학계는 위궤양이 발생하는 이유가 스트레스 때문이라 생각했다. 위 내부에 다량의 소화효소와 염산이 분비되어 있기 때문에 스트레스가 많아질 경우 위산 분비량이 많아져 위궤양이 발생한다는 것이다. 따라서 당시 제약 업계는 위궤양 치료제로 늘 위산을 억제하는 약만을 만들었다. 제약 업계는 위산 억제 약으로 연간 60억 달러라는 엄청난 돈을 벌었다. 하지만 그 누구도 위궤양의 진짜 원인이 박테리아라는 것을 생각하지 못했다.

1981년 웨스턴오스트레일리아 로열 퍼스 병원에서 근무하던 20대 젊은 레지던트 의사인 배리 마셜은 위염 환자를 테트라사이클린이라는 항생제로 치료했다. 치료 경과를 지켜본 마셜은 14일 후 환자의 위염이 깨끗하게 사라진 사실을 관찰했다. 마셜은 항생제가 위염과 아무런 상관성이 없다는 당시 주류 이론과 다른 결과에 주목했다.[*] 마셜은 위궤양이 어쩌면 스트레스가 아닌 이유로 발생할 수 있다는 다른 관점을 갖게 되었다. 마셜은 위내벽 조직 샘플을 구해 패트리 접시에 두었고 박테리아가 서식하도록 만드는 실험을 했다. 결국 마셜은 전자현미경으로 군체를 형성하는 새로운 종류의 박테리아, 헬리코박터 파일로리균을 발견했다. 그리고 그는 이 박테리아가 위 점액질 내벽 사이를 뚫고 들어가 강한 산성 환경으로 스스로를 보호한다는 사실과 박테리아의 유독성 배설물이 분비될 때, 위 내벽에 위궤양이 발생하는 사실을 최초로 규명했다.

---

[*] 당시 의학계는 어떠한 박테리아도 위산이 분비되는 환경에 절대로 살아남을 수 없다고 생각했다.

질문의 기술

기존의 관점을 거부하고 다른 관점으로 현상을 관찰한 마셜은 헬리코박터 파일로리균을 발견한 공로로 2005년 노벨 생리의학상을 수상했다.[62]

2. 왓-이프?(가설 세우기)

가설은 어떤 연구 현상, 문제에 대한 과학자의 잠정적인 결론이다. 과학을 전공했던 사람이라면 가설이라는 단어가 익숙하겠지만 대부분의 사람들에게 가설은 일상 속에서 거의 사용하지 않는 말이다. 가설이란 말이 입에 잘 달라 붙지 않는다면, 가설을 '아이디어'로 바꾸어 이해해도 좋다.

철학자 칼 포퍼는 과학이란 제시한 가설(아이디어)을 실험을 통해 증명하거나 반증하는 것이라고 말했다. 어떠한 가설을 제시하느냐는 과학적 결과의 독창성 및 우수성에 밀접한 관련성을 가지고 있다. 가설이 독창적이고 참이면 연구 결과 또한 독창성을 가진다. 그리고 아무리 연구 결과의 양이 많더라도 검증하려는 가설이 참신하지 않고 중요하지 않다면 그 결과는 사람들에게 흥미를 끌지 한다. 앞서 언급한 대로 과학을 하는 사람은 관찰을 통해 얻은 사실들을 기반으로 개연성이 높은 연역적 가설을 던진다. 이러한 가설은 '(무엇)이면(무엇)일 것이다'라는 일반적인 구조로 서술된다. 따라서 가설은 비슷한 구조를 가진 '왓-이프 질문'으로 표현이 가능하다. 리좀주의 철학의 대표 질문이기도 한 '왓-이프 질문'을 던지는 능력은 독창적인 가설과 아이디어를 세울 수 있는 능력으로 연결된다.

왓-이프 질문을 통한 가설 세우기의 예를 들고자 오래 전 박사 과정 시절의 이야기를 들려주고자 한다. 나는 자연 모방 기술을 연구했다. 내가 했던 일은 자연에서 특별한 능력을 지닌 생물을 잘 관찰하고 인간에게 도움이 될 응용 기술을 만드는 것이었다. 주로 연구했던 생물은 홍합이었다. 맛있는 짬뽕에 들어가는 홍합은 사실 신기한 능력이 있다. 바로 물속에서도 강력한 접착 능력을 지닌 것이다. 인간이 만든 대부분의 접착제, 테이프가 물 속에서 접착 능력을 잃어버리는 것과 대조적이다. 나의 지도 교수는 홍합이 족사를 통해 물 속에서 물체에 잘 달라붙어 있다는 사실에 집중했다. 그는 "만약 홍합 족사 단백질에 물 속 접착력과 연관된 특별한 아미노산 서열이 있다면?"이라는 왓-이프 질문을 던졌고 결국 실험을 통해 카테콜 아민이라는 핵심 접착 물질을 규명 했다.

나는 이 사실에 기초하여 "만약 카테콜 아민과 의료용 고분자를 잘 합성하여 의료용 고분자를 인공 혈관에 붙이면 어떨까?"라는 왓-이프 질문을 던졌다. 나는 피가 굳지 않게 하는 헤파린 고분자와 카테콜 아민을 합성했고, 인공 혈관에 헤파린 고분자가 강력하게 달라붙게 하는 데 성공했다. 그 결과 인체 내 삽입을 해도 표면에서 피응고 반응을 보이지 않는 인공혈관을 만들 수 있었다. 이와 같이 과학자는 사실 파악에서 그치지 않고 사실을 기초로 새로운 왓-이프 질문(가설)을 제시한다. 그리고 과학자는 이를 검증하여 또 다른 새로운 사실을 확보해 나간다.

한편 왓-이프 질문을 던지기만 하고 이를 검증하지 못하면 안

된다. 내가 사람들에게 정말 자주 외치는 말이 있다. "썰로 일하지 맙시다." 아무리 연역적 가설일지라도 검증되지 않은 가설은 썰일 뿐이다. 썰은(증명되지 않았기에) 힘이 없다. 썰을 기반으로 지식의 체계를 쌓아 올릴 수 없다. 내 눈에는 계속 썰인 상태인데 검증하려는 시도와 노력이 보이지 않으면 나는 말한다. "지금 주장되고 있는 썰 왜 증명하려고 하지 않나요? 증명합시다. 증명할 수 없으면 그것 자료로 쓸 수 없습니다."

3. 어떻게?(테스트하기)

어떻게 하면 가설을 검증할 수 있을까? 과학자들은 이를 실험이라고 한다. 'Share A Coke' 캠페인으로 전 세계에 센세이션을 일으킨 코카콜라의 사례를 살펴보자. 코카콜라는 수십 년간 '오리지널 콜라'에 초점을 맞추어 브랜드 이미지를 광고했다. 또한 따뜻한 북극곰 캐릭터 사용, 친구들과 가족들이 다함께 코카콜라를 마시는 이미지, 그리고 독창적 콜라병 디자인을 통해서 코카콜라는 사람들의 생활에 매우 깊이 관여되고 친숙한 브랜드를 구축했다. 이를 통해 코카콜라의 전 세계 브랜드 가치 순위는 언제나 TOP 10 안에 들었다. 하지만 시간이 흐르고 시장이 변함에 따라, 코카콜라 회사는 적지 않은 위기감을 느꼈다. 젊고 역동적인 젊은 세대들에게 강력하게 어필한 펩시의 도전과 '웰빙' 문화의 확산으로 인한 건강 음료 선호 분위기 속에서 코카콜라의 매출은 크게 감소했다. 2011년 호주 시장을 대상으로 한 코카콜라의 조사에 따르면, 젊은이들 중 50%가한 달 동안 코카콜라를 마시지 않는 것으로 드러났다. 그리고 시간이 지날수록 그 비율은 증가했다. 이 결과는 코카콜라 측에서 매우 심각하게 받아들여졌다. 왜냐하면 10대 그리고 20대의 소비자들에게 코카콜라 브랜드를 각인시키지 못한다면 곧 다음 세대의 구매자를 잃어버리는 것이었기 때문이다.

이러한 위기감 속에서 코카콜라는 호주의 젊은이들과 깊이 있는 교감을 만들기 위해 'Share a Coke'라는 새로운 실험을 기획해 냈다. 코카콜라는 젊은이들의 행동 패턴을 세밀하게 관찰한 뒤, 한 가지 재미있는 특징을 발견했다. 그것은 젊은이들이 스마트폰을 통해서 인류 역사상 그 어느 때보다도 빠르게 자신의 이야기를 공유한다는 점이었다. 젊은이들은 트위터, 페이스북과 같은 SNS를 통해서 전세계 젊은이들과 초연결되어 있었다. 그들은 흥미롭고 의미 있는 이야기를 엄청난 속도로 복제, 모방해서 대세 트렌드(밈, MEME)를 만들어 냈다. 코카콜라는 "만약 젊은이들이 SNS를 통해 코카콜라의 경험을 공유하기 시작한다면 젊은이들 사이에 잃어버렸던 코카콜라의 브랜드 가치가 회복되지 않을까?"라는 왓-이프 질문을 던졌다.

코카콜라는 10대 젊은이들 사이에서 가장 많은 이름 150개를 선정했다. 그리고 최초로 코카콜라병에 이름을 하나씩 새겨 넣었다. 코카콜라는 젊은이들이 SNS를 통해 코카콜라를 공유할 수 있도록 제안했다. 실험 결과, 엄청난 일이 벌어졌다. 10대, 20대 젊은이들은 자신의 이름 또는 친구의 이름이 새겨진 코카콜라 병을 찾아 열심히 인증샷을 찍어 SNS에 올렸다. 심지어 특정 이름이 새겨진 병을 찾

질문의 기술

전 유럽은 들썩이기 시작했다.

　하지만 영국의 천문학자 토마스 딕스의 생각은 달랐다. 그가 초신성에 대해서 본격적으로 연구하기 시작했을 때 초신성은 점점 어두워지기 시작했다. 왜 매우 밝았던 초신성이 어두워졌을까? 토마스 딕스는 계속 궁리했다. 그리고 모든 별이 지구를 둘러싼 껍질에 붙어 있다는 전통적인 우주 모델을 깨뜨리고 그는 새로운 가설을 제시했다. "초신성은 스스로 움직이는 별이다. 즉, 가까워지면 초신성이 밝아지고 멀어지면 어두워질 것이다." 물론 이 가설은 지금 기준으로 틀린 것이다. 하지만 토마스 딕스의 가설을 통해서 전통적인 모델 속에 갇혀 있던 수많은 천문학자들은 우주를 새롭게 바라보기 시작했다. 새로운 가설을 제시한 이후, 4년 동안의 연구 끝에 토마스 딕스는 인류 최초로 천동설을 주장한 코페르니쿠스 모델을 수정하여 새롭고 매우 급진적인 우주 모델을 제시했다. 기존 코페르니쿠스 모델에서는 수많은 우주의 별들이 태양을 중심으로 일정 거리에 있는 껍질에 붙어 있었다. 하지만 토마스 딕스의 별들은 껍질에 붙어 있지 않았다. 전 우주에 흩어져 있는 것이었다. 인류 최초로 그는 우주의 끝이 없다는 주장을 펼쳤다.

　토마스 딕스의 새로운 모델 이후 전 유럽 사람들은 우주에 경계와 끝이 없고 무한하다는 생각과 진정으로 우주란 무엇인지에 대해 이성적 합리적으로 생각하는 계기가 되었다. 사람들은 그의 이론을 따라 우주의 끝, 우주의 크기를 측정하기 위해 끊임없이 노력했다. 재미있는 것은 인간의 우주 관측 기술이 발전함에 따라 우주의 끝은 계속해서 확장되었던 것이다. 그 끝을 본 사람은 아직 아무도 없다. 현재 관측 기술로 관측할 수 있는 거리만해도 지구를 중심으로 무려 500억광년이나 된다. 이 안에 태양과도 같은 별들이 해변의 모래알 개수처럼 많고 수많은 별들이 모여있는 은하수 또한 해변의 모래알 개수만큼이나 많다. 토마스 딕스의 우주 모델 대로, 우주는 무한한 것이 증명되었다.

반대로 지식화에 있어 이론은 잘 정립되었는데 아직 실험적으로 규명되지 않고 연역적 가설 또는 예측으로 남아 있는 문제들이 있다. 보통 이러한 문제들을 난제라고 하는데, 난제를 해결하기 위한 실험의 과정에서 혁신이 일어나고 이론은 더 발전한다. 대표적으로 중력파의 발견이 있다.

1916년 아인슈타인은 '일반 상대성 이론'을 통해 시공간 중력장이 질량에 의해 뒤틀리는 과정에서 발생하는 파동 곧, 중력파가 광속으로 진행한다는 예측을 했다. 하지만 수십 년이 지나도 중력파의 존재는 실험적으로 증명하기 어려웠다. 정확히 100년이 지나, 2016년 2월 레이저 간섭계 중력파 관측소는 지구로부터 13억 광년 떨어진 두 개의 블랙홀이 결합하면서 발생하는 중력파를 검출하는데 성공했다. 두 개의 블랙홀의 질량은 각각 태양의 36배 그리고 29배였고, 하나로 결합하여 태양보다 62배 무거운 블랙홀이 되었다. 이 과정에서 질량이 에너지로 전환되면서 발생한 중력파가 빛의 속도로 지구를 지나갔고 이것을 중력파 관측소가 검출했다. 이 실험을 통해 아인슈타인의 예측이 증명되었고 일반 상대성 이론이 더 확고하게 다져졌다.

한편 당신이 진리라고 구축해놓은 지식의 토대 위에 흠과 균열을 일으키는 새로운 사실이 등장할 때가 있다. 만약 당신이 이러한 일을 겪게 되면 본능적으로 불안과 좌절의 마음이 들 것이다. 대학시절 나의 지도 교수는 이런 일을 겪을 때 두려워하지 말고, 먼저 '유레카'라고 외치며 기뻐하라고 말했다. 왜냐하면 이 위기를 극복하는 과정에서 당신의 이론은 더 완성되고 심지어 새로운 이론 곧, 새로운 패러다임의 출현을 직접 경험할 수 있기 때문이다. 이 과정을 과학 철학자 토마스 쿤의 용어를 빌려 다시 말해보자.

당신은 여러 실험을 통해서 매우 흥미로운 사실 하나를 얻었다. 그리고 이것을 시작으로 엄청난 연구를 통해 여러 사실들을 추가 확보했다. 당신은 이러한 사실들을 통합적으로 설명할 이론의 필요성을 느꼈다. 이때를 '전과학(prescience)' 단계라고 한다. 이후, 당신뿐만 아니라 다른 동료들로부터 이론화를 구축하는 데 단서가 되는 구체적인 사실들이 발견되고 이론화에 성공했다. 구축된 이론은 시간이 지나도 반증되지 않았고 확고하게 자리 잡았다. 이때를 '정상 과학(normal science)' 단계라고 부르며 확립된 이론을 '패러다임'으로 부른다. 정상 과학의 패러다임 속에서 사람들은 사실을 논리적으로 연결지어 생각할 수 있게 되고 이를 기반으로 놀라운 기술과 혁신을 만들어냈다. 그런데 시간이 더 지나자, 기존의 패러다임으로는 설명하기 힘든 '이상 현상(anomaly)'이 보고되기 시작했다. 기존의 패러다임으로 덮어 보려고 했지만 그럴수록 패러다임의 한계가 자명해졌다. 이상 현상에 흥미를 느낀 사람들은 반복된 실험을 통해서 더 많은 이상 현상을 찾아냈고 이를 보고했다. 이때를 '위기(crisis)' 단계라고 한다. 결국, 이상 현상들과 기존 사실들을 통합적으로 설명하는 새로운 패러다임이 등장하여 기존의 패러다임을 대체시키고 새로운 정상과학을 만들어냈다. 이것을 '과학 혁명(scientific revolution)'이라고 부르며 인류 역사는 그동안 수없이 많은 과학 혁명을 경험했다.[65]

과학 혁명 과정에서 '이상 현상'의 출현과 이를 당신의 논리로 설명할 수 없는 것은 당신의 잘못이 아니다. 본래 과학이란 아무리 확고해 보여도 언제나 반증가능성과 불확실성이 존재한다. 당신이 이상 현상을 얻었고 기존의 이론에 위기가 찾아온다면, 그것을 위기로 보지 말고 기회로 보라. 당신이 알고 있는 사실의 범위 속에 이상 현상을 포용하라. 그 모든 것을 통합하려는 정직한 노력 속에서 새로운 패러다임과 혁신이 이루어질 것이다.

과학적 사고를 위한
질문

사람들은 과학이란 이학과 공학을 전공했거나 석사, 박사 학위를 얻은 사람들의 소유물로 인식한다. 대학교를 마치고 대학원 과정을 거쳐 박사 학위를 따야만 과학자가 되는 줄 안다. 하지만 과학이란 '철학적 도구'일 뿐이다. 누구나 과학을 통해 철학적 사고를 할 수 있다.

겉으로 볼 때는 과학자는 '왜?'라는 본질주의 질문을 끊임없이 던지는 것 같다. 이런 점에서 과학은 본질주의 철학에 속하는 것 처럼 보인다. 하지만 정확히 말하자면 과학자는 '왜'가 아닌 '왓-이프' 질문을 던진다. 과학자는 어떤 신기한 현상에 대해서 주의깊게 관찰하고 그 현상 속에 감추어진 본질을 이해하고 싶어 한다. 이 지점에서 과학자는 상상력과 창의력을 총동원하여 "만약 이렇지 않을까요?" "이것 때문은 아닐까요?"라는 왓-이프 질문을 던진다. 이 왓-이프 질문을 과학에서는 '가설'이라고 부른다. 그리고 '가설'을 세우고 '가설'을 검증하고자 노력하는 과정을 '연역적 가설 탐구 방법'이라고 부른다. 이 연역적 가설 탐구 방법은 '무엇이?(관찰) – 왓-이프?(가설) – 어떻게?(테스트) – 무엇을?(지식화)'라는 질문 패턴으로 표현되며, 과학을 하는 사람들은 이 질문 패턴에 대한 답을 통해 지식을 구축한다.

이제 스스로 과학이란 도구를 사용해보자. 다음 질문과 제안을 스스로에게 또는 스터디 그룹에서 던지고 토의해보길 바란다.

1. 당신에게 가장 지식이 필요한 분야는 무엇인가? 당신이 가장 똑똑해지고 싶은 분야는 무엇인가? 그 분야에서 당신은 무엇을 이루고 싶은가?

2. 과학적으로 지식을 쌓기 위해 먼저 해야 하는 것은 관찰을 통해 주어진 사실들을 파악하는 것이다. 관찰 대상을 정한 뒤, 한 시간 동안 그 대상과 관련된 사실을 가능한 많이 확보해보라. 관찰을 통해 그 대상에 대해 새롭게 알게 된 사실은 무엇인가?

3. 당신이 관찰한 사실들을 기반으로 생각해낸 새로운 왓-이프 질문(가설)은 무엇인가?

4. 그 왓-이프 질문이 정말 맞는지를 어떻게 데이터로 보여줄 수 있는가?

5. '무엇이?-왓-이프?-어떻게?' 질문 패턴으로 사유되는 과학적 사고는 결국 사실(Fact)을 수집하고, 아이디어(Idea)를 제시하고, 테스트(Test)를 통해 또 다른 새로운 사실을 얻는 과정이다. 이것을 'FIT(Fact-Idea-Test)' 한다고 말한다. 최근 당신이 'FIT'를 통해 새롭게 얻은 지식은 무엇인가? 그 지식은 어떤 가치와 중요성을 가지고 있는가?

12 인생의 법칙이 된 왓-이프 질문

"셋으로 된 모든 것은 완벽하다."
- 아리스토텔레스

나는 그동안 셀 수 없이 많은 왓-이프 질문들을 던졌다. 그 중에는 내 인생의 법칙이 된 세 가지 왓-이프 질문이 있다. 이 세 가지 왓-이프 질문 곧, 세 가지 법칙은 수많은 성공한 사람들에 의해 그 실효성이 검증되었다. 나는 인생이 복잡해지고 위기를 지혜롭게 극복해야 할 상황이 찾아오면 언제나 세 가지 법칙으로 돌아간다. 세 가지 법칙은 모두 숫자로 구성되어 있으며 매우 직관적이고 기억하기도 쉽다. 바로 '1의 법칙', '3의 법칙', '10배의 법칙'이며 이 세 가지 법칙만 있으면 당신이 일하거나, 글쓰거나, 발표하거나, 가르치거나, 배우거나, 생각하거나, 구상하거나, 계획하거나, 관리하거나, 콘셉트을 잡거나, 꿈을 꾸거나, 개발하거나, 협업하거나, 양육하거나 등 삶의 모든 영역에서 큰 도움을 받을 수 있을 것이다.

모든 것을 단 한 가지로 나타낼 수 있다면?

게리 켈러의 베스트셀러 《원씽》에서 게리 켈러는 묻는다. "성취할 경우 다른 모든 일을 쉽게 하거나 불필요하게 만드는 단 한 가지의 중요한 일(The One thing)은 무엇인가?" 이 질문을 통해 찾은 가장 중요한 '단 한 가지'의 일에 집중을 하면 더 많은 성과와 더 많은 부를 창출할 수 있다고 그는 말했다.[66] 《원씽》을 읽고 나서 나는 '원씽'의 원리가 책에서 소개된 분야와 영역을 넘어 삶의 모든 것에 적용되지 않을까 생각했다. 그리고 나는 다음의 왓-이프 질문을 던졌다. "만약 모든 것을 단 한 가지로 나타낼 수 있다면?" 이 왓-이프 질문은 나중에 '1의 법칙'으로 부르게 된다.

나에게 '1의 법칙'의 가장 효과적인 적용처는 '발표하기'였다. 당시 나는 박사 과정을 마친 후 미국 미시간 대학교에서 리서치 펠로우로 근무 중이었다. 나는 박사과정생 한 명, 석사과정생 두 명을 데리고 미정부지원 연구 프로젝트를 맡았다. 내가 가장 고민했던 것은 연구 과제 발표였다. 나는 사람들이 열심히 연구한 성과를 효과적으로 발표하고 싶었다. 하지만 쉽지 않았다. 가장 큰 어려움은 한 번에 많은 이야기를 전달하고 싶은 욕심 때문에 발표의 핵심 메시지가 명확하지 않았다는데 있었다. 이를 극복하기 위해 나는 하나의 발표에 단 한 가지의 주장만을 전달하는 1의 법칙을 적용해 보았고 단 한 가지 주장과 그것과 관련 있는 사례만을 발표에 담고자 노력했다. 그 결과, 발표 내용이 분명해졌고 전달력과 설득력이 크게 향상되었다. 이 강력한 경험 이후 나는 모든 발표에 단 한 가지 메시지만을 전달하고 있다. 1의 법칙의 대상은 한 사람일 수 있고, 한 단어/ 한 문장일 수 있고, 하나의 행동, 하나의 물건, 하나의 상징일 수 있다. 그 형태가 무엇이든 모든 것은 단 한 가지로 압축된다.

예를 들어, 우리나라를 대표하는 역대 경영자들의 인생은 그들의 유명한 어록으로 압축될 수 있다. 현대의 故정주영 회장의 삶은 "이봐 해봤어?"[*]로 요약되며, 이 말처럼 그는 불굴의 의지와 불도저와 같은 추진력으로 한국 경제의 신화가 된 현대 기업을 일구어냈다. 삼성의 故이건희 회장의 삶은 "마누라, 자식 빼고 다 바꿔라!"[**]로 요약되며, 그는 삼성이 '양 경영'에서 '질 경영'으로 바뀌지 않으면 절대 일류 기업이 될 수 없다고 부르짖었고[***] 그 결과 오늘날의 삼성을 있게 한 근본적인 혁신을 이끌었다.

---

[*] "이봐, 해봤어?"는 故정주영 전 명예회장이 평소 어려운 일을 앞에 두고 주저하는 회사 간부들을 질책할 때 자주 썼다고 한다.

[**] 1993년 6월 7일 프랑크푸르트에서 삼성의 고 이건희 회장이 전체 임원 앞에서 '신경영 선언'이란 유명한 연설의 마지막 문장이다.

[***] 그 대표적인 사례가 1995년 3월 구미사업장에서 치뤄진 '애니콜 화형식'이었다. "품질은 나의 인격이오 자존심!"이란 현수막을 내걸고 임직원 2000여 명이 지켜보는 가운데 불량 휴대전화와 팩시밀리 등 15만 대가 불태워졌다. 애니콜 화형식을 계기로 11.8%에 달했던 삼성 휴대전화의 불량률은 2%대까지 떨어졌다고 전해진다.

이와 같이 당신의 삶을 대변해주는 단 한 가지 단어 또는 단 한 가지 문장은 무엇인가? 나의 경우, 책 표지의 작가 소개란에 써 있듯 "나는 질문한다 고로 존재한다"라는 문장으로 내 삶을 압축한다. 나는 내가 가진 지식과 철학이 언제든 의심되고, 부정되고, 무너질 수 있다는 것을 인정한다. 그럼에도 불구하고 질문하고 그 답을 구하기 위해 노력하는 나 자신의 존재는 의심할 수도, 부정할 수도, 무너뜨릴 수도 없다고 믿는다. 이렇게 질문하는 나 자신의 확실성을 담보로 사유하고, 글을 쓰고, 타인과 소통하고 있다. 질문하는 존재로서 나는 2017년《질문지능》이란 책을 썼다. "성공하려면 질문을 잘해야 한다"고 압축되는 한 가지 메시지를 대한민국 사회에 던졌다. 그리고 이제《질문의 기술》이란 책을 통해 "질문의 본질은 생각이다"라고 압축되는 메시지를 던지고 있다. 나는 나뿐만 아니라 우리나라의 모든 사람들이 질문을 즐겨하고 그 결과 진리에 한 발 짝 더 가까이 다가가는 사람들이 되길 기대한다.

1의 법칙은 때때로 우리가 살아가면서 무엇에 집중을 해야 하는지를 안내하기도 한다. 영화배우이자 친환경 생활용품 기업 '디 어니스트 컴퍼니(The Honest Company)'의 공동 CEO인 제시카 알바는 셀 수 없이 많은 아동 용품들이 유해물질을 함유하고 있으며 그 사실이 제대로 표시되지 않은 채 시중에 돌아다니는 있는 현실에 분개했다. 그녀는 겉보기에는 화려하지만 실제는 독성 물질에 불과한 아동 용품들이 아이들을 병들게 하고 있다고 생각했다. 그녀는 회사의 공동 창업자인 크리스토퍼 개비건과 함께 이 현실을 바꾸겠다고 결심했다. 그들의 전략은 단 한 가지에 집중하는 것이었다. 그 단 한 가지는 바로 '정직해지는 것'이었다. 심지어 그들은 회사명을 'The Honest Company(정직한 회사)'로 지었다. 그들은 회사의 이름을 걸고 제품에 무엇이 들어있고 무엇이 들어가지 않았는지를 정직하게 말했다. 어떤 상황에도 그들은 진실을 정직하게 말했고 무독성 친환경 재료만으로 구성된 아동용품을 정직한 가격에 공급하기 시작했다. 미국의 수많은 부모들은 디 어니스트 컴퍼니의 제품들을 보며 "가장 정직한 사람들이 가장 정직한 제품을 만든다!"고 신뢰했다. 그 결과 디 어니스트 컴퍼니는 창업 3년 만에 10억 달러(1조 4천억 원) 가치를 지닌 회사로 인정받았다.[67]

모든 것을 단 세 가지로 완벽히 구성할 수 있다면?

우리 주위에는 세 가지로 구성되어 있는 사례들이 많다. 뉴턴의 운동 제 3법칙, 열역학의 세 가지 법칙, 케플러의 행성 운동 제 3법칙, 기독교 삼위일체설, 도교의 천지인 사상, 물질의 세 가지 상(고체, 액체, 기체), 빛의 삼원색, ABO식 혈액형, 서론/본론/결론, 정/반/합 헤겔의 변증법, 국가의 삼권분립, 가위 – 바위 – 보.[68] 고대 그리스의 철학자 아리스토텔레스는 3과 관련된 유명한 말을 남겼다. 이 말은 라틴어로 번역되어 지금까지 전해져왔다. "Omne Trium Perfectum(옴네 트라이엄 퍼펙툼)." Omne는 '모든 것'을 의미하며,

Trium은 '셋'을 의미하며, Perfectum은 '완벽하다'를 의미한다. 따라서 이 말의 뜻은 셋으로 된 모든 것은 완벽하다가 된다.

이 말을 접하자마자, 나는 다음의 왓-이프 질문을 던졌다. "모든 것을 단 세 가지로 완벽히 구성할 수 있다면?" 바로 이것이 '3의 법칙'이다. 아리스토텔레스는 삶의 다양한 영역에서 3의 법칙을 꺼내 적용했다. 몇 가지 예를 들면, 그는 아테네 민주정치의 경험을 바탕으로 설득의 기술에 관한 책《수사학(Rhetoric)》을 저술했다. 여기서 그는 완벽하게 설득하려면, 설득의 세 가지 요소인 로고스(logos, 논리), 파토스(pathos, 감성), 에토스(ethos, 신뢰)가 모두 말하기에 담겨야 한다고 했다. 또한 그는 "아무리 속세에서 진귀한 금은보화도 우정이 없다면 무의미하다"고 말했을 정도로 우정을 소중히 여겼다. 그는 우정에 대해 세 가지 유형, 효용을 추구하는 우정, 즐거움을 추구하는 우정, 그리고 선을 추구하는 우정이 있다고 생각했다. 이처럼 아리스토텔레스는 툭하면 3의 법칙을 꺼내 써먹곤 했다.

나 또한 아리스토텔레스처럼 일상 속에서 3의 법칙을 툭하면 활용하고 있다. 나는 한 가지 주장에 대해서 글을 쓸 때, 말할 때, 이야기를 할 때 더도 말고 덜도 말고 딱 세 가지만을 말한다. 회사에서 주요 과제 발표를 준비할 때면 가능한 많은 진행 사례를 이야기하고 싶은 마음이 굴뚝같다. 하지만 나는 단 한 가지 메시지를 전달하기 위한 가장 강력한 진행 사례 세 가지만을 들고 가서 이야기한다.

강연을 할 때도 마찬가지이다. 긴 시간 동안 한 가지 메시지를 효과적으로 전달하고 위해 나는 늘 세 가지 키워드와 그 이야기를 들고 나온다. 일을 할 때 가장 중요한 것 중에 하나는 목표를 세우고 구체적인 업무 전략을 수립하는 것이다. 'A(현재 수준) → B(미래 수준)'이란 한 가지 목표를 정한 뒤, 나는 이 목표를 달성하기 위해 필요한 업무 전략을 딱 세 가지로 분절화한다. 예를 들어, '신제품 개발 단계에서 발생하는 불량을 현 수준 → 양산 이관 수준으로 개선한다'라는 거대한 목표를 달성하기 위해, 품질 불량 제어 전략, 수율 불량 제어 전략, 사고성 불량 제어 전략이라는 세 가지를 제시하는 것이다.

무엇을 말할지 모르겠다 싶으면 언제나 '세 가지'가 진리이다. 가르칠 때나 인폼할 때면 '왜 → 어떻게 → 무엇을' 삼 단계 순서로 준비하여 진행한다. 휴가 중 나 자신을 돌아볼 때면 '나는 어떤 존재가 되고 싶은가?' '나는 무엇을 하고 싶은가?' '그래서 나는 어떻게 살아야 하는가?' 이 세 가지 질문을 묻고 고민한다. 여행을 할 때면 하고 싶은 것은 참 많지만 제한된 시간, 제한된 재정 속에서, 무엇을 해야 할지 정하기 어려울 때가 많다. 그럴 때 저절로 생각나는 것이 '딱 세 가지'이다. 이것만큼은 꼭 하고 와야겠다고 마음먹은 세 가지를 정해서 그것만큼은 꼭 경험하고 온다.

모든 것은 세 가지로 완벽하게 구성할 수 있다. 이 3의 법칙을 당신의 삶에서 틈틈이 꺼내 써 보아라. 분명 엄청난 도움이 될 것이다.

만약 열 배의 성공을 거둘 수 있다면?

사업가 그랜트 카돈은 30년이라는 시간 동안 성공과 실패를 확실히 가르는 단 한 가지를 찾기 위해서 노력했다. 그 한 가지는 시간관리도 목표관리도 인맥관리도 아니었다(물론 성공에 도움이 되는 요소인 것은 분명하다). 성공한 사람들에게서 일관적으로 보이는 것은 그들이 다른 사람들보다 10배 더 많은 행동력을 발휘한다는 점이고 다른 사람들보다 10배 더 탁월한 목표를 설정했다는 점이었다.[69] 이에 그랜트 카돈은 다음의 왓-이프 질문을 던졌다. "만약 당신이 10배 더 원대하게 생각하고 10배 더 많이 행동하면 어떻게 될까? 반드시 성공하지 않을까?" 그는 이 왓-이프 질문을 '10배의 법칙'이라고 불렀다. 10배의 법칙은 매우 직관적이고 동시에 매우 자극적이다. 그랜트 카돈에 의하면 10배의 법칙을 적용하면 당신은 반드시 성공한다. 성공한 사람들은 역량 부족, 경기 변화, 고객 문제, 직원 문제, 불운, 치열한 경쟁 등 성공을 가로막는 불확실한 요소들을 탓하지 않고 남들보다 10배 더 많은 생각과 행동으로 그 불확실성을 극복한다. 또한 그들은 노력을 줄이고 그에 맞춰 목표 또한 줄여서 동기부여를 유지하고 결승선을 앞당기려는 행태를 거부한다. 그들은 그것이 장기적으로 그들에게 도움이 되지 않으며 그들을 약하게 하고 어쩌면 그들을 망하게 만드는 요소라는 것을 정확하게 간파한다.

10배의 법칙은 사실 남에게 말하기 조심스런 법칙이다. 이미 충분히 일이 많고, 워라밸이 대세가 되었고, 심지어 콰이어트 퀴팅이 등장하는 상황에서 조직의 리더로서 사람들에게 '10배의 노력과 10배의 목표'를 이야기하는 것은 나 자신을 시대에 뒤떨어진 사람처럼 보이게 만들기 때문이다. 그러므로 긴 시간 관찰해서 10배의 법칙을 받아들일 수 있겠다고 생각되는 소수의 사람에게만 나는 10배의 법칙을 말해 주었다.

10배의 법칙은 개인적으로 내가 지금의 내가 될 수 있도록 만들어주었다. 일을 하면서 목표 대비 나 자신이 부족하다고 느낄 때면 나는 그랜트 카돈이 말한 대로 생각과 행동을 10배 더 끌어올렸다. 나는 모든 결과에 대해 남 탓, 조직 탓하지 않았다. 나는 모든 것이 온전히 내 책임이라는 마음가짐을 가지고 10배 더 노력해서 성과를 달성해왔다. 발표가 요청오면 거절하지 않고 최선을 다해 준비했고, 협업을 요청하면 나의 전문성을 최대한 살려 진정한 협력이 되게끔 만들었다. 난제가 발생하면 연락할 수 있는 모든 유관부서와 연락해서 문제의 현상과 본질에 대해 논했고, 최대한 빨리 본질적인 대책과 임시 대책이 수립될 수 있도록 노력했다. 또한 내가 노력한만큼 성과가 만족스럽지 않다고 느낄 때도 나는 그랜트 카돈이 말한 대로 기존의 목표를 (감당할 수 있는 범위 내에서) 10배 더 끌어올렸다. 앞서 본질주의 철학을 논할 때, 목표라는 본질이 바뀌면 그에 맞춰 어떻게 생각하고 행동해야 하는지가 변화되는 것처럼, 목표를 10배 올리자 나는 기존의 일하는 방식을 뛰어넘은 방법론을 시도할 수밖에 없었고 그 결과 다른 사람들과 구별되는 성과를 거두었다.

"어차피 받는 돈이 그대로인데, 그렇게까지 회사를 위해 열심히 할 필요가 있을까?" "그렇게 바보같이 일하면 나중에 후회하지는 않을까?" "굳이 그렇게 책임을 지지 않아도 얇고 길게, 쉽고 편하게 회사 다닐 수 있을 텐데 왜 꼭 그래야 하는가?" 이런 말을 하는 사람들이 점점 많아지고 있다. 먼저 그들의 생각을 존중한다. 그런데 그들이 놓치고 있는 것이 있다. 직장은 그들의 인생을 책임져 주지 않는다는 것과 10배의 법칙을 훈련하고 적용하는 사람들이 현재의 직장을 넘어 미래의 다른 직장에서도 계속해서 성공할 준비를 하고 있다는 것이다. 10배의 법칙은 모두에게 공평하다. 10배의 법칙은 그것을 실행하는 자에게 책임지는 만큼 그에 합당한 권한을 얻게 된다는 진리를 깨우쳐준다.

한편, 바쁜 직장 생활 외에 나는 2017년 작가 데뷔 후 매년 한 권씩의 책을 출간했다. 그것이 가능했던 것은 단순하다. 10배의 노력과 10배의 목표가 있었기 때문이다. 지금 당신이 읽고 있는 이 책을 쓰는 과정에서 나는 '질문'에 대해서만큼은 대한민국에서 최고가 되겠다는 원대한 목표를 설정했다. 그리고 이를 달성하기 위해 나는 내가 가진 자원을 총동원해서 10배의 노력을 기울여 글을 썼다. 근무 시간 외 자유 시간이 있다면 원고에 참고할 만한 인문학, 철학 서적들과 관련 논문들을 수시로 읽었고 그 내용을 질문이라는 관점에서 재해석하고자 노력했다. 주로 점심시간, 아이 재우고 취침 전 시간, 기상 후 출근 전 시간, 주말 자유 시간을 최대한 활용했다.

나는 인문 계열의 대학 전공을 하지 않았다. 그래서 나의 역량 부족으로 잘못된 메시지를 전달할까 두려웠다. 이를 방지하고자 나는 나의 주장이 나 스스로를 설득될 때까지 관련된 내용을 언제 어디서나 텍스트를 보지 않아도 이야기를 할 수준이 될 때까지 책을 읽었다. 단 한 권만을 참고하면 편협한 이해에 빠질 수 있어, 10배의 책들을 책상 위에 쌓아두고 책들을 읽고 또 읽었다. 또한 대한민국의 '질문 최고 전문가'로서 수백 명의 대중들 앞에서 강연을 한다면 이 정도의 이야기, 메시지를 전달할 것인가라고 계속 자문하면서 글을 쓰고 지우고 수정하기를 셀 수 없이 반복했다. 그렇게 직장에서 신제품 개발 업무로 정말 바빴던 가운데, 10배의 법칙을 적용하여 《질문의 기술》을 써낼 수 있었다.

　　NBA의 전설 코비 브라이언트는 코트 위 은퇴식 연설에서 자신의 두 딸에게 이렇게 말했다. "마지막으로 우리 딸들아, 너희들도 알다시피 너희가 열심히 한다면, 충분히 노력을 한다면, 꿈은 이루어진단다. 너희들 그리고 우리 모두는 이것을 알고 있지. 하지만 바라건데, 오늘 밤 너희들이 꼭 알았으면 하는 것은 너희가 아침 일찍 일어나서 열심히 하는 그 시간들, 너희가 늦게까지 남아서 열심히 하는 그 시간들, 뭔가를 하고 싶은 마음이 들지 않거나 피곤해서 스스로를 몰아부치고 싶지 않지만 어떻게든 해내는 그 시간들. 그 시간들이 바로 너희들의 꿈이야. 그게 바로 꿈이란다. 꿈은 목적지가 아니라 여정이란다. 두 딸들아, 너희들이 이것을 이해할 수 있다면 너희들에게 일어날 일은 말이야. 단순히 꿈이 이루어지는 것이 아니라 그 보다 더 위대한 일이 벌어질 거란다. 너희들이 이것을 이해할 수 있다면 나는 아빠로서의 역할을 다했다고 생각한다."

성공으로 향하는 질문

다음 세 가지 왓-이프 질문은 수많은 성공한 사람들에 의해 그 실효성이 검증되어 세 가지 성공 법칙이 되었다. 인생이 복잡해지고 위기를 지혜롭게 극복해야 할 상황이 찾아올 때 이 세 가지 법칙이 큰 도움이 된다. 첫 번째 왓-이프 질문은 "만약 모든 것을 단 한 가지로 나타낼 수 있다면?"이며 '1의 법칙'으로 불린다. 두 번째 왓-이프 질문은 "모든 것을 단 세 가지로 완벽히 구성할 수 있다면?"이며 '3의 법칙'으로 불린다. 마지막 세 번째 왓-이프 질문은 "만약 열 배의 성공을 거둘 수 있다면?"이며 '10배의 법칙'으로 불린다.

1의 법칙, 3의 법칙, 10배의 법칙은 모두 직관적인 숫자로 구성되어 있어 쉽게 기억할 수 있다. 이 세 가지 법칙만 있으면 당신이 일하거나, 글 쓰거나, 발표하거나, 가르치거나, 배우거나, 생각하거나, 구상하거나, 계획하거나, 관리하거나, 콘셉트를 잡거나, 꿈을 꾸거나, 개발하거나, 협업하거나, 양육하거나 등 삶의 모든 영역에서 두각을 나타낼 수 있을 것이다.

이제 스스로 세 가지 법칙을 삶에 적용해보자. 다음 질문과 제안을 스스로에게 또는 스터디 그룹에서 던지고 토의해보길 바란다.

1. 당신을, 당신의 삶을, 당신의 일을 대변하는 한 가지 단어 또는 한 가지 문장은 무엇인가?

2. 당신에게 중요한 것(가치, 목표, 꿈, 일, 지식, 사람 등)은 무엇인가? 그것을 세 가지 요소로 구성해보라.

3. 만약 당신이 열 배의 성공을 거둘 수 있다면, 당신은 현재보다 10배 더 높은 목표, 현재보다 10배 더 많은 노력을 기울일 수 있겠는가?

4. 당신이 진리로 믿고 있는 당신만의 인생의 법칙이 있는가? 그 법칙은 당신의 삶에 어떤 영향을 끼치고 있는가?

5. 만약 당신만의 인생의 법칙을 구하고 싶다면, 당신의 삶에서 반복적으로 나타나거나 자주 생각되는 왓-이프 질문을 포착하라. 그리고 그것을 인생의 법칙으로 삼아보라.

질문의 기술

변증과 질문

"우리는 의심의 여지 없이 자신을 믿을 수 있을까?"

- 에밀 졸라

카이레폰, 그는 어린 시절부터 소크라테스와 알고 지낸 친구였고, 아테네 민주주의의 열성 지지자였다. 그는 아폴론 신을 모시는 델포이의 신탁에 가서 신에게 물었다. "이 세상에서 소크라테스보다 더 지혜로운 사람이 있나요?" 델포이의 여사제는 신의 음성을 듣고 이렇게 말했다. "그보다 더 지혜로운 사람은 없다." 카이레폰은 당장 소크라테스에 찾아가 자신이 들은 말을 그대로 전했다. 하지만 소크라테스는 어리둥절했다. 소크라테스는 큰 일이든 작은 일이든 자신이 매사에 지혜롭지 못하다는 것을 잘 알고 있었다. "도대체 무슨 뜻으로 신은 자신이 가장 지혜로운 자라고 말씀하신 것일까?" "과연 진짜일까?" 그는 곤혹스러워했다. 결국 그는 세상의 지혜로운

사람들을 직접 만나보기로 결심했다.[70]

소크라테스는 정치인, 시인, 장인 등 모든 사람들을 만났다. 그리고 그들이 정말로 지혜로운지를 검증하기 위해서 꼬치꼬치 캐물었다. 그 결과 그들이 그럴듯한 말은 많이 하지만 사실 그 말의 참뜻을 모르고 있는 지혜롭지 못한 자라는 것을 알게 되었다. 예를 들어 "민중이란 누구인가?" 소크라테스는 물었다. "가난한 사람들입니다." 한 사람이 대답했고 이어 소크라테스는 물었다. "가난한 사람이란 어떤 사람인가요?" 그 한 사람은 말했다. "돈에 늘 쪼들리는 사람입니다." 소크라테스는 계속 물었다. "부자들도 돈이 늘 부족하다고 하소연하는데 그럼 부자도 가난한 사람 아닌가요?" 그 한 사람은 자신의 무지를 자각하며 고개를 끄덕였다. 소크라테스는 이렇게 말했다. "그렇다면 '민중이 주체가 된다'는 민주주의는 가난한 사람들과 부자 중 누구의 정치 체제인가?" 이와 같이 소크라테스는 사람들이 앎이라고 여겼던 것들이 착각과 모순에 불과했음을 인정하게 했다. 물론 이로 인해서 그는 사람들의 미움을 받았고 세상을 어지럽히고 타락시키는 극악무도한 자라는 누명을 받았다.[71]

소크라테스는 주장의 전제가 모순에 도달하는 한계를 드러낼 때 비로소 진정한 지식을 확보할 수 있다고 믿었다. 그는 광장의 사람들을 붙잡고 끊임없이 질문했고, 사람들이 붙들고 있는 기본적 개념 안에 존재하는 모순을 찾아낸 이후 새로운 깨달음을 얻는 논리를 펼쳤다. 기본적 개념과 그것과 일치하지 않는 것이 충돌할 때 수반되는 효과로서 새로운 생각과 개념이 만들어지는 원리였다. 사람들은 이러한 소크라테스의 대화법을 지식이라는 아이를 받아낸다는 뜻인 '산파술'에 비유했다. 그리고 그것을 '변증법'이란 이름을 붙였다. 변증법. 사람들은 이렇게 부른다. 그런데 이 말이 좀 어렵게 느껴지지 않는가? 나는 정말 그랬다. 소크라테스로부터 지금까지 수천년 간 철학사에 큰 영향을 준 철학적 도구인 변증법을 어떻게 하면 친숙하게 부를 수 있을까?

나는 고민했다. 나는 내가 만약 고대 그리스 아테네 시민이었다면, 만약 책을 출간해서 광장 북콘서트를 하고 있었다면, 만약 지나가던 소크라테스가 나에게 변증법으로 질문을 걸기 시작했다면 어떤 느낌을 받았을까 생각했다. 왠지 속마음으로 나는 이랬을 것 같다. "이 새끼 뭐지? 지금 여기서 나랑 말싸움하자는 건가?" 이런 생각을 하자, 나는 소크라테스의 변증법을 쉽게 이해할 수 있는 방법을 찾았다. 변증이 '말싸움'과 같다고 생각하는 것이다. 변증(辨證)을 한자로 풀이해봐도 '말로 논증한다'는 뜻이고 결국 말싸움이 아닌가? 나는 변증의 본질은 말싸움이라 생각하며, 변증법이란 말싸움을 잘하는 기술이라 생각한다. 그리고 언어을 떠나서는 철학적 사유를 할 수 없는 존재인 우리 사피엔스에게 변증법은 지속적으로 진보하고 발전할 수 있는 원동력이라 생각한다.

호모 팔락스(Homo Fallax)

거짓말 없는 세상은 존재할 수 있을까? 이 질문에 진화 심리학자들은 말한다. 거짓말 없는 세상은 존재할 수 없으며, 오히려 거짓말은 인간을 포함한 모든 생물들의 기본 본능이다. 어린 시절 우리집 사남매 가족은 매일 저녁을 먹기 전 다같이 TV 앞에 모였다. KBS 〈동물의 왕국〉을 보기 위해서였다. 동물의 왕국을 통해 나는 동물들의 삶에도 인간 못지않은 즐겁고 감동적이고 비극적인 스토리가 있음을 알았다. 동물의 왕국에서 삘 받은 나는 아버지와 어머니를 졸라 아담한 집 마당에 개, 염소, 원앙, 닭 병아리와 같은 다양한 동물들을 들여와 키우곤 했다. 〈동물의 왕국〉을 계속 보면서 나는 반복적으로 나타나는 하나의 스토리 패턴을 보게 되었다. 먼 훗날 이 스토리는 내가 카이스트 자연모방공학 연구실에서 박사 과정 연구를 할 때 큰 도움이 되었다. 그것은 바로 '사기 그리고 생존'이다.

'청줄베도라치'라는 물고기는 평소 자신의 본 모습을 유지하다가 근처에 '등푸른청소놀래기'가 있으면 그들과 똑같이 검은 바탕에 푸른 줄무늬의 모습으로 변장한다. 등푸른청소놀래기는 큰 물고기에 달라붙어 죽은 조직 또는 기생충을 떼어먹는 청소물고기이다. 따라서 등푸른 청소놀래기가 모인 곳에는 늘 덩치 큰 물고기 손님들이 몸을 청소하고자 모여든다. 이 때, 변장한 청줄베도라치가 손님 물고기에 달라붙어 손님 물고기의 신체 일부를 몰래 뜯어 먹는다. 청줄베도라치의 이빨에는 마약성 진통제인 오피오이드가 묻어있어 손

님 물고기는 자기가 사기를 당했는지도 모른다고 한다.[72]

바람까마귀는 근처에 포식자가 나타나면 경고음을 내서 피식자 동물들이 도망칠 수 있게 돕는다. 그런데 문제는 바람까마귀가 포식자가 없는데도 불구하고 경고음을 내서 도망친 동물들이 남긴 음식을 가로채는 사기를 친다는 것이다. 슬슬 바람까마귀의 사기가 들통나서 통하지 않게 되면, 바람까마귀는 다른 동물들의 경고음을 흉내 내서 다시 사기를 친다고 한다. 무려 51종류의 경고음 사기기술을 보유하고 있다고 한다.[73] 이와 같이 동물들은 사기를 잘 쳐야 살아남을 수 있다. 반면 적의 사기를 분별해내지 못하면 바로 적에게 피해를 입거나 잡혀 먹힌다. 따라서 동물들은 더 사기를 잘 칠 수 있는 방향으로 그리고 더 사기를 분간할 수 있는 방향으로 진화했다.

이는 인간 세계도 마찬가지이다. 다른 점이 있다면 동물들은 눈에 보이는 행동으로 사기를 친다면 인간은 눈에 보이지 않는 언어를 통해 고차원적인 사기를 칠 수 있다는 것이다. 영국의 인지과학자 데이비드 L. 스미스는 사기 치는 인간에게 '호모 팔락스(Homo Fallax)'라는 이름을 붙여주었다. 그에 따르면, 언어를 사용하는 인간 '호모 로쿠엔스(Homo Loquens)'가 치열한 정글의 생존 게임에서 살아남고 번영하기 위해 호모 팔락스가 되어야만 했다.[74] 긴 역사의 시간 동안 인간은 자신이 더 유리해지고 더 돋보이기 위해 더 고도화된 사기를 개발했고, 그 사기를 더 잘 분별하기 위해 더 고도화된 논리와 철학을 발전시켜온 것이다. 고도화된 논리와 철학으로 사기를 분별하는 적극적 행위가 바로 말싸움 곧, 변증이다. 사기와 변증의 관계, 거짓말과 말싸움의 관계는 창과 방패처럼 모순적이다. 하지만 이 둘은 상호보완적인 속성 또한 지니고 있다. 암호의 기술이 발전할수록 해독의 기술이 발전하고, 해독의 기술이 발전할수록 암호의 기술이 발전하는 것과 비슷하다. 소크라테스의 변증법의 종착지는 싸움에 있지 않고 진보에 있다.

변증법을 사용하다보면 모순과 대면하는 경우가 생긴다. 이 경우 나는 사람들에게 다음과 같이 말한다. "살아가면서 모순이라는 상황을 경험한다면 큰 소리로 환호하자. 모순의 상황을 온전하게 즐겨라! 인생의 몇 번 오지 않는 최고의 기회일 수 있으니 말이다!" 인생은 그 자체로 모순 덩어리이다. 나는 줄곧 이런 생각을 해왔다. 내가 원하는 이상과 완전히 다르게 움직이는 현실의 모순, 그 긴장 속에서 우리는 살아가고 있다. 어쩌면 그 모순을 극복해 내는 것이 바로 우리의 인생이 아닐까? 그래서 우리의 인생 자체가 곧 진보이자 혁신이 아닐까? 우리의 삶 속에는 하나를 만족시키면 다른 하나를 만족시킬 수 없는 모순, 어느 하나를 이렇게도 저렇게도 바꾸기 어려운 모순의 문제들로 가득 차 있다. 이러한 모순의 문제들은 우리로 하여금 계속해서 고민하고 답을 찾게 만들 것이다.

백분토론

우리나라에서 변증을 가장 잘하는 사람들이 모이는 곳이 어디일까? 나는 그곳은 바로 TV 토론 방송이라고 생각한다. 대표적으로 MBC 백분토론을 비롯한 TV 토론 방송은 방송사를 막론하고 일제히 심야 편성되어 있다. 사람들이 잠드는 시간임에도 우리나라에서 가장 말을 잘 한다는 사람들이 모여 사람들의 인식을 각성시키고자 치열하게 말싸움한다. 나는 TV 토론 방송을 통해 우리말을 통해 보여줄 수 있는 최고 수준의 변증법을 체험할 수 있었다. 마치 영어 공부를 위해 애플의 스티브 잡스나 영화배우 제시 아이젠버그*의 말을 반복적으로 듣고 따라 했듯, 나는 TV 토론에서 고수들이 하는 말, 제스처 등을 집중해서 관찰했고, 그 말과 행동을 그대로 친구들에게 보여주었다. 또한 관심 있는 토론 주제가 나오면, 나는 두 진영 중 하나의 진영을 선택해 나라면 어떻게 말했겠는가 생각했다.

사실 나는 어린 시절 말을 잘 하지 못하는 아이였다. 국민학교 등교 첫 날부터 담임선생님으로부터 받은 면박에 마음속 깊이 큰 상처를 입었고, 나는 선생님들을 미워했다. 그들 또한 수업에 불량스러운 태도로 참여했던 내가 참 미웠을 것이다. 국민학교 3학년 때부터 내가 책을 못 읽는다는 것을 알게 되었다. 책을 읽으면 말을 심하게 더듬거렸고 한 줄을 읽으면 바로 다음 줄을 읽는 것이 아니라 두세 줄 밑에 줄을 읽는 실수를 자주 했다. 의학적으로 '말더듬증(stuttering)'과 '난독증(dyslexia)'이었다. 나의 약점을 아는 선생님

---

* 내가 만약 미국인으로 태어났으면 나는 어떤 종류의 사람이었을까? 나는 제시 아이젠버그와 같은 사람이지 않을까 생각한다. 말하는 스타일, 말할 때의 표정, 말할 때의 자세가 나와 매우 흡사해서 놀랐다.

은 꼭 내가 일어나서 책을 읽게 했고, 반 친구들은 언제나 깔깔깔 비웃었다. 당시 내가 축구부 선수였기에 선생님이나 친구들 모두 내가 학습능력이 떨어진다는 것과 공부 못하는 것을 당연하게 받아들였다. 나는 내가 공부를 못했던 사실에는 개의치 않았다. 하지만 말 못하고 책 못 읽는 것으로 비웃음을 당하는 나 자신이 참 부끄러웠다.

그러다 축구부를 그만두었다. 공부로부터 자유로웠던 축구부 합숙 생활이 끝난 것이다. 나는 공부를 해야만 했고 그러기 위해선 우선 말 못 하고 책 못 읽는 컴플렉스를 극복해야만 했다. 나는 정말 이를 악물고 노력했다. 고등학교 2학년 때 무렵부터 나는 말더듬증과 난독증에서 자유로울 수 있었다. 이처럼 내가 말을 잘 못했고 말을 잘하고 싶은 사람이었기에 나는 자연스럽게 TV 토론에 끌렸다. 특히 화요일 밤마다 방송되는 MBC 백분토론을 좋아했다. 나는 백분토론을 대학생 때부터 계속 시청해왔다. 언젠가는 TV 토론의 패널들처럼 나도 말을 잘 했으면 좋겠다고 생각했다. 솔직히 말을 잘 못하는 사람이었기에 패널들의 말기술을 흉내내어 당장에 말 잘하는 사람으로 보이고 싶었다.

사회자 손석희를 시작으로 유시민, 노회찬, 홍준표, 박형준, 신해철, 이준석 등 정말로 대단한 논객들이 TV 토론 방송에 출연했다. 그들은 내 눈에 소크라테스의 재림이었다. 정치, 진영, 소속을 떠나 그들이 말하는 방식을 반만이라도 따라 할 수 있다면 사회 어디에 있든 말 잘 한다 소리를 들을 것 같았다. 내가 만약 그들과 같은 현장에 있었다면 그들처럼 말할 수 있었을까 생각하면서 나는 반복적으로 그들의 말하는 방법을 공부했다. 내가 파악한 토론의 고수들의 특징을 세 가지로 압축해 보자면 다음과 같다. 첫째, 문제의 본질에 대해서 누구보다도 정확하게 파악했고 이를 기반으로 논리적으로 변증했다. 둘째, 시민 한 사람 한 사람의 규모에서 국가 규모에 이르기까지 안건의 영향력과 효용을 통찰력 있게 파악했고 현 상황에서 최선이란 무엇인가에 대한 설득력 있게 변증했다. 셋째, 변증을 한다는 것은 대부분 딱딱하거나 재미가 없는데 그들은 대중들이 웃거나 감동받을 수 있는 말을 적재적소 준비했고 이를 통해 매력적으로 변증했다.

세 가지 질문

TV 토론 고수들의 변증법을 관찰하면서, 나는 효과적인 변증을 위한 질문을 파악했다. 이 질문은 앞서 다루었던 본질주의, 실존주의, 리좀주의 철학을 위한 질문들과는 좀 다르다. 본질주의는 '왜 – 어떻게 – 무엇을' 질문 패턴으로 사유되었고. 실존주의는 '누가 – 무엇을 – 어떻게' 질문 패턴으로 사유되었다. 그리고 리좀주의는 '왓-이프' 질문으로 사유되었다. 이러한 질문들은 모두 '열린 질문(open question)'이었다. 하지만 변증법을 위한 질문은 열린 질문이 아니라 '닫힌 질문(close question)'이며, 여기에 세 가지 중요한 질문이 있다. 첫 번째는 '옳은가?(Right)'이다. 두 번째는 '좋은가?(Good)'이다. 세 번째는 '아름다운가?(Beautiful)'이다. 각 세 가지 닫힌 질문의 영어 앞 글자를 따서 이를 'RGB' 질문이라 부른다. 닫힌 질문에 대한 대답은 '예'와 '아니오'로 할 수 있다. 만약 닫힌 질문에 대한 대답이 기존의 것 또는 예상된 것과 다른 경우, 위기가 만들어진다. 때로는 모순의 모습으로, 때로는 긴장과 대립의 모습으로 위기가 나타난다. 하지만 그 위기를 극복할 때 우리는 소크라테스가 경험한 새롭고, 진보된 지혜를 얻을 수 있다.

1. 그것이 옳은가(Right)?

철학은 생각이라는 재료를 모아 지적인 건축을 쌓아 올리는 작업과 같다. 튼튼한 건축을 위해서 재료는 건축물에 꼭 맞아야 한다. 만약 결함 많은 재료를 사용할 경우, 지속적인 충격에 노출 시 건축물에 하자가 발생한다. 또한 재료들을 쌓아 올리는 설계가 정확해야 한다. 재료들을 쌓았을 때, 내진성, 내구성, 방재성을 고려하여 안전 설계를 하지 않으면 자연 재해와 같은 외력이 발생할 경우 건축물에 하자가 생긴다. 제대로 된 철학을 한다는 것도 이와 마찬가지이다. 첫째, 생각의 재료들이 옳아야 한다. 둘째, 생각의 논리가 옳아야 한다. 이 두 가지는 철학의 세 가지 본질 중 하나인 '진'을 이루기 위한 필요충분조건이다. 인간은 이 두 가지를 추구하고자 끊임없이 '옳은가?'를 물었다. 그리고 그 과정에서 존재론과 논리학이 진보되었다.

생각의 재료가 옳은가?

철학은 자연, 인간, 이성, 신, 현상과 같이 존재한다고 여겨지는 대상을 재료로 사용한다. 그런데 진짜로 존재한다는 것은 무엇인가? 왜 존재하는 것일까? 이와 같이 존재하는 것들의 본질을 탐구하는 것이 바로 존재론이다. 존재론은 매우 중요하다. 그 이유는 존재하는 것의 본질을 제대로 이해해야만, 존재하는 것에 대한 올바른 개념을 가지고 올바른 논증을 할 수 있기 때문이다. 예를 들어, 수학 문제를 풀 때 문제와 관련된 수학 개념들을 잘못 이해하고 있다고 하자. 그렇다면 그 사람이 아무리 개념들을 잘 논리적으로 조립한다 해도 문제는 풀리지 않을 것이다. 사람들은 존재하는 대상의 본질을 제대로 파악하기 위해서 크게 두 가지 전략을 사용했다. 첫째는 분절화(쪼개기)이고 둘째는 원류화(파고들기)이다.

먼저 분절화는 대상을 가능한 세부적으로 쪼갬으로써 대상을 구성하는 소립자의 의미를 이해하려는 시도이다. 사람들은 대상을 구성하는 소립자를 이해할 때, 그 대상의 본질을 깨달을 수 있다고 믿었다. 빵을 부수면 빵을 구성하는 부스러기가 만들어진다. 이와 같이 물질을 쪼개면 더 작은 물질이 만들어진다. 너무나도 당연하다. 그런데 호기심 많은 고대 그리스의 철학자들은 이렇게 물었다. "만약 물질을 계속 쪼개면 어떻게 될까?" 이 질문에 대한 당시로서 최선의 대답은 그들이 존재의 본질을 이해하도록 인도했다. 그들 중 한 명인 데모크리토스는 이렇게 생각했다. "물질을 계속 쪼갤 수가 있을까? 쪼개다보면 더 이상 쪼갤 수 없는 최소의 물질이 존재할 것이다." 데모크리토스(BC460~380)는 이 소립자를 그리스어로 '쪼갤 수 없다'는 의미를 가진 'atom'이라고 불렀다. 오늘날 과학에서 원자라 부르는 말이 바로 이 'atom'이다.

데모크리토스는 세상은 다양한 모양과 성질(크기, 모양)을 가진 원자들로 구성되어 있으며, 원자들이 서로 조립되어 다양한 물질세계를 만들어 낸다고 말했다.[75] 데모크리토스의 원자론은 이 천 년이란 오랜 시간을 지나 18세기 화학과 20세기 현대물리학의 발전으로 증명되었다. 데모크리토스가 말한 대로 우리의 세계가 118개의 서로 다른 크기, 질량, 특성을 가진 원자로 구성되어 있으며, 더 나아가 원자는 핵자(양성자와 중성자)와 전자로 쪼갤 수 있음이 밝혀졌다. 핵자들을 묶는 힘인 핵력에 대한 이해는 핵폭탄, 원자력 발전과 같은 기술을 탄생시켰다. 그리고 핵자와 전자들을 묶는 힘인 전자기력에 대한 이해 곧, 양자역학의 발전은 반도체, 전자기기와 같은 기술을 탄생시켰다.

두 번째 원류화는 대상이 존재하는 원인을 계속 파고들어 대상의 본질을 이해하려는 시도이다. 우리가 사는 세상은 인과법칙이 정확히 적용되는 공간이다. 모든 결과가 존재하기 전에는 이러한 결과를 만들어 내는 원인이 있다. 그런데 어려운 점은 대상이 존재하는 원인이 한두 가지가 아니라는 점이다. 그 결과 한두 번 '왜?'라는 질문으로는 대상의 본질에 가까이 접근하기가 어렵다. 사람들은 대상의 본질을 이해하기 위해 끊임없이 '왜?'를 물었다. 한 예로, 미국의 제퍼슨 기념관은 대리석 부식이 빠르게 진행되는 심각한 문제를 가지고 있었다. 새로 부임한 기념관장은 문제를 정확하게 이해하기 위해서 직원들에게 계속해서 "왜?"를 물었다고 한다.

기념관장: 왜 대리석재가 빠르게 부식되는 걸까요?

직원들: 대리석을 비눗물로 자주 씻기 때문입니다.

기념관장: 왜 비눗물로 대리석을 자주 씻고 있나요?

직원들: 비둘기 배설물이 많아서 비눗물로 자주 씻어야만 합니다.

기념관장: 왜 비둘기들이 기념관에 많이 찾아오는 건가요?

직원들: 비둘기의 주 먹이인 거미가 기념관에 많기 때문입니다.

기념관장: 왜 거미들이 기념관에 많은 걸까요?

직원들: 거미들의 먹이인 나방이 많기 때문입니다.

기념관장: 그러면 왜 나방은 기념관에 많이 몰려드는 것일까요?

직원들: 황혼 무렵 점등되는 기념관 불빛 주위에 나방들이 몰려들고 있습니다.

이에 제퍼슨 기념관장은 황혼 무렵에 일찍 점등되는 것이 대리석 부식의 근본적인 원인이라 파악했다. 그리고 기념관 전등을 보통보다 2시간 늦게 점등하여 대리석 부식 문제를 해결했다고 한다.

생각의 논리가 옳은가?

고대 그리스에서 민주주의가 꽃을 피웠던 곳은 광장 '아고라'였다. '함께 모이자'는 뜻을 가진 아고라에서 정기적으로 시민회의가 열렸고 시민들이 모여 정치와 법적 토론이 행해졌다. 자연스럽게 아고라에 표를 얻고자 하는 정치가들이 모여들었다. 그들은 온갖 미사여구로 사람들을 선동, 현혹하고자 했다. 이러한 배경에서 아리스토텔레스는 사람들의 주장이 타당한지 아니면 헛소리인지를 구별하고 싶었다. 결국 그는 공부하기 어려운 '논리학'을 만들었고 후대 수많은 사람들을 고통스럽게 했다. 여기서 복잡하고 잠이 오게 만드는 논리학과 복잡한 논리 형식을 다루는 것은 적절하지 않다고 생각한다. 다만 논리학에서 주장의 타당성을 보증하는 세 가지 방법, 연역적 논증, 귀납적 논증, 오컴의 면도날에 대해 간단히 이야기해보자.

먼저 연역적 논증은 앞서 제시되는 일반적 근거 곧, 전제에 의해 구체적 결론의 정당성이 보장되는 논증이다. 다음 세 문장을 보자. 모든 사람들은 죽는다(전제 1). 철수는 사람이다(전제 2). 따라서 철수는 반드시 죽는다(결론). 너무나도 당연한 논리이다. 이와 같이 전제가 옳을 때 결론 또한 옳음이 보장되는 것은 모두 연역적 논증이다.

그렇다면 연역적 논증을 실제 생활에서 어떻게 적용할 수 있을까? 특히 복잡하게 생각하지 않고 직관적으로 연역적 논증을 해낼 수는 없을까? 이를 위한 단서는 조금 전 '전제 1'에 숨어 있었다. 만약 '전제 1'을 다음과 같이 살짝 바꾸어보자. 어떤 사람들은 죽는다(전제 1B). 철수는 사람이다(전제 2). 따라서 철수는 반드시 죽는다(결론). 이 경우 '모든'을 '어떤'으로 바꾸었을 뿐인데, 결론이 옳다는 것이 더 이상 보장되지 않는다. 어떤 사람들이 죽는 것이기에(안 죽는 사람이 있기에) 철수가 죽는 사람인지 안 죽는 사람인지 알 수가 없기 때문이다. 연역적 논증에서 가장 중요한 단어가 바로 '모든'이다. 예를 들어, 카드 게임에서 상대방이 가지고 있는 패의 모든 경우의 수는 'A, B, C, D, E' 다섯 가지이다. 이번에 상대방이 'B'를 꺼냈다. 따라서 상대방이 현재 'A, C, D, E'를 가지고 있다고 추론하는 것은 연역적 논증에 해당한다. 또 다른 예로, 금년도 업무 목표를 분석한 결과, 모두 '가, 나, 다' 세 가지로 분절화되었다. 상반기가 지난 시점, '가'와 '나' 목표를 조기 달성했다. 따라서 이제 금년도 업무 목표 달성을 위해 '다' 목표를 달성을 해야 한다는 것은 연역적 논증이다. 이와 같이 일상 속에서 쉽게 연역적 논증을 할 수 있는 방법은 MECE 기준으로 모든 경우의 수를 쪼개 전체를 파악하고 이를 기반으로 논리를 전개하는 것이다.

그다음 귀납적 논증은 구체적 사례들을 통해서 일반적 결론을 유도하는 논증이다. 아이작 뉴턴의 세 가지 운동 법칙을 포함해 거의 대부분의 과학적 법칙이 귀납적 논증을 통해 얻어졌다고 한다. 예를 들어 그저께 해가 동쪽에서 떴고 어제도 해가 동쪽에서 떴고 오늘도 해가 동쪽에서 떴다. 따라서 매일 해는 동쪽에서 뜬다고 충분히 말할 수 있다. 귀납적 논증은 구체적 사례와 근거의 수가 많을수록 결론의 개연성이 높아지는 특징을 가진다. 하지만 그렇다고 무한 개의 사례와 근거를 들 수도 없는 노릇이다.

따라서 나는 논증할 때 세 가지의 사례를 가지고 일반적인 결론을 유도할 것을 제안한다. 보통 세 가지 근거면 충분하고 네 가지 이상이 되면 상대방이 복잡해서 제대로 파악하지 못한다. 한편, 귀납적 논증의 한계는 실제 모든 사례를 확인한 뒤 결론을 낼 수 없기 때문에 만약 반례가 발견된다면 결론이 즉시 부정된다는 것이다. 예를 들어, 나는 여행도 많이 다녔으며 까마귀라고 볼 수 있는 수많은 새들을 자세히 관찰했다. 그 결과 까마귀는 모두 까만색이었다. 따라서 까마귀는 모두 검다고 충분히 말할 수 있었다. 하지만 실제 흰까마귀가 존재한다는 사실이 등장했고 이로 인해 까마귀는 모두 검다는 말을 할 수 없게 되었다.

마지막으로 '오컴의 면도날'이라는 철학 용어가 있다. 이 용어는 14세기 영국의 논리학자이자 프란치스코회의 수도자였던 오컴 출신의 귀족 윌리엄이 남긴 말에 기원했다. 오컴의 윌리엄은 논리를 전개하는 데 있어 "필요하지 않은 경우에까지 많은 것을 가정하면 안 된다. 보다 적은 수의 논리로 설명이 가능한 경우, 많은 수의 논리를 세우지 말라"고 말했다.

예를 들어, 천체는 왜 끊임없이 회전하는가에 대해서 오컴은 '신의 천사들이 천체를 회전시킨다는 기존의 가정'을 불필요한 가정이라고 여겼다. 성서에 천체의 운동을 주관하는 지적 존재에 관한 기록이 없는데 천사라는 존재를 가정하는 것은 불필요하다는 것이었다. 오컴에 따르면, 천체가 끊임없이 회전하는 것은 신이 천지를 창조할 때 천체가 얻었던 추동력이 손실되지 않고 유지되었기 때문이다. 이후 14세기 장 뷔리당은 천체의 추동력이 시간에 따라 손실되지 않는 이유는 우주에 공기 저항이 없기 때문이라는 과학적인 근거를 제시했다.

또 다른 예로, 만약 C라는 결론을 증명하는 데 있어 다음 두 가지 올바른 논증이 있다고 하자. (1) $A \rightarrow B \rightarrow C$ (2) $A \rightarrow B \rightarrow I \rightarrow G \rightarrow K \rightarrow Z \rightarrow C$. 비록 두 가지 논증이 모두 참인 결론을 이끌어냈지만, 오컴의 면도날 위에 올려놓으면, 첫 번째 논증이 더욱더 직관적

이고 실용적인 것으로 채택된다. 오컴의 면도날은 수학 및 근대/현대 과학의 이론 구성의 기본 지침이 되었고 심지어 컴퓨터 프로그래밍에 있어서도 같은 동작을 수행하는 두 개의 코드가 있을 때, 더 간결하고 것이 더 좋은 코딩으로 여겨진다. 사람들 중에는 더 복잡하게 더 많이 더 어렵게 말할수록 더욱더 변증을 잘한다고 생각하는 사람들이 있다. 하지만 이것은 착각이다. 짧게 할 수 있는 말을 길게 늘일수록, 어렵게 말할수록, 듣는 사람들은 더 피곤해지고 집중하기 어렵다. 또한 당신이 전달하고자 하는 핵심 논점은 더 흐려진다. 오컴의 면도날 위에 서자. 가능한 간결하게 메시지를 던지자.

2. 그것이 좋은가(Good)?

단어 '좋다'를 네이버 사전에 검색했다. 아홉 가지나 되는 정의가 나왔다. 그중 가장 중요한 처음 세 가지 정의는 다음과 같다.

1. 대상의 성질이나 내용 따위가 보통 이상의 수준이어서 만족할 만하다.
2. 성품이나 인격 따위가 원만하거나 선하다.
3. 말씨나 태도 따위가 상대의 기분을 언짢게 하지 아니할 만큼 부드럽다.[76]

분류를 하자면, 첫 번째 정의는 이익, 가치에 해당한다. 만약 어떤 것이 더 큰 이익과 가치를 당신에게 가져다준다면 그것은 더 좋은 것이다. 두 번째, 세 번째 정의는 인간의 기본적인 성품과 감정에 해당한다. 상대방에 피해를 끼치지 않고, 상대방의 가치를 깎지 않고, 상대방과 잘 어울릴수록 그 사람은 좋은 사람으로 인정받는다. 이런 점에서 두 번째, 세 번째 '좋다'의 정의 또한 결국 이익과 가치에 해당한다고 말할 수 있다. 이러한 '좋다'의 개념은 국가 또는 조직 집단의 문제와 연결되는 경우, 결국 정의론의 문제로 귀결된다. 사회 집단 내 존재하는 자원, 이익, 가치는 유한하다. 따라서 그것들을 사람들에게 공정하게, 공평하게, 더 가치 있게 사용·선택·분배해야 한다. 때로는 그것들을 훼손하거나 피해를 끼치는 사람들에게 불이익, 징벌을 가해야 한다. 이러한 활동들이 모두 정의에 해당한다. '그것이 좋은가? 무엇이 더 좋은가?'의 질문은 '그것이 정의로운가? 무엇이 더 정의로운가?'의 질문으로 격상된다.

정의에 대한 오해

무엇이 정말 좋은지에 대해 제대로 변증하려면 먼저 우리는 정의란 무엇인지에 대해 바로 이해해야 한다. 특별히 우리가 정의에 대해 오해하고 있는 것을 바로 잡아야 한다. 첫 번째 오해는 바로 정의란 힘이고 힘은 곧 정의라는 생각이다. "정의의 이름으로 용서하지 않겠다!" 우리가 어려서부터 즐겨본 만화 속 주인공들은 하나같이 악당들에게 이 말을 했다. 이 말과 함께 주인공들은 각성했고(변신을 하거나, 합체를 하거나, 몇 배의 힘을 끌어올렸다) 악당들을 엄청난 힘으로 물리치거나 죽였다. 이런 만화를 보고 각성한 아이들은 놀이터에 나가 아무 잘못도 없이 놀고 있는 아이들에게 "정의의 이름으로 용서하지 않겠다!"며 정의의 장난을 행사하곤 했다. 만약 그 아이들이 어른이었다면 정의의 장난은 분명 정의의 폭력이었으리라.

　우리는 흔히 정의는 힘이고 힘은 곧 정의라는 생각을 한다. 정의를 지키기 위해서는 힘이 필요하다. 하지만 힘이 있다고 늘 정의로운 것은 아니다. 때때로 폭력이라는 악을 누른다는 목적으로 더 큰 폭력을 휘두르는 일이 벌어진다. 목적을 이루기 위한 수단에 있어 정의로운 자와 그렇지 못한 자 사이에 차별점이 사라지는 것이다. 크리스토퍼 놀란 감독의 영화 〈다크나이트〉에서 우리는 보통의 히어로 영화에서 찾아보기 어려운 영웅의 모습을 볼 수 있다. 주인공 배트맨(브루스 웨인)은 끊임없이 이어지는 범죄에 맞서 사용한 자신의 힘을 계속 정당화해왔다. 하지만 그는 자신의 힘이 결국 폭력을 이긴 더 큰 폭력에 불과하다는 것을 깨닫는다. 배트맨은 진짜 정의를 위해서는 어둠 속에서 악당들을 때려잡는 배트맨이 아니라 양지에서 법과 질서를 수호하는 사람이 필요하다고 생각한다. 그리고는 마피아 두목에게도 흔들리지 않는 강직한 검사 하비 덴트와 청렴한 경찰 제임스 고든을 적극적으로 돕기 시작했다. 이 셋의 시너지로 인해 마피아 조직원들은 줄줄이 잡혔고, 기소되었고, 처벌을 받았다. 혼란스럽기만 했던 고담 시티에 평화가 찾아온 듯했다. 정의의 이름 앞에 범죄자들은 숨통이 막힐 정도였다. 결국 마피아 범죄자들은 조커에게 도움을 요청했다. 그리고 배트맨의 약점을 꿰뚫어본 조커는 사회를 다시 혼란에 빠뜨리기 시작했다.

조커는 배트맨이 정체를 드러내고 경찰에 자수하지 않으면 사람들을 차례대로 죽이겠다고 선전포고를 했다. 실제로 조커는 두 명의 시민을 본보기로 죽였고 이후 서릴로 판사, 질리언 롭 경찰청장을 죽였다. 그리고 하비 덴트를 죽이려다 배트맨의 저지로 실패한 뒤, 다시 한 명의 죄 없는 시민을 죽였다. 사회가 극도로 혼란해지자, 시민들은 조커를 극도로 두려워했다. 병원 건물까지도 폭파시켜 버리는 조커의 대담함에 고담 시민 모두는 멘붕에 빠졌다. 고담 시티를 빠져나가기 위해 사람들은 선착장에 모여들었다. 고담시는 조커와 연계될 위험이 있는 죄수들을 먼저 배에 태운 뒤 배를 출발시켰다. 그리고 일반 시민들을 태운 배 또한 선착장을 빠져나갔다. 그런데 갑자기 두 배가 멈추었고, 확인 결과 배 안에 대량의 폭탄이 들어있는 선물 상자가 발견되었다. 조커는 각자 다른 배를 폭파시키는 기폭 장치를 먼저 누르는 쪽은 살 수 있다고 말했다. 단 제한시간은 밤 12시. 양쪽 모두 기폭 장치를 누르지 않는다면 두 배는 모두 폭파된다. 죄수와 시민들은 엄청난 혼란에 빠졌다. 조커의 문제는 앞서 언급했던 칸트의 '정언 명령'과 벤담의 '공리 주의' 중 무엇이 더 정의로운가의 문제와 닮아 있다. 시민들은 범죄와 살인을 저지른 죄수들의 목숨보다 본인들의 목숨이 더 가치롭다는 주장을 내세웠다. 그리고 시민들은 다수결의 투표를 진행하여 기폭장치를 누르는 쪽으로 의견을 모았다. 하지만 시민들의 책임자는 기폭장치 누르기를 주저한다. 그는 그들이 아직 살아있는데(죄수들도 기폭장치를 누르지 않았는데) 기폭장치를 누르는 것은 살인 범죄와 같다고 생각했다. 결국

12시가 되었다. 양쪽 모두 기폭장치를 누르지 않았다.

이 장면에서 우리는 정의에 대한 두 번째 오해를 발견하게 된다. '정의란 절대적이다'라는 생각 말이다. 수많은 사람들은 순수하고 절대적인 정의가 존재한다고 생각한다. 하지만 현실 속에서 우리가 마주치게 되는 정의는 기폭장치 누르기를 놓고 민주주의적 투표를 하는 시민들의 모습과도 같다. 현실적 정의는 순수하지만은 않고 입장에 따라 상대적이다. 비유하자면, 정의란 이상적으로는 칸트의 정언 명령같지만 현실적으로는 벤담의 공리주의와 같다. 현실에서는 상황에 따라 입장에 따라 다수의 이익과 가치가 달라진다. 그 결과 정의롭다고 여겨지는 선택은 상황과 입장에 따라 달라진다.

마지막 세 번째 오해 역시 다크나이트의 장면에서 찾을 수 있다. 조커는 정의로운 검사 하비 덴트와 그의 연인인(배트맨도 사랑하는) 레이첼을 고든의 부하였던 부패한 경찰을 통해 납치했다. 그리고 배트맨을 레이첼과 하비 덴트 중 단 한 사람만 구할 수 있는 함정에 빠뜨렸다. 배트맨이 레이첼을 구할 것이라 예상한 조커는 일부로 배트맨에게 반대의 위치를 알려줬다. 결국 배트맨은 하비가 납치된 곳에 도착했다. 레이첼은 폭발물에 의해 목숨을 잃었다. 두 남자가 사랑한 레이첼이 죽자 배트맨은 정의의 편에 서서 완벽한 영웅이 되었다. 하지만 자신의 전부를 잃은 하비 텐트는 타락한다. 그리고 그는 부패한 경찰들을 살인하는 악당, '투페이스'가 되었다. 우리는 정의로운 자가 정의를 수호한다고 생각한다. 한 번 영웅이 계속 영웅이라는 것이다. 하지만 이는 정의에 대한 오해이다. 영화 다크나이트에서 볼 수 있듯이, 정의로운 자가 정의를 수호하는 것이 아니다. 정의를 선택한 자가 바로 정의를 수호한다.

최선의 문제

'그것이 좋은가?'의 문제는 결국 '그것이 정의로운가?'의 문제이다. 우리는 정의란 힘으로만 얻을 수 있는 것이 아니며, 절대적이지 않고 상대적이며, 선택에 의해 이루어지는 것임을 알았다. 짧게 요약하자면 정의란 절대선이 아니라 '최선'이다. 결국 '그것이 좋은가?'에 대한 제대로 된 변증은 '그것이 정말 최선인가?'에 대한 답을 통해 이루어진다.

우리는 삶 속에서 끊임없이 '최선'의 문제와 맞닥뜨리게 된다. 우리는 이해관계가 얽혀 있는 사람들과 부대끼며 살아간다. 우리가 어떤 결정을 하고자 할 때, 나만의 행복만을 극대화 할 수는 없다. 우리는 모두의 행복과 효용을 고려해야만 한다. 즉, 모두가 최선이라고 동의하는 방향으로 우리는 선택을 한다. 과장이었을 때 나는 주 평균 세 개의 회의에 참여했다. 부장이 되자 주 평균 여섯 개의 회의에 참여했다. 회사에서 책임이 많아질수록 내가 참여하는 회의 수가 많아졌다. 또한 회의에서 협업해야 하는 유관부서의 수 또한 많아졌다. 많은 사람들과 회의를 자주 해야 했던 이유는 '최선'을 다뤄야 했기 때문이었다. 목표를 달성하기 위해 일하다보면 필연적으로 문제가 발생했다. 이 문제를 해결하기 위해 서로 다른 이해관계를 가진 사람들이 회의에 참여했다. 우리는 서로의 이해를 조정했고 이를 위해 치열하게 변증했다. 그리고 모두의 목표를 이루거나 모두의 이익을 극대화하는 방향 즉, '최선'의 방향으로 문제를 해결했다. 그동안 나는 셀 수 없이 많은 회의와 변증을 경험해야 했다. 이 과정에서 나는 최선을 이루는 세 가지 방법을 터득했다. 이는 방금 언급한 정의에 대한 세 가지 오해와 일맥상통한다. 세 가지 오해를 역이용하면 최선을 이루는 세 가지 방법이 된다.

첫째, 힘이 아니라 가치에 초점을 두어라. 일하다 보면 이런 말들이 들린다. "위에서 수명받아 하는 일입니다. 꼭 해야 합니다. 도움 부탁드립니다." 직장 생활 초기 이런 말을 들을 때, 나는 무척 긴장했다. 적기에 안 도와주면 정말 큰 일이 날 것 같았다." 나는 내 업무를 제쳐두고 수명 받았다는 업무를 우선 진행했다. 나는 수명 업무를 반드시 해야만 하는 업무와 동일시했다. 한 번은 내가 받은 수명 업무를 가지고 타 부서 사람에게 도움 요청했다. 나는 그 분이 당연히 잘 도와줄 것이라 예상했다. 하지만 예상은 완전히 빗나갔다. "이걸 저희가 왜 해야 하죠? 먼저 우리 임원에게 요청하시죠! 그 분이 하라고 한다면 하겠습니다." 그 사람은 화가 난 어조로 이렇게 말했다. "왜 그 사람이 화를 냈을까?" 그날 나는 곰곰이 생각했다. 보통 사람은 공격을 받으면 화를 내며 방어를 한다. "혹시 내가 그 사람에게 어떤 공격을 한 것은 아니었을까?" 난 생각했고 내가 윗분이라는 힘으로 그 사람을 강제로 움직이게 하려 했다는 것을 알게 되었다.

이 경험 이후 나는 업무를 요청할 때 '수명'이라는 말을 꺼내지 않았다. 수명은 사람들을 동기부여 할 수 없기 때문이었다. 반면 나는 '가치'라는 말을 꺼냈다. 가치는 사람들을 동기 부여 한다. 사람들은 본능적으로 가치로운 것을 손에 꽉 붙잡으려고 한다. 예를 들어, 당신이 소유한 집 값이 올라간다면 지금 당신의 집을 팔 것인가? 팔지 않을 것이다. 원달러 환율이 올라가 달러의 가치가 올라가면, 외국 투자자들은 굳이 한국에 투자하려고 하지 않는다. 나는 '꼭 해야 합니다'에서 '중요합니다'로 메시지를 바꾸었다. 나는 일의 목적과 가치를 말했고 그 가치를 달성하기 위해 구체적으로 어떤 도움이 필요한지를 말했다. 과거 상대방은 협조(Cooperation, 한쪽만 책임과 권한을 가지며 상대방은 돕기만 함)를 요구받았다면, 이제 상대방은 협력(Collaboration, 모두 책임과 권한을 가지고 서로 힘을 모음)을 도전받았다. 협력이 되자 나는 제대로 된 협업을 경험했다.

둘째, 가치는 그때 그때 달라진다. 따라서 가치의 우선순위를 정하라. 조직적으로 일을 함에 있어 가장 어려운 일 중의 하나는 장단기 목표를 수립하는 일이다. 그 이유는 당신이 수립한 목표가 조직 전체 또는 다른 부서들이 동의하는 목표여야 하기 때문이다. "남이 하는 일과는 상관없이 내 일만 100% 완료하면 돼!"이러한 생각을 가지고 얼라인(align)이 전혀 되지 않은 목표를 쉽게 제출하고 자기 일만 하려는 사람들이 많다. 이러한 분들은 자신의 일만은 잘할 수 있겠으나 조직 전체의 발전과 가치 제고에 도움이 되지 않은 편이다. 본인은 중요한 목표를 이루고 있다고 생각하나, 다른 사람들은 중요하지 않은, 가치 없는 목표를 이루고 있다고 생각할 것이다. 얼라인 되지 않은 목표는 언젠가 꼭 필요한 것이라고 해도, 조직 전체의 스케줄 상 필요 없는 것이 되기 십상이다.

가치 있다고 생각하는 목표들을 세우고 나열하는 일은 비교적 쉽다. 어려운 것은 당신이 세운 목표들의 우선순위를 정하는 것이다. 가치는 절대적이지 않고 상대적이며 그때 그때 달라지기 때문에, 목표를 세우는 시점 가장 중요한 가치가 무엇인지를 파악해야 한다. 이를 위해서는 조직 전체와 다른 부서들이 가장 중요하다고 생각하는 가치를 그때 그때 고려하여 우선순위 목표를 선정해야 한다. 예를 들어, 당신은 신제품 개발에 참여하고 있으며 당신의 역할은 제품 수율을 관리/개선하는 것이라고 하자. 개발 초기에는 수율의 수준과 상관없이 제대로 작동하는 제품 확보가 가장 중요한 가치이다. 백 개 중 한두 개 정도의 제품만 제대로 작동해도 개발 초기에는 성공이다. 따라서 당신은 정상 제품 확보에 가장 큰 병목이 되는 요소를 확인하여 우선순위로 체크함으로써 주요 불량 몇 가지를 조기 개선하겠다고 목표를 수립해야 한다. 개발 말기에는 신제품의 양산성을 확보하고자 수율을 가능한 끌어 올리는 것(=램프업, ramp-up)이 가장 중요한 가치이다. 따라서 당신은 존재하는 모든 불량을 개선하여 수율을 극대화하겠다고 목표를 수립해야 한다.

셋째, 최선의 결단을 내려라. 앞서 말했듯, 정의로운 자가 정의를 수호하는 것이 아니라 정의를 선택한 자가 바로 정의를 수호한다. 당신이 최선의 가치를 선택했다면, 이제 필요한 것은 결단하고 그 가치를 실행에 옮기는 것이다. 최선을 다해 실행하지 않으면 소용없다. 최선을 다하지 않으면 현실은 바뀌지 않는다. 밭에 씨를 뿌린 농부는 최선을 다해서 밭을 관리한다. 그 이유는 적당한 때가 되면, 반드시 밑에서 움이 틀 것을 확신하기 때문이다. 농부처럼 밑에서 움이 틀 것을 확신하는 것 그것이 바로 믿음이다. 우리는 농부의 믿음을 가지고 최선을 다해 가치를 실행에 옮겨야 한다. 때로는 일 년이 걸릴 수도, 이 년이 걸릴 수도 있다. 때때로 흔들리고 동요될 수도 있다. 그래도 포기하지 말고 끝까지 완주하기로 결단하자. 결국 현실에서 최선을 이루는 사람은 끝까지 완주한 자이기 때문이다.

3. 그것이 아름다운가?

세상 곳곳에는 아름다운 것들이 존재한다. 그리고 우리는 본능적으로 아름다운 것들에 끌리며 아름다운 것들을 선택한다. 우리는 물건을 구매할 때 같은 값이면 더 예쁘고 아름다운 것을 산다. 하드웨어 스펙이 비슷한 두 제품이 있다면 고객들은 더 예쁜 제품을 고른다. 우아한 음식점에 가도 이왕이면 분위기 있고 예쁜 음식점에 간다. 학교 근처 음식점에 일하는 알바생이 예쁘거나 잘생겼다는 소문이 돌면, 조만간 그 음식점은 학생들로 바글바글해진다. 귀를 살살 녹이는 감미로운 음악에 푹 빠지면 하루도 거르지 않고 그 음악을 틀어놓기도 한다. 지나가다 예쁘거나 멋진 사람이 지나가면 눈동자가 커지고 그 사람만을 주목한다. 힘들고 지칠 때 좋아하는 연예인이 나오는 영화, 드라마, 유튜브, 화보를 보면서 힐링의 시간을 보내기도 한다. 일출, 석양, 폭포, 협곡 등 자연이 선사하는 아름다움에 직면하면 모든 것을 잊고 자연에 대한 경외감을 갖게 된다. 우리나라 출판 시장에서 책의 내용도 중요하지만, 책의 표지가 큰 영향을 끼친다는 것은 부인할 수 없는 사실이다. 심지어 표지가 예쁜 소설책만을 수집하는 독자들도 많다. 어린이집, 유치원 아이들은 예쁜 선생님을 본능적으로 알아보고 말을 더 잘 듣고 따른다. 인류와 수만 년 전부터 함께 살아온 개 또한 더 예쁘고 잘생긴 사람을 알아보고 꼬리를 흔든다. 개뿐만이 아니다. 원숭이, 당나귀, 양, 닭 또한 미인을 알아본다. 두 사람이 동시에 먹이를 주면, 미인이 준 먹이를 먼저 받아먹는다.

이처럼 우리는 본능적으로 아름다움을 사랑한다. 플라톤이 "인생이 살만하다면 그것은 아름다움을 보기 위함이다"고 말했을 정도이다. 그런데 아름다움이란 무엇일까? 좀 더 구체적으로 말하자면 우리는 무엇을 아름답다고 말하고 무엇을 추하다고 말을 하는 것일까? 사실 이 문제는 답하기 매우 어렵다. 왜냐하면 아름답다고 느끼는 것은 매우 주관적이고 동시에 사람에 따라 그 기준이 상대적이기 때문이다. 가장 쉬운 예로 내가 아름답다고 생각한 사람이 타인은 아니라고 생각할 수 있다. 그런데 말이다. 경험적으로 내가 아름답다고 생각하는 사람은 많은 경우에 다른 사람들이 보기에도 아름다웠으며, 그 반대 또한 마찬가지였다. 소크라테스는 소피스트인 히피아스에게 물었다. "아름다움이란 무엇인가요?" 그러자 히피아스는 바로 대답했다. "아름다움이란 바로 아름다운 아가씨입니다."[77] 이 대화를 재각색하면 다음과 같았을 것이다. "히피아스야 아름다움이란 뭘까?" 히피아스가 이에 대답했다. "저기 저 아가씨 보이지? 정말 예쁘지 않니? 저게 바로 아름다움이야!" 아름다움은 분명 주관적이고 상대적인 속성을 가지고 있다. 하지만 동시에 보편적인 기준 또한 있어 보인다. 그래서인지 고대부터 수많은 철학자들은 저마다 아름다움이란 이런 것이라는 어록들을 남겼다.

피타고라스(기원전 6세기)는 "아름다움이란 바로 조화와 비례에 있다"고 주장했다. 그와 그의 학파는 만물의 본질은 숫자에 있다고 믿었고 세상에 존재하는 아름다운 숫자의 비(비례)를 찾고자 연구했다. 그 결과 음악의 음계와 화음의 원리를 발견했다. 아리스토텔레스(기원전 4세기)는 '아름다움이란 구체적 사물 속에 존재하는 것이며, 질서, 균형, 명료성을 통해 드러난다."고 말했다. 아우구스티누스(3세기)는 "아름다움이란 통일성과 조화라고 정의했고, 적당한 비례를 가진 요소들에 즐거움을 주는 색채가 더해질 때 아름다움이 나타난다."고 말했다. 토마스 아퀴나스(12세기)는 "아름다움에는 세 가지 조건이 있다"고 말했다. 첫째는 사물의 완전성이다. 결함이 있는 것은 추하다. 둘째는 적당한 비율이다. 셋째는 명료성이다. 사람의 경우 신체의 비율이 좋고 색의 광채를 갖출 때 사람의 아름다움이 나타난다. 르네 데카르트(16세기)는 "진리만큼 아름다운 것은 없다"고 말했으며, 진리와 아름다움을 동일시했다. 그에게 진리처럼 완벽하고 완전한 존재는 바로 자연이었다. 그래서 그는 보편성과 규칙성으로 구성된 자연을 유일한 미적 연구 대상으로 삼았다. 크리스티앙 볼프(17세기)는 "아름다움이란 사람들의 즐거움을 불러일으키는 사물의 완전성에서 비롯된다"고 말했다.[78] 이러한 철학자들의 어록들을 살펴보면 아름다움에 대한 두 가지 속성이 공통으로 확인된다. 그것은 바로 완성도와 비율이다.

완성도, 비율을 직관적으로 이해할 수 있도록 '사람의 얼굴'을 비유로 들어본다. "예쁘고 잘생긴 연예인들의 얼굴 특징이 뭔가요?" 이렇게 물으면 많은 사람들은 뚜렷한 이목구비라고 말한다. 눈은 크고 깊으며, 코는 오뚝하고 날 서 있다. 뚜렷한 이목구비를 과학자의 언어로 정의하자면 '단위 면적 당 더 높은 표면 에너지를 지닌 얼굴'이라 말할 수 있다. 단위 면적 당 더 많은 표면적을 가질 때 표면 에너지는 더 높다. 쉽게 말하면 두부 한 모가 있다. 외부로부터 어떠한 에너지가 투입하지 않는다면 두부의 표면적은 변하지 않는다. 그런데 칼로 두부의 절반을 베어보자. 즉 두부에 에너지를 투입하게 되니 절단 부분의 표면적이 새로 생성이 된다. 두부의 에너지 레벨이 올라간 것이다. 연예인들의 얼굴은 과학적으로 에너지 레벨이 높다. 이를 실물로 본 사람들은 빛이 난다고까지 말한다. 보통 사람들은 에너지 레벨이 높은 상태를 완성도가 높다고 생각한다. 극상의 완성도를 가진 연예인 얼굴 사진을 들고 성형 외과에 가는 사람들도 있다. 예술 작품의 완성도를 높이기 위해 예술가가 에너지를 들이듯, 얼굴의 완성도를 높이기 위해 즉, 아름다워지기 위해 성형으로 낮은 에너지 레벨에서 높은 에너지 레벨로 바꾸는 것이다. 이와 같이 완성도는 아름다움의 첫 번째 속성이다. 그런데 이목구비가 뚜렷하다고 무조건 아름다울까? '아니다'라는 것은 모두가 경험적으로 알고 있다. 눈이 커도 지나치게 크면 이상하고, 코가 커도 지나치게 크면 우스꽝스럽다. 아름다움은 바로 비율에 있다. 적당히 커다란 눈, 코, 입, 이마가 적당한 비율로 조화를 구성할 때 아름다운 얼굴이 되는 것이다. 비율은 아름다움의 두 번째 속성이다.

아름다운 변증을 위하여

변증에 있어 아름다움은 진리와 정의 못지않게 중요하다. 변증이 아름다울 때, 사람들의 마음을 끌어당기고, 즐겁고 기억되는 변증을 할 수 있기 때문이다. 변증의 미를 위해서는 완성도와 비율이라는 아름다움의 속성이 변증 속에 자연스럽게 드러나야 한다.

먼저 완성도는 말 그대로 완성되어 있는 정도 또는 수준을 말한다. 우리는 완성도가 뛰어난 것에 아름다움을 느낀다. 예를 들어 새해 첫 일출이나 가을의 석양을 보고 있으면, 우리는 자연이 만든 완성도 높은 솜씨에 완전히 반해버린다. 앞서 말했듯 나는 박사 과정 때 자연 모방 기술을 연구했다. 발바닥의 미세 융털을 통해 벽을 자유롭게 타고 올라가는 게코 도마뱀, 물속에서도 표면에 잘 달라붙는 홍합의 족사, 헤파린을 내뿜어 피가 굳지 않게 만드는 거머리, 개미가 한 번 빠지면 절대로 기어 못 올라오도록 미끄러운 상태를 유지하는 벌레잡이 통풀, 물이 절대로 달라붙지 않고 공처럼 튕겨 나가는 연꽃잎 표면, 비가 오지 않는 사막에서도 등 쪽에 난 특수 패턴을 통해 새벽 안개를 포집하는 사막 딱정벌레 등등 나는 신기한 특징을 가진 자연 속 동식물을 관찰했고 이를 응용하는 연구를 했다. 이러한 특징들의 원리는 바로 우리 맨눈으로는 안 보이는 정교한 나노 구조 때문이다. 게코 도마뱀의 발바닥을 현미경으로 보면, 3~5㎛ 크기의 마이크로 털들(micro-hairs)이 질서정연한 패턴으로 나 있다. 이게 다가 아니다. 마이크로 털을 더 확대해 보면 50~100nm 크기의 셀 수 없이 많은 나노 털들(nano-hairs)의 묶음으로 구성되어 있는 게 보인다. 그런데 이게 다가 아니다. 각각의 나노 털들의 끝 쪽, 발바닥이 실제로 표면에 달라붙는 쪽에는 100~150nm 크기의 주걱 모양의 판(spatula)으로 모양이 잡혀 있다. 실제로 이것을 현미경을 통해 관찰을 하면서, 나는 정말 자연의 경이로운 솜씨에 "아름답다"고 연이어 외쳤다. 자연은 대충이 없다. 자연은 눈에 보이는 것이나 눈에 보이지 않는 것이나 놀라운 완성도를 보여준다. 이것이 자연이 아름다운 이유가 아닌가 싶다.

　아름다움을 느낄 정도로 완성도를 확보하기 위해서는 '대충 마인드'를 거부해야 한다. "이 정도로 말하면 문제는 없겠지?" "이 정도면 보통 이상은 하겠지?" "딱 안 까일 정도로만 하자!" 이와 같은 태도로는 아름다움을 불러일으키는 완성도를 기대하기 어렵다. 혹자는 이렇게 질문할 수 있다. "그렇다면, 어느 정도로 완성도를 높여야 하는가?" "완성도를 높이는 것은 한도 끝도 없는 것 아닌가?" 나는 완벽해져야 한다고 말하는 것이 아니다. 다만 충분히 더 할 수 있는데도 하지 않으려는 태도를 거부해야 한다고 생각한다. 대충 마인드를 거부하고 완성도를 높이는 데 도움이 되는 질문이 하나 있다. 그것은 '또 무엇을(what else?)' 질문이다. "이 정도면 되겠지?"라는 생각을 들 때, "또 무엇을 해야 할까?" 질문해보자. 이렇게 '또 무엇?' 질문을 던지고, 생각한 답을 실행하다보면 자연스럽게 완성도를 더 높일 수 있다. 나는 중요 회의 자료를 만들 때, "이게 바로 최종본이야!" 생각이 들면 스스로에게 두 가지를 묻는다. "또 무엇을 더해야 할까?" "또 무엇을 더 빼야 할까?" 이 질문을 통해 마지막으로 부족한 것으로 찾아 더하고 과한 것을 찾아 줄임으로써(내 기준으로) 아름다운 변증을 이끄는 자료를 완성하게 된다.

두 번째로 우리는 비율에서 아름다움을 느낀다. 잘 정돈된 집안이 우리에게 예뻐 보이는 것과 같이, 좋은 비율을 가지고 있는 것에 우리는 아름다움을 느낀다. 대표적인 예로 황금비가 있다. 고대그리스의 수학자 유클리드는 하나의 직선을 둘로 나눌 때, 긴 부분과 짧은 부분의 비례가 전체와 긴 부분의 비례와 같다면 그 비율은 1.618:1 로 일정하며, 이는 매우 이상적이라 말했다. 그래서 유클리드는 이를 황금비라고 불렀다. 그리스의 파르테논의 신전(가로:세로=1.618:1), 이집트의 피라미드(밑변:빗변=1.618:1) 등 많은 고대 건축물들이 황금비를 따르고 있다. 인체의 경우, 하반신과 상반신의 비율이 황금비를 따를 때 그리고 하반신 중에서 무릎 위와 무릎 아래의 비율이 황금비를 따를 때, 사람들은 아름답다고 느낀다. 얼굴의 경우 이마끝에서 코끝까지의 길이와 코끝에서 턱까지의 길이가 황금비를 따를 때, 눈에서 입술까지의 길이와 입술에서 턱까지의 길이가 황금비를 따를 때, 아름답다고 느낀다. 이렇게 황금비를 따르는 미남, 미녀의 얼굴은 이마 끝에서 미간, 미간에서 코끝, 코끝에서 턱의 비율이 1:1:1에 가깝다는 공통점을 가진다.

　내가 찾은 변증의 황금비는 바로 '1:3'이며, 이를 '일 대 삼의 법칙'이라고 부른다. 하나의 메시지 또는 주장에 대해 세 가지 근거 또는 세 가지 이야기로 구성하여 말을 하는 것이다. 그리고 세 가지 근거, 세 가지 이야기는 1:1:1의 길이를 가진다. 나는 회의, 전문가/작가 강연, 면담 등 내가 진행하는 모든 말하기 상황에서 일 대 삼의 법칙을 적용한다. 세 가지는 하나처럼 지나치게 적은 정보도 아니고 다섯 개처럼 지나치게 많은 정보가 아니다. '3'이라는 숫자가 '완전과 균형'을 상징하듯, 세 가지는 말하기를 매우 균형되고 완전해 보이도록 만든다. 말 잘한다는 사람들은 거의 대부분 일 대 삼의 법칙을 잘 알고 있으며 잘 활용한다. 그 중에서 가장 적극적으로 활용했던 사람은 스티브 잡스였다. 스티브 잡스의 가장 유명한 발표는 '2007년 아이폰 첫 공개 발표"였다.[79] 이 발표에서 그는 iPOD, Phone, Internet이라는 세 가지 혁신적인 제품을 공개할 것이라 말했다. 그런데 그는 이 세 가지는 서로 구별된 제품이 아니라 iPhone이라는 하나의 제품이라고 말해 관중들을 흥분시켰다. 이어 그는 iPhone 속에 담긴 iPOD, Phone, Internet의 속성들에 대해서 자세하게 다뤘다. 먼저 iPOD의 속성으로 손가락 멀티 터치로 구현된 혁신적 유저 환경, OS-X가 탑재된 데스크탑 수준의 소프트웨어, 최첨단 스마트 센서에 대해 다뤄졌다. 그다음으로 Phone의 속성으로 연락처 동기화, 비주얼 보이스 메일, 복수 전화 응답 및 컨퍼런스콜 전환에 대해서 다뤄졌다. 마지막으로 Internet의 속성으로 모든 이메

일 서비스가 추가 가능한 메일, 사파리 모바일 웹 브라우저, 구글 맵에 대해서 다뤄졌다. 스티브 잡스는 역시 각각의 속성을 다룰 때에도 수많은 속성들 중에서 가장 중요한 세 가지만을 선별해서 이야기했다. 이와 같이 스티브 잡스는 모든 발표와 강연에서 일 대 삼의 법칙대로 메시지를 완벽하게 전달했다. 이를 본 청중들은 완벽에 가까운 발표를 듣고는 감동과 환희를 느꼈고 스티브 잡스에 완전히 매료되었다.

변증과 진보

동양 고전 《주역》에는 "궁즉변(窮則變), 변즉통(變則通), 통즉구(通則久)."라는 말이 있다. 즉, 궁하면 변하고, 변하면 통하고, 통하면 오래간다는 말이다. 이 말처럼 변증적 질문은 우리가 알고 있고 경험하고 있는 지식의 세계를 위기로 몰아넣는다. 그 위기 속에 궁해진 우리는 변화를 모색하게 되고 그 결과 위기를 극복시키게 된다. 나는 이 과정을 '정-반-합'이라는 세 가지 과정으로 분류하여 이해한다. '정'이란 위기가 없다면 계속해서 유지되었을 상태이다. '반'이란 위기 속에서 '정'의 상태가 부정이 되거나, '정'의 상태에 모순이 발생하는 상태이다. 정과 반은 본질적으로 서로 대립되며 긴장을 만들어낸다. 마지막으로 '합'이란 '정'과 '반' 두 가지 대립을 극복하여 혁신적인 결과가 창출되는 상태이다. 플러스 전하(+)와 마이너스

질문의 기술

전하(-)가 합쳐질 때 빛과 열이 발생하는 것처럼, 엄지손가락과 방향이 다른 네 손가락 간의 긴장 속에서 우리가 물건을 강하게 쥘 수 있는 것처럼, 우리는 정과 반의 대립을 극복함으로써 정도 아닌 반도 아닌 새로운 '합'을 만들어낸다. 이를 통해 우리는 진보된 방향으로 성장할 수 있다. 바로 이 '정-반-합'의 원리를 우리는 변증적 질문인 'RGB' 질문을 통해 경험할 수 있다.

RGB 질문은 철학이 추구하는 세 가지 본질인 진, 선, 미와 각각 하나씩 대응되는 관계를 가진다. 진리, 타당성, 논리를 대상으로 하는 '진'은 '옳은가(Right)?' 질문에 대응한다. 도덕, 효용, 이익을 대상으로 하는 '선'은 '좋은가(Good)?' 질문에 대응한다. 아름다움, 욕망, 감정을 대상으로 하는 '미'는 '아름가운가(Beautiful)?' 질문에 대응한다. 앞서 변증법이 인류의 생존과 번영에 있어 필수불가결한 요소였다는 것을 다루었다. 그리고 변증법이 언어로 생각하는 인류 철학의 역사와 궤를 같이한다는 것을 말했다. 이에, 변증적 질문을 통해 당신의 생각을 적극적으로 점검하라. 변증적 질문을 통해 생각의 한계와 모순을 경험하라. 그리고 변증적 질문을 통해 무한한 생각의 진보를 경험하라.

참고문헌

1 《최진석, "생각하는 힘, 노자 인문학" 위즈덤하우스 2015년 03월》의 1강 "인간, 생각의 터전을 마련하다"를 인용했다.

2 《에이미 에드먼슨, "두려움 없는 조직: 심리적 안정감은 어떻게 조직의 학습, 혁신, 성장을 일으키는가", 다산북스, 2019년 10월》을 인용 했다.

3 정진우의 철학교실 "헤겔의 역사철학: 역사의 궁극목적은 무엇인가?"(Aug 13, 2020.)를 참고했다. https://www.youtube.com/watch?v=3a8hiPip9w8&t=1s

4 《사피엔스, 유발하라리/ 김영사, 2020년 7월 11일》의 2장, 지식의 나무를 참고했다.

5 《제갈현열, 김도윤, 『최후의 몰입 : 올림픽 금메달리스트들의 초집중력 탐구』 쌤앤파커스, 2018년 1월 8일.》을 참고했다.

6 《유수인, "황창규 KT 회장의 '위임적 리더십' 빛발했다", 아시아투데이, 2015. 07. 13.》참고했다. URL: https://www.asiatoday.co.kr/view.php?key=20150712010006975

7 《최홍섭, "[최홍섭의 경영인 노트] 이병철 리더십, 이건희 리더십", 조선비

질문의 기술

즈, 2004. 11. 23.》을 참고했다. URL: https://biz.chosun.com/site/data/html_dir/2004/11/23/2004112370352.html

8 《정혜신 의사, 삼성전자 리더십 특강, 2022년 9월 23일》을 참고했다.

9 《Benjamin Scheibehenne, Jutta Mata, Peter M. Todd, "Older but not wiser— Predicting a partner's preferences gets worse with age." Journal of Consumer Psychology 21(2011) 184-191》을 참고했다.

10 《DBR 동아비즈니스리뷰 344호(2022년 5월 Issue1) "일하고 싶은 동기를 부여하거나 일할 수 있는 능력을 키워주거나"》에서 인용한 대니얼 길버트 교수의 말을 참고했다.

11 《권찬호, 집단지성의 이해, 박영북스, 2018. 08. 31》을 참고했다. 집단지성에 대해서 가장 포괄적이고 구체적으로 배울 수 있는 좋은 책이다.

12 《권찬호, 집단지성의 이해, 박영북스, 2018. 08. 31》의 "제 2부 집단지성의 미시적 기초"를 참고했다.

13 《모니카 강, "새로운 생각은 어떻게 나를 바꾸는가?" 2020년 10월 5일》 p56을 참고했다.

14 《이장혁, 집단지성 활용한 '예측시장' 신제품 위험 줄인다, Dong-A Business Review, 2015년 4월 175호》를 인용했다.

15 《셋으로 된 모든 것은 완벽하다, 유인성, 미다스북스, 2022년 3월》의 제 14장 투자편을 인용했다.

16 《아이작 유, 당신의 열정을 퍼블리쉬하라, 꿈공장플러스, 2018년》을 참고했다.

17 《장재웅, 상효이재, "네이키드 애자일: 경영의 눈으로 애자일 바로보기", 미래의창 2019년 11월》의 4장을 참고했다.

18 좀 더 현실성을 높이기 위해 《한문식, 조재웅, "자전거 페달에 대한 구조 및 피로 해석" 한국생산제조시스템학회지 Vol.21 No.1 2012. 2. pp. 51~57》 논문을 참고했다.

19 《안상헌, "어떻게 일할 것인가: 스티브 잡스에게 배우는 제대로 일하는 법" 책비, 2012. 01. 27.》을 참고했다.

20 《모니카 강, "새로운 생각은 어떻게 나를 바꾸는가: 일 잘하는 사람의 창의적 사고력, 교보문고, 2020년. 11월 5일"》 5장 제약과 친해지기의 사례를 인용했다.

21 《매트릭스2: 리로디드, 감독/각본/원작: 워쇼스키 형제》의 대사를 인용했다.

22 《사르트르의 실존주의는 휴머니즘이다 – 신성림 / 웅진지식하우스 2019년 08월》 을 참고했다.

23 《세계사보다 더 재미있는 최진기의 전쟁사-2권, 최진기/ 이지퍼블리싱 2019년 10월》을 참고했다.

24 《사르트르가 들려주는 실존 이야기, 심옥숙/ 자음과모음, 2016년 4월》을 참고했다.

25 《초등생이 유튜버 꿈꾸지 않는다…코로나가 바꾼 희망직업 1위/ 중앙일보 문현 경 기자, 2021.02.24》 기사를 참고했다. 기사 링크: https://www.joongang.co.kr/ article/23998612#home

26 《사르트르의 실존주의는 휴머니즘이다 –신성림, 웅진지식하우스 2019년 08월》 를 참고했다.

27 《알렉시 제니, "프랑스식 전쟁술" 문학과 지성사》 p572를 참고했다.

28 《알렉시 제니, "프랑스식 전쟁술" 문학과 지성사》 p625를 참고했다.

29 《알렉시 제니, "프랑스식 전쟁술" 문학과 지성사》 p720를 참고했다.

30 《MZ세대가 쓴 MZ세대 사용설명서, 김효정, 넥서스BIZ, 2022.07.20》을 참고했다.

31 《더스쿠프 Vol.399 – MZ세대 넌 누구니, 더스쿠프, 2020.09.09》을 참고했다.

32 《고광열, MZ세대 트렌드 코드, 밀리언서재, 2021. 03. 15》의 PART 2 "조금 달라도 괜찮아"를 참고했다.

33 《더스쿠프 Vol.399 – MZ세대 넌 누구니, 더스쿠프, 2020.09.09》을 참고했다.

34 《Candy Chang, "죽기전에 나는 ….를 해보고 싶다." TEDGlobal 2012》을 참 고했다. https://www.ted.com/talks/candy_chang_before_i_die_i_want_ to?language=ko

35 《Jane Claire Hervey, "This Artist Turns Anxiety And Fear Into Public Art" FORBESWOMEN, Jan 30, 2018》을 참고했다. https://www.forbes.com/sites/ janeclairehervey/2018/01/30/this-artist-turns-anxiety-and-fear-into-public- art/?sh=54803ce57625

36 《질문지능, 아이작유(유인성), 다연출판, 2017년 11월》 p145를 참고했다.

37 《"'3명 중 1명 조기퇴사'…커리어 고민 큰 MZ세대 '퇴준생' 신세" 뉴시스, 2022. 03. 24.》를 참고했다. https://newsis.com/view/?id=NISX20220323_0001804831

38 《도널드 밀러, "무기가 되는 스토리" 윌북, 2018.09.30》의 "제1부 - 스토리에도 공식이 있다"장에 소개된 애플의 사례를 참고했다.

39 《매튜 룬, "픽사 스토리텔링" 현대지성, 2022.01.21》의 "첫번째 들어가며" 장의 이야기를 참고했다.

40 카를로 로벨리의 《시간은 흐르지 않는다, 쌤앤 파커스(2019)》의 제 2장 방향의 상실을 인용했다.

41 카를로 로벨리의 《시간은 흐르지 않는다, 쌤앤 파커스(2019)》의 제 6장 '사물이 아닌 사건으로 이루어진 세상'을 인용했다. 잠깐이라도 집중하지 않으면 이해하기 어려운 개념이었다.

42 《박이문 인문학 읽기: 당신에겐 철학이 있습니까? - 미다스북스 2017년 5월》의 글을 참고했다.

43 《질 들뢰즈, 천개의 고원(김재인 옮김), 새물결 2003년 03월 05일 출간》을 참고했다. 질 들뢰즈라는 거대한 산 앞에 탄복해하는 심정으로 글을 썼다. 그의 철학에 대한 완전한 이해는 내 수준에 불가능하다고 생각한다. 다만 산의 수많은 등산로 중에서 하나의 작은 등산로를 만들어 소개한다는 생각으로 글을 썼다.

44 《김지영, "리좀의 개념을 통해 본 릭 오웬스의 디자인 특성", Journal of the Korean Society of Costume Online Vol. 70, No. 3(June 2020) pp. 26-43》의 논문을 인용했다.

45 《질 들뢰즈, 펠릭스 가타리, 안티 오이디푸스 자본주의와 분열증(김재인 옮김), 민음사, 2014년 12월 15일 출간》을 참고했다.

46 《5분 뚝딱 철학 2, 김필영, 스마트 북스, 2021. 12. 17》의 "막장 드라마는 이제 그만" 장의 내용을 인용했고, 인용된 내용을 문맥에 맞게 재각색/ 재구성 했다.

47 《Yeon, H.(2011). The metaphysical meaning of virtualityof life in Deleuze. Catholic Philosophy, 16(0),75-98.》을 참고했다.

48 《5분 뚝딱 철학2, 김필영, 스마트 북스, 2021. 12. 17》의 "막장 드라마는 이제 그만" 장의 내용을 인용했다. 전체적으로 철학의 큰 그림을 쉽게 잡고자 한다면 김필영 작가의 《5분 뚝딱 철학1》과 《5분 뚝딱 철학2》를 추천한다.

49 《데카르트에서 들뢰즈까지: 이성과 감성의 철학사 - 서울대학교철학사상연구소, 세창미디어, 2015. 08. 31》의 "들뢰즈, 이성에서 감각으로! 보다 참된 것을 향하

여!-박정태"의 장을 인용했다.

50 《셋으로 된 모든 것은 완벽하다, 유인성, 미다스북스, 2022년 3월》 내 책의 내용을 인용했다.

51 《질문지능, 유인성, 다연출판사, 2017》 내 책에서 '창의력을 극대화하는 질문' 챕터의 내용을 인용했다.

52 조 게비아(Joe Gebbia)의 TED 강연 《How AirBnB designs for trust, 2016년 1월》을 참고했다. TED 강연 URL은 다음과 같다:(https://www.ted.com/talks/joe_gebbia_how_airbnb_designs_for_trust)

53 《유인성, 셋으로 된 모든 것은 완벽하다, 미다스북스, 2022년 3월》 내 책의 15장 《융합》편을 인용했다.

54 《 E. H. 카, 역사란 무엇인가 : [개정판 2판](김택현 옮김), 까치, 2016년 06월》의 글을 인용했다.

55 《론 프리드먼, 공간의 재발견 : 나는 언제 최고의 능력을 발휘하는가, 토네이도, 2015년 7월》을 참고했다.

56 《아이작 유, 질문지능, 다연출판사, 2017년 11월, p109》을 인용했다.

57 《미셀 루트번타인, "내 아이를 키우는 상상력의 힘" 문예출판사, 2016. 04. 20》의 Chapter 1을 참고했다.

58 《Larry Brooks, "Story Engineering" 「Writer's Digest Books 출판사, 2011년 2월 24일.》을 참고했다.

59 《Lisa Eadicicco, "One Of Apple's Earliest Employees Describes The First Time Steve Jobs Met His Genius Cofounder Steve Wozniak" INSIDER, Dec 8, 2014, 11:06 PM》 기사를 참고했다. URL: https://www.businessinsider.com/how-steve-jobs-met-steve-wozniak-2014-12

60 《질문지능, 유인성, 다연출판사, 2017》 p91을 참고했다.

61 《과학이란 무엇인가? 리처드 필립 파인만, 2008년 7월 1일》을 참고했다.

62 《다니엘 R.카스트로, 히든 솔루션: 어떻게 숨은 기회를 발견할 것인가. 유노북스, 2017년 11월》를 참고했다.

63 《Esterl, Mike. Share a Coke' Credited With a Pop in Sales. WSJ. N.P., 25 Sept. 2014.》기사를 참고했다.

64 《"The Share a Coke Story." Connect Marketing. WSJ. N.P., 15 Dec. 2014.》기사를 참고했다.

65 《토머스 S. 쿤, 과학혁명의 구조, 까치 2013년 9월》을 참고했다.

66 《게리 켈러, 제이 파파산, "원씽 THE ONE THING 복잡한 세상을 이기는 단순함의 힘" 비즈니스북스, 2013년 08월 30일》의 핵심 내용을 참고했다.

67 《에번 카마이클, "내가 선명해지는 한 단어의 힘" 한빛비즈, 2019년 12월 22일》의 78~82쪽을 인용했다.

68 《유인성, "셋으로된 모든 것은 완벽하다", 미다스북스, 2022. 03.》을 참고했다.

69 《Grant Cardone, "The 10X Rule: The Only Difference Between Success and Failure" Wiley 출판사, 2011년 4월 12일》을 참고했다.

70 《소크라테스의 변론, 플라톤(김세나 옮김), 소울메이트, 2015년 8월 3일 출간》 중에서 제 2 장 '고발 내용에 대한 구체적인 반박'을 인용했다.

71 《유인성, 셋으로 된 모든 것은 완벽하다, 미다스북스, 2022》을 인용했다.

72 《 Isabelle M Côté , Karen L Cheney, "Animal mimicry: choosing when to be a cleaner-fish mimic " Nature,(2005) vol 433, 211. doi: 10.1038/433211a.》의 논문을 인용했다.

73 《Virginia Morell, "African Bird Shouts False Alarms to Deceive and Steal, Study Shows Drongos in the Kalahari are masters of deception." National Geographic, May 1, 2014》을 인용 했다. URL 주소: https://www.nationalgeographic.com/animals/article/140501-drongo-kalahari-desert-meerkat-mimicry-science》

74 《데이비드 리빙스턴 스미스, 거짓말쟁이는 행복하다, 부글북스 2007년 4월》을 인용했다.

75 《물질의 물리학: 고대 그리스의 4원소설에서 양자과학 시대 위상물질까지 물질의 물리학, 한정훈, 김영사, 2020년 09월》의 첫 장, '최초의 물질 이론'을 인용했다.

76 표준국어대사전(https://stdict.korean.go.kr/).

77 플라톤의 《대화편》을 인용했다.

78 《허루이린, 처음 시작하는 미학 공부, 오아시스, 2018.3.19》을 참고했다.

79 《Steve Jobs MacWorld keynote in 2007 - Full Presentation, 80 mins》를 참고했다. 유튜브 링크: https://www.youtube.com/watch?v=VQKMoT-6XSg

"왜?"만 할 줄 알던 사람도 **위대한 철학자처럼**

질문의 기술

초판인쇄 2023년 10월 31일
초판발행 2023년 10월 31일

지은이 아이작 유
발행인 채종준

출판총괄 박능원
책임편집 유나
디자인 윤지은
마케팅 문선영
전자책 정담자리
국제업무 채보라

브랜드 드루
주소 경기도 파주시 회동길 230 (문발동)
투고문의 ksibook13@kstudy.com

발행처 한국학술정보(주)
출판신고 2003년 9월 25일 제406-2003-000012호
인쇄 북토리

ISBN 979-11-6983-738-5   03190